[제3판]

현대산업복지론

노 병 일

KNOWLEDGE COMMUNITY 공동체

이 책의 독자분에게 참고가 될까 해서 몇 가지를 미리 일러두고자 한다.

1. 이 책에서 자주 사용하는 용어가 '사업장'이다. 사업장은 '직장'이나 '회사'나 '공장' 등의 의미로 편하게 이해하면 될 것이다. 쉽게 말하면, 사업장은 '일터'이다.

2. 이 책에서 인용한 모든 국내 문헌과 국외 문헌(영어 문헌과 프랑스어 문헌)은 본인이 '원본'을 직접 읽고 정리한 것이다. 본인이 원본을 직접 읽지 않고 인용한 것은 '재인용'이라고 표시하였다.
독자분께서 이 책의 일부를 인용할 경우, 이 책을 출처로 제시해 주시기를 바란다. 특히 이 책에서 언급한 외국 학자나 기관의 내용을 독자분께서 인용할 경우, 이 책에서 '재인용'하였음을 표시해 주시기를 부탁드린다.

3. 독자분께서 이 책의 본문에 더 잘 주목하게 하기 위해, 이 책에서는 인용한 문헌의 페이지를 제시하지 않았다. 그리고 독자분께서 보기 편하게 하기 위해, 이 책에서 참고한 문헌의 저자가 2~3명일 경우에는 본문에 저자 이름을 모두 표시하였다.

머리말(제3판)

현대 사회가 너무나 빠르게 변화하는 탓에, 오늘날의 근로자들은 직장에서 고달픈 생활을 하는 경우가 많다. 실제로 주위의 많은 근로자들은 물질적·신체적·정서적으로 어려운 삶을 살아가고 있다. 불행하게도, 이런 상황은 앞으로 상당한 기간 동안 계속될 것으로 보인다. 그리고 오늘날에는 근로자가 새로운 형태의 어려움을 겪는 경우가 많아지고 있다. 이런 탓에, 근로자와 그 가족에게 서비스를 제공하는 데 관심을 가지는 '산업복지'가 더 필요할 것으로 보인다.

제2판을 발간한 지 오랜 세월이 흘러서야, 이제 제3판을 세상에 내보이게 되었다. 제3판에서는 내용을 전체적으로 크게 손질하고 보완하였다.

이 책은 크게 네 부분으로 구성되어 있다. 각 부분에서는 산업복지의 여러 모습을 다루고 있다.

제1부의 경우, 산업복지의 기본적 측면을 다루고 있다. 구체적으로 여기에서는 산업복지의 정의와 목적, 산업복지의 일반적 특징, 산업복지의 기능, 산업복지의 역사에 대해 살펴보고 있다.

제2부의 경우, 산업복지 서비스와 관련된 주요한 프로그램과 문제 영역을 다루고 있다. 구체적으로 여기에서는 산업복지 서비스의 제공과 사회복지사의 역할, 대표적인 산업복지 프로그램인 근로자 지원 프로그램, 근로자의 정신건강, 근로자의 우울, 근로자의 직무 스트레스에 대해 살펴보고 있다.

제3부의 경우, 특정한 집단을 위한 산업복지를 다루고 있다. 구체적으로 여기에서는 여성 근로자의 복지, 장애인 근로자의 복지, 노인 근로자의 복지, 이주(외국인) 근로자의 복지, 고용이 불안정한 근로자의 복지에 대해 살펴보고 있다.

제4부의 경우, 산업복지의 폭넓은 측면을 다루고 있다. 구체적으로 여기에서는 기업의 사회적 책임, 사회보험과 산업복지에 대해 살펴보고 있다.

한편 이 책에 좋은 사진을 많이 넣으려 하였으나, 저작권 등의 문제로 한계가 있어 뜻을 이루지 못한 것이 아쉬움으로 남는다. 그리고 이 책에 인용한 일부 사진에 대해서는, 특정한 기업을 홍보한다는 오해를 피하고 또한 해당 기업(사업장)이나 제공자에게 본의 아닌 피해를 주지 않기 위해 출처를 구체적으로 밝히지 않았다.

어찌 되었든, 이 책에 대한 마지막 마침표를 찍고 나니, 기쁨보다는 허전함이 가슴에 밀려온다. 더 채워야 할 부분은 나중에 또 개정할 때에 보완하겠다는 속보이는 변명을 살짝 하면서, 진한 부끄러움을 살며시 감춰본다.

이 책이 세상에 나와 빛을 보기까지는 많은 분들의 도움이 있었다. 우선, 이 책을 발간해 주신 김동훈 사장님과 공동체 가족 여러분에게 깊은 고마움을 표한다. 또한 사진을 제공하거나 사진을 촬영하는 데 도움을 주신 장철수 님, 유진녕 박사님, 노기형 님, 여현진 님, 하오 님에게도 감사의 말씀을 전한다.

그리고 이 세상에 계시지 않는 부모님, 본인을 위해 옆에서 항상 보살피고 힘을 넣어주는 아내 전영신, 당당하게 커준 아들 대겸에게 감사의 마음을 듬뿍 실어 사랑의 강에 띄워 보낸다.

2021년 2월에

유섭(儒燮) 노병일

[덧붙이는 말] 산업복지와 관련해 가장 중요한 프로그램은 EAP(employee assistance program)이다. 이전 판(제1판과 제2판)에서는 EAP를 '근로자 원조 프로그램'이라고 번역하였으나, 이번 판(제3판)에서는 '근로자 지원 프로그램'이라고 번역하였다.

인간은 세상에 태어나 생활하면서 여러 가지 생산적 활동에 참여한다. 이런 활동을 하는 대표적 공간이 직장(사업장, 일터)이다. 그리고 잠자는 시간을 제외하고서, 인간이 가장 많은 시간을 보내는 곳이 직장일 것이다. 따라서 인간이 살면서 매우 많은 시간을 보내는 장소인 직장에서 사회복지사가 활동하는 것은 당연할 것이다. '산업복지'는 이를 위해서 태어난 사회복지 분야이다. 그러나 그동안의 사회복지계는 직장에서 일하는 근로자를 대상으로 하는 산업복지에는 상대적으로 관심을 적게 가져왔다.

하지만 현대에 들어서 여러 가지 국내·국외적인 상황 때문에, 근로자와 그 가족은 어려움을 크게 겪고 있다. 따라서 앞으로 사회복지사는 근로자와 그 가족의 삶의 질을 개선하는 데 더 적극적으로 관여하여야 할 것이고, 이를 위해서는 산업복지에 관한 지식을 갖추어야 할 것이다. 산업복지가 활동하는 무대는 사회복지가 전통적으로 활동하던 무대와는 다른 고유한 특징을 가지고 있기에, 산업복지 분야에서 활동하는 사회복지사는 이런 특징에 대해 잘 알고 있을 필요가 있다. 이런 맥락에서, 본 저서는 산업복지를 이해하는 데 조금이나마 도움을 주기 위해서 세상에 나왔다.

본인은 미국으로 유학가기 전에, 우리나라의 한 대기업에서 문자 그대로 '근로자'로서 6년을 근무한 적이 있었다. 지금 회고해 보면, 그 당시에 산업복지의 현장 경험을 한 것이라고 볼 수도 있을 것 같다. 따라서 본인은 산업복지의 필요성을 누구보다도 잘 인식하고 있다. 또한 그 때의 여러 가지 생생한 경험은 본 저서를 세상에 내보내는 데 많은 도움이 되었다.

그리고 오래 전에 본인을 포함한 세 사람이 모여서 산업복지에 대한 저서를 출간한 바 있다. 그러나 그 당시에 여러 사람이 함께 작업하다 보니, 저서의 흐름이나 저서의 형식에서 제 색깔을 내기 어려운 측면이 있었다. 그래서 이번에 산업복지에 대한 새로운 저서를 혼자 조용히 모습을 보이게 되었다.

위의 저서에서 본인이 집필한 부분은, 그 내용과 형식을 더 보완하여 본 저서에서 일부 사용하였다.

본 저서의 발간을 그간 미루다 보니 너무나 오랜 세월이 스쳐 지나갔다. 따라서 더는 미룰 수 없어 이번에 본 저서의 발간을 서두르게 되었고, 그러다 보니 부족한 부분이 많이 눈에 들어온다. 조만간 개정판을 발간할 때 더 나은 모습으로 단장하겠다는 약속으로 부끄러움을 살며시 감춰본다.

본 저서가 숨을 쉬게 되기까지 여러 사람이 도움을 주셨다. 먼저, 본 저서가 세상에 나오도록 5~6년 전부터 꾸준히 격려해 주신 공동체의 김동훈 사장님에게 감사를 드린다. 그리고 본 저서에서 사용한 명화를 추천해 준 아내 전영신과 아들 지용에게 사랑의 초콜릿을 보낸다.

2008년 3월에

노병일

차 례

차 례

PART 03 특정한 집단을 위한 산업복지

PART 01

산업복지의 기본적 측면

CHAPTER

01 산업복지의 정의와 목적 및 일반적 특징

차례

1. 산업복지의 필요성

산업복지(industrial welfare 또는 industrial social welfare)는 사회복지의 한 분야로서, 근로자를 주요한 대상으로 삼고 있다.[1] 산업복지가 필요한 배경에는 여러 가지가 있을 수 있다. 현대 사회에서 산업복지가 필요한 배경을 몇 가지 살펴보면 다음과 같다.

1) 일(노동)의 중요성

산업복지와 관련되는 영역은 '일(노동)의 세계(world of work)'이다. 현대에 들어서 일의 세계가 중요해지고 있다. 일반적으로 일(work)은 인간이 사는 사회적·경제적 상황에서 인간이 생활을 유지할 수 있게 해주고 있다.

일은 사회에서 매우 중요한 영역에 속하고 있다. 사실, 인간 사회에서 모든 사람은 어떤 방식으로든 일과 관련되어 있다. 이것은 전 세계에서 현재 살고

1) 산업복지의 정의에 대해서는 다음에서 자세히 살펴본다.

있는 모든 사람에게 해당되고 있다. 그리고 인간의 역사에서 모든 인간은 일과 관련되어 왔다(Kalleberg, 2009; Watson, 2008).

무엇보다도 사회나 가족의 구성원은 사회에서 제대로 생활하기 위해서 유급 일자리에서 일하여야 하는 경우가 많다. 그리고 사람이 낯선 사람을 만날 경우, 처음에 서로 인사를 나눈 후에는 상대방에게 '하는 일이 무엇이냐'고 묻는 경향이 있다. 그리고 만약 상대방이 일한다고 대답할 경우, 상대방에게 '어디에서 일하느냐'고 묻는 경향이 있다. 마찬가지로, 사회복지사는 모든 상황에서 대상자에게 서비스를 제공하는데, 이런 대상자의 삶에서 중요한 것은 대상자가 일자리를 가지고 있는지 여부이다(Kurzman & Akabas, 2005). 그러므로 인간의 일상생활에서 일은 중요한 위치를 차지하고 있다.

사실, 어떤 활동 영역도 일의 영역만큼 개인에게 다양하게 영향을 미치지 않고 있다. 일의 영역이 개인에게 다양하게 영향을 미치는 이유를 몇 가지 제시하면 다음과 같다(Burmeister, 2005; Kalleberg, 2009; Watson, 2008).

① 일을 통해서, 개인은 소득을 확보하고 있고 또한 이렇게 얻어진 소득으로 개인과 가족은 미래에 대해 대비할 수 있기 때문이다.

② 일을 함으로써, 개인은 자신이 사회에서 가치 있는 존재라고 인식하는 경우가 많기 때문이다.

③ 일을 통해서, 개인은 사회의 구성원과 서로 교류하고 관계를 맺기 때문이다.

결국, 일은 생존에 중요하고 또한 정신건강에 유리하게 작용하고 있다. 그리고 자신의 계층과 지위, 자신에 대한 긍정적 인식, 사회적 교류, 일정과 같은 것은 자신이 하는 일에서 나오고 있다(World Health Organization, 2020a; Akabas, 1995). 따라서 근로자로서 일을 한다는 것은 개인에게뿐만 아니라 가족과 주변 사람에게도 매우 크게 영향을 미치고 있다.

그러므로 현대 사회에서 일이 중요하다는 점과 일이 인간의 삶에서 중심에 있다는 점은 결코 부정할 수 없다. 그리고 이런 탓에, 사회복지가 '일의 세계'에 관여하는 것은 당연하다고 볼 수 있다. 따라서 일의 세계와 관련해 중요하고 의미 있는 역할을 하기 위해서 산업복지가 필요하다.

푸케(Fouquet)의 『예루살렘 사원의 건설』(일부) : 인간의 일상생활에서 일은 중요한 위치를 차지하는데, 산업복지는 이런 일의 세계를 다룬다.

2) 직장생활의 어려움 증가

현대의 사무실이나 공장과 같은 사업장에서는[2] 많은 근로자들이 서로 협력하며 일하고 있다. 이 경우, 대부분의 근로자는 자신이 맡은 업무를 자기에게 정해진 시간과 장소에서 하는 경향이 있다. 그러나 이런 점 때문에 다음과 같은 상황이 나타나고 있다(Chu, 1996).

① 근로자가 최종 제품을 생산하는 데 자신이 이바지하는 바를 인식하기가 어려워지고 있다.

② 근로자 자신이 하는 일이 근로자의 삶 전체에 어떤 의미가 있는지를 인식하기가 어려워지고 있다.

이런 상황은 근로자가 직장에서 의미 있는 삶을 누리는 데 걸림돌로 작용하고 있다. 또한 인간은 사업장에서 근로자로 일하면서 근로자 및 조직과 관련된 여러 가지 문제를 경험하는데, 이런 문제는 근로자에게 어려움을 유발하는 경우가 많다.

2) 일반적으로 사업장(workplace)은 사람이 일하는 사무실, 공장, 기타 장소를 가리킨다(Merriam-Webster Dictionary, 2021).

그리고 이런 문제를 사업장에서 해결하지 않고 그대로 둘 경우, 근로자와 사업장은 여러 가지 좋지 않은 상황을 경험할 가능성이 크다. 이런 상황을 몇 가지 제시하면 다음과 같다(Proctor, 2020).

① 근로자가 일을 잘 하지 못하고 있다.

② 근로자가 사업장에 결근하고 있다.

③ 근로자가 직장을 일찍 그만두고 있다.

④ 고객에게 일관성이 있게 서비스를 제공하지 못하고 있다.

⑤ 사업장에서 재해(사고)가 더 많이 발생하고 있다.

한편 근로자가 직장에서 하고 있는 일에 적응하지 못하거나 만족하지 못할 경우, 근로자는 사업장 내부에서뿐만 아니라 사업장 외부에서도 여러 가지 어려움을 겪게 된다. 즉, 근로자 개인이 사업장에서 일하면서 겪는 어려움은 개인의 직장생활에 부정적으로 영향을 미칠 뿐만 아니라, 개인의 가정생활과 사회생활에도 부정적으로 영향을 미치게 된다.

특히 근로자는 직장생활과 가정생활을 조화시켜야 하는 문제를 겪는 경우가 많다. 이것은 근로자가 결혼하였는지 여부와 상관없이 그렇다(Schmidt & Duenas, 2002). 이런 상황은 현대 사회에서 더욱더 심각해지고 있다.

사회복지는 어려움을 겪고 있는 사람에게 개입해서 도움을 준 전통을 가지고 있다. 따라서 근로자가 사업장에서 경험하는 어려움에 대해 전문적이고 실질적으로 도움을 주기 위해서 산업복지가 필요하다.

3) 근로자 집단의 다양화

현대에 들어서 근로자 집단의 인구 구조가 바뀌고 있다(Clark, 2015). 예를 들어, 과거에는 사업장에서 남성 근로자가 대부분을 차지하였으나, 이제는 사업장에서 여성 근로자의 수가 빠르게 증가하고 있다. 그리고 노동 인력이 부족함에 따라서 이주(외국인) 근로자의 수도 증가하고 있다. 그리고 앞으로 사업장에서 노인 근로자의 수도 증가할 가능성이 크다(노병일, 2020a; 노병일, 2018a). 이렇게 될 경우, 여성, 외국인, 노인이 사업장에서 일할 수 있는 기회가 많아지게 된다. 이것은 양성 평등, 인종 평등, 연령 평등 등의 측면에서 매우 바람직한 현상이라고 볼 수 있다.

그러나 다양한 노동 인력이 사업장에서 일하게 됨에 따라서, 과거에는 없던 새로운 문제가 등장할 가능성이 커지고 있다. 이런 문제를 몇 가지 제시하면 다음과 같다(노병일, 2020a; 노병일, 2020b).

① 여성과 크게 관련된 문제가 사업장에서 나타날 수 있다. 이런 문제의 예로 결혼한 여성이나 이혼한 여성이 자신의 자녀를 돌보는 문제가 있다.
② 이주 근로자와 관련된 문제가 사업장에서 나타날 수 있다. 이런 문제의 예로 사업장에서 특정 인종을 차별하는 문제가 있다.
③ 노인과 관련된 문제가 사업장에서 나타날 수 있다. 이런 문제의 예로 노인이 사업장에서 차별을 겪는 문제가 있다.

사회복지는 대상자가 가진 여러 가지 욕구를 파악해서 충족시켜 주는 활동에 오랫동안 관여해 왔다. 따라서 사업장에서 다양한 노동 인력이 가진 여러 가지 욕구를 체계적으로 충족시켜 주기 위해서 산업복지가 필요하다.

4) 근로자 입장의 중재와 대변

사업장에서 일하는 근로자의 경우, 노동조합을 통해 협상함으로써 근로 조건을 개선하는 데 영향을 미칠 수 있다. 그러나 노동조합을 통해 협상하지 않고서는, 근로자가 근로 조건을 개선하는 데 영향을 미치기 어려운 경우가 많다(Schmidt & Duenas, 2002). 그러므로 노동조합 이외에, 근로자가 사업장에서 가지는 욕구와 관련해 근로자의 입장을 전달하고 대신해 주는 인물이나 조직이 추가로 필요할 수 있다.

사회복지사는 이런 인물이 될 수 있다. 사실, 사회복지는 대상자의 입장을 중간에서 전문적으로 전달하고 대신해 주는 역할을 해왔다. 따라서 근로자의 욕구와 관련해 근로자의 입장을 중간에서 전달하고 대신해 주기 위해서 산업복지가 필요하다.

Point

• 현대 사회에서 산업복지가 필요한 배경으로 일의 세계와 관련해 중요하고 의미 있는 역할을 하여야 한다는 점, 근로자가 사업장에서 경험하는 어려움에 대해 도움을 주어야 한다는 점, 다양한 노동 인력이 가진 욕구를 체계적으로 충족시켜 주어야 한다는 점, 근로자의 욕구와 관련해 근로자의 입장을 전달·대신해 주어야 한다는 점을 들 수 있다.

2. 일(노동)과 근로자와 산업복지의 정의

1) 일(노동)과 근로자의 정의

산업복지를 정의하기 전에 먼저 해야 할 작업은, 일은 무엇을 의미하고 또한 근로자는 무엇을 의미하는지를 따져보는 것이다. 따라서 산업복지에 대해 정의하기 전에, 일의 정의와 근로자의 정의를 살펴보는 작업이 필요하다.

(1) 일(노동)의 정의

여러 사전과 법에서는 일에 대해 정의하고 있다. 그동안 사전이나 법에서 일에 대해 정의한 것을 몇 가지 제시하면 다음과 같다(국가법령정보센터, 2021; 한컴사전, 2021; Merriam-Webster Dictionary, 2021; Toupictionnaire, 2021).

① 영어 사전에 따르면, 일(work)은 사람이 규칙적으로 하는 활동을 말한다. 특히 일은 돈을 벌기 위해 규칙적으로 하는 활동을 가리킨다.

② 프랑스어 사전에 따르면, 일(travail)은 어떤 것을 하거나 찾고자 하는 결과를 얻기 위해 이루어져야 하는 신체적 노력이나 지적 노력을 가리킨다.

③ 우리나라 사전에 따르면, 일은 "㉠ 무엇을 만들거나 이루기 위해 몸을 움직이고 머리를 쓰는 활동[이나] 그 활동의 대상. ㉡ 생계나 벌이를 위한 노동이나 직업"을 가리킨다.

④ 우리나라의 근로기준법에 따르면, '근로'는 '정신노동과 육체노동'을 가리킨다.

정리하건대, 산업복지의 입장에서 볼 때, 일은 어떤 목적을 위해 규칙적으로 하는 신체적·정신적·지적 활동이나 노력을 말한다.

(2) 근로자의 정의

문자 그대로 볼 때, 근로자는 근로(일)를 하는 사람을 말한다. 그동안 사전이나 법에서 근로자에 대해 정의한 것을 몇 가지 제시하면 다음과 같다(국가법령정보센터, 2021; 한컴사전, 2021; Merriam-Webster Dictionary, 2021; Toupictionnaire, 2021).

① 영어 사전에 따르면, 근로자(worker)는 돈을 벌기 위해 특별한 일을 하는 사람을 가리킨다.

② 프랑스어 사전에 따르면, 근로자(travailleur)는 신체적 일이나 지적 일을 하는 사람을 가리킨다.

③ 우리나라 사전에 따르면, 근로자는 "근로에 의한 소득으로 생활하는 사람"을 가리킨다.

④ 우리나라의 근로복지기본법에 따르면, 근로자는 "직업의 종류와 관계없이 임금을 목적으로 사업이나 사업장에 근로를 제공하는" 사람을 가리킨다.

정리하건대, 근로자는 임금을 얻기 위해 신체적 · 정신적 · 지적 활동을 하는 사람이라고 볼 수 있다.

휴식을 취하는 근로자들 : 근로자는 임금을 얻기 위해 신체적 · 정신적 · 지적 활동을 하는 사람이다.
[출처 : 저자 촬영]

2) 산업복지의 정의

사업장에서 일하는 근로자가 일하는 환경과 생활하는 환경은 다양하고, 또한 이런 환경은 계속해서 변하고 있다. 무엇보다도 오늘날에는 국가마다 산업이 발달한 정도가 다르고, 또한 사회가 발달한 정도가 다르다. 그러므로 산업복지의 정의는 다양할 수밖에 없다(Chu, 1996).

그리고 이에 따라 근로자와 관련된 복지를 나타내는 용어도 다양하다(Natali & Pavolini, 2018). 현재의 경우, 산업복지는 학자에 따라서 산업복지, 기업복지, 직업복지, 노동복지, 사업장에서의 사회사업(사회복지) 등으로 불리고 있다.

이런 용어들 중에서, 산업복지와 거의 같은 의미를 지니는 용어로 자주 사용하는 용어가 직업복지이다. 실제로 외국의 자료에서는 직업복지라는 용어를 더 많이 사용하는 경향이 있다.[3)]

일반적으로 산업복지의 정의는 잘 정리되어 있는 편이 아니다. 이런 탓에, 어느 학자는 "직업복지(산업복지) 영역은 아직도 정의를 내리고 있는 중"이라고 평가한 바 있다(Straussner, 1990). 그동안 산업복지(직업복지)에 대해 정의한 것을 살펴보면 다음과 같다.

(1) 산업복지(직업복지)의 정의

(가) 전문 사전의 정의

팀스(Timms & Timms, 1982) 부부가 편집한 『사회복지사전』에는 '산업복지'나 '직업복지'에 대한 항목이 아예 없다. 그리고 한국사회복지협의회(1993)에서 발간한 『사회복지사전』에도 산업복지나 직업복지에 대한 항목이 존재하지 않는다.

이에 비해서, 산업복지와 직업복지에 대해 비교적 자세히 설명하고 있는 사전은 미국의 전국사회복지사협회(NASW)에서 발간한 『사회사업사전』이다. 이 사전에 따르면, 산업복지(industrial social work)는 사업장 내부와 외부에서 근로

3) 따라서 여기에서는 산업복지와 직업복지의 정의를 함께 살펴보는 방식을 취한다. 그러나 우리나라의 사회복지 교과 과정에서는 근로자와 관련된 교과목을 '산업복지론'으로 정하고 있다. 그러므로 앞으로 이 책에서는 가능하다면 '산업복지'라는 용어로 통일해 사용한다.

자의 전체적인 삶의 질을 향상시키기 위해 제공하는 전문적인 사회사업 실천을 가리킨다. 이 사전에서는 산업복지는 직업복지(occupational social work)와 비슷한 의미를 지닌다고 밝히고 있다. 그리고 이 사전의 경우, 직업복지는 근로자와 가족에게 전문적 서비스를 제공하는 사회사업 영역이라고 보고 있다. 그러면서 이 사전은 직업복지라는 용어는 산업복지와 같은 의미로 사용되는 경우가 가끔 있다고 밝히고 있다(Barker, 2003).

한편 우리나라의 어느 사회복지연구소에서 발간한 『사회복지사전』의 경우, 산업복지는 "국가 또는 지방자치단체가 기업, 노조, 민간단체 등에 의해 근로자와 그의 가족의 지속적 복지를 증진하기 위한 제 제도[4] 및 시설, 활동서비스의 종합적 체계"라고 정의하고 있다(대구대학교 사회복지연구소, 1993).

(나) 학자의 정의

여러 학자들은 산업복지에 대해 정의해 왔다. 그동안 산업복지나 직업복지에 대해 정의한 것을 몇 가지 제시하면 다음과 같다(Johnson & Schwarz, 1994; Akabas, 1995; Straussner, 1990; Natali & Pavolini, 2018; Kurzman, 2011).

① 티트머스(Titmuss)의 경우, 직업복지는 고용되었기 때문에 제공받을 수 있는 급여와 서비스라고 정의하고 있다.

② 애커버스(Akabas)의 경우, 직업복지는 사업장에서 현재 일하는 근로자와 사업장에서 일하기를 바라는 미래 근로자에게, 고용주와 노동조합이 후원해 전달하는 정책과 서비스라고 정의하고 있다.

③ 스트라우스너(Straussner)의 경우, 직업복지는 개인과 그 개인이 놓인 환경에 가장 잘 적응하기 위한 다양한 개입을 통해서, 사업장이 가지고 있는 인간적·사회적 욕구를 다루는 사회사업 실천이라고 정의하고 있다.

④ 나탈리와 파볼리니(Natali & Pavolini)의 경우, 직업복지는 고용주나 노동조합이 고용 계약에 근거해서 공적 급여에 추가해 제공하는 급여와 서비스라고 정의하고 있다.

4) 여기서 '제 제도'는 '모든 제도'를 의미한다.

⑤ 커즈먼(Kurzman)의 경우, 미국에서는 기업(산업)복지를 노동과 관련된 조직이나 경영진의 후원을 받아서, 노동 조직의 회원이나 근로자에게 서비스를 제공하기 위해 전문 사회복지사를 활용하는 프로그램과 서비스라고 정의하는 경우가 많다고 보고 있다.

(2) 기타 용어

산업복지나 직업복지라는 용어 이외에, 산업복지와 관련해 자주 사용하는 용어로 기업복지와 노동복지(labor welfare)가 있다.

(가) 기업복지

그동안 기업복지에 대해 정의한 것을 구체적으로 제시하면 다음과 같다(한국사회복지협의회, 1993; 김대모, 1991).

① 한국사회복지협의회에서 발간한 사전의 경우, 기업복지는 "기업의 책임과 비용부담 하에 그의 종사원이 직장 내외의 생활을 통해서 물질적·정신적 욕구를 충족할 수 있도록 지속적 복지를 실현하는 것을 목적으로 직장이 제공하는 임금 등 근로 조건 이외의 [모든] 급부·시설 및 활동의 종합적 체계"라고 정의하고 있다.

② 김대모의 경우, 기업복지(제도)는 "근로자의 복지 향상을 목적으로 하고 그 비용의 일부 또는 전부를 기업이 부담하는 모든 제도"라고 정의하고 있다.

(나) 노동복지

미국의 전국사회복지사협회에서 발간한 사전의 경우, 노동복지는 사업장에서 인력 및 고용과 관련해 사회 서비스를 제공하는 프로그램이라고 정의하고 있다(Barker, 2003). 산업이 발달하지 못한 일부 국가의 경우, 일반 국민을 위한 사회복지 서비스가 충분하지 않기 때문에, 일부 기업에서 근로자에게 사회복지 서비스를 의무적으로 제공하도록 하고 있다. 이 사전에 따르면, 이런 국가에서 이렇게 제공하는 복지를 가리키기 위해 노동복지라는 용어를 사용하고 있다.

(3) 정리

산업복지와 직업복지의 정의는 전문 사전이나 학자에 따라 차이가 나고 있다. 하지만 일반적으로 산업복지와 직업복지는 근로자와 가족의 삶의 질을 향상시키기 위해 복지와 관련해 제공하는 급여, 서비스, 활동이라고 볼 수 있다. 다만 이 경우, 산업복지나 직업복지를 제공하는 주체는[5] 정의마다 차이가 있다.

이에 비해서, 일반적으로 기업복지는 기업이 주체가 되어 제공하는 복지를 가리키는 경우가 많다.

Point

- 일은 어떤 목적을 위해 규칙적으로 하는 신체적·정신적·지적 활동이나 노력이다.
- 근로자는 임금을 얻기 위해 신체적·정신적·지적 활동을 하는 사람이다.
- 일반적으로 산업복지(직업복지)는 근로자와 가족의 삶의 질을 향상시키기 위해 복지와 관련해 제공하는 급여·서비스·활동이다.

3. 산업복지의 목적

산업복지에서는 사업장과 관련된 인간적 욕구와 사회적 욕구를 다루고 있다(Kurzman & Akabas, 2005). 따라서 산업복지의 목적은 사업장과 관련된 개인이나 조직이 가진 인간적 욕구와 사회적 욕구를 충족시켜 주는 것이라고 볼 수 있다. 이것을 좀 더 넓게 보면, 산업복지의 일반적 목적은 근로자와 가족이 더 나은 삶을 살도록 하는 데 있다고 볼 수 있다.[6]

5) 일반적으로 주체는 어떤 행동을 실천하는 개인이나 조직을 말한다(노병일·노대겸, 2017).

6) 이런 측면은 산업복지의 정의에서도 일부 나타나고 있다.

뭉크(Munch)의 『집으로 돌아가는 근로자들』: 일반적으로 산업복지에서는 근로자와 가족이 더 나은 삶을 살도록 하는 데 관심을 가진다.

일부 학자는 산업복지가 추구하는 구체적 목적과 관련해 자세히 논의하고 있다. 예를 들어 추(Chu, 1996)의 경우, 산업복지가 이루려는 구체적인 목적을 다음과 같이 제시한 바 있다.

① 근로자와 가족이 물질적으로 더 안정되고 심리적으로 더 안정되도록 도와준다.

② 근로자가 적절한 근로 환경에서 일하도록 도와준다.

③ 근로자와 가족이 개인적 상황과 사회적 환경을 서로 잘 조화시키도록 도와준다.

Point

- 산업복지의 목적은 사업장과 관련된 개인이나 조직의 인간적·사회적 욕구를 충족시켜 주는 데 있다. 더 넓게 볼 경우, 산업복지의 목적은 근로자와 가족이 더 나은 삶을 살도록 하는 데 있다.

4. 산업복지의 장점과 의의

1) 산업복지의 장점

(1) 산업복지의 구체적 장점

산업복지는 여러 가지 장점을 지니고 있다. 그동안 일부 학자가 산업복지의 장점으로 제시한 것을 구체적으로 살펴보면 다음과 같다(Akabas, 1995; Johnson & Schwarz, 1994).

① 애커버스(Akabas)의 경우, 산업복지는 다음과 같은 장점을 지닌다고 보고 있다.

㉠ 산업복지는 근로자나 가족이 쉽게 이용할 수 있다.

㉡ 산업복지 서비스를 전달하는 체계에서는 오명(stigma, 낙인감)이[7] 따라다니지 않고 있다. 왜냐하면 사업장에서 산업복지 서비스를 전달하는 방식은 대상자의 가정에서 서비스를 전달하는 방식과 비슷하기 때문이다.

㉢ 산업복지 서비스는 사회복지가 중요하게 인식해 온 '환경 속의 인간(person-in-environment)'이라는 측면에 토대를 두어 제공되고 있다. 따라서 사회복지사는 근로자나 가족을 위해 환경에 실제로 영향을 미칠 수 있다.

② 존슨과 쉬바즈(Johnson & Schwarz)의 경우, 산업복지는 다음과 같은 장점을 지닌다고 보고 있다.

㉠ 산업복지 서비스를 이용하는 근로자에게는 오명이 따라다니지 않고 있다. 왜냐하면 근로자는 산업복지 서비스를 자신이 정당하게 얻은 권리라고 인식하기 때문이다.

㉡ 근로자가 산업복지 서비스를 이용할 경우, 근로자는 서비스를 이용하는 비용을 전혀 낼 필요가 없거나 거의 낼 필요가 없다. 예를 들어, 근로자가 사업장의 의무실이나 상담실을 이용하는 것은 무료인 경우가 많다.

7) 여기에서 오명은 수치스러움과 같은 것을 말한다.

그리고 산업복지에서 제공하는 서비스는 사업장에 있는 모든 근로자가 이용할 수 있도록 되어 있는 경우가 많다. 따라서 사업장 내부에서 볼 경우, 산업복지에서 제공하는 서비스는 보편적 특성을 지니는 서비스이다.[8)]

보편적 서비스가 가지는 특성에 주목하면서, 커즈먼(Kurzman, 2011)은 산업복지의 중요한 장점을 다음과 같이 제시하고 있다.

① 근로자는 근로자라는 신분 때문에, 산업복지 서비스를 이용할 수 있는 자격을 지니게 된다. 따라서 사업장에 있는 모든 근로자는 산업복지 서비스를 이용할 수 있다.

② 보편적 서비스는 예방적 성격을 지니고 있다. 따라서 산업복지 서비스는 근로자의 문제를 예방할 수 있다. 예를 들어, 산업복지 서비스를 이용하는 과정에서 근로자가 알코올을 너무 많이 사용하는 것으로 조기에 판단될 경우, 해당 근로자는 사업장에서 계속 일을 하면서 알코올과 관련된 치료를 받을 수 있다.

③ 예방적 서비스는 비용이 적게 든다. 따라서 산업복지는 비용 측면에서 유리하다.

(2) 정리

산업복지 서비스는 오명이 따라다님이 없이 편하고 무료(또는 적은 비용)로 근로자나 가족이 이용할 수 있다는 장점을 지니고 있다. 그리고 산업복지 서비스는 보편적 특성을 지니기 때문에, 산업복지 서비스는 예방적 성격을 지니고 있다. 따라서 장기적으로 볼 경우, 산업복지 서비스는 근로자와 가족과 사업장에 비용 측면에서 이득을 준다는 장점을 지니고 있다.

8) 사회복지에서 보편적 특성을 지니는 서비스는 모든 사람을 대상을 하는 서비스를 말한다(노병일, 2018b).

사업장 내의 복지 시설에서 탁구를 치는 근로자들 : 산업복지는 오명이 따라다님이 없이 편하고 무료로 근로자가 이용할 수 있는 경우가 많다.
[출처 : 하오 님 제공]

한편 생태학적 관점에서[9] 볼 경우, 산업복지는 다음과 같은 여러 측면에 주목하는 실천 영역에 해당되고 있다(Kurzman, 2011). 이런 점은 산업복지의 장점이 될 수 있다.

① 개인에 주목하고 있다. 이것은 근로자라는 지위에 있는 개인에 대해 주목하는 것을 말한다.

② 환경에 주목하고 있다. 이 경우, 환경은 사업장과 노동조합을 말한다.

③ 일에 주목하고 있다. 일은 산업복지의 대상이 되는 사람들이 추구하는 목표이다.

④ 정책에 주목하고 있다. 사회 정책에서는 사회복지와 일의 세계가 서로 관련되어 있다고 보고 있다.

9) 일반적으로 생태학적 관점은 개인과 환경은 서로 분리될 수 없기 때문에 개인과 환경을 함께 고려하는 관점을 말한다(노병일, 2020c).

2) 산업복지의 의의

오늘날의 사회에서 산업복지는 여러 가지 의의를 지니고 있다. 산업복지의 의의를 몇 가지 제시하면 다음과 같다(노병일, 2018b; Natali & Pavolini, 2018; Skidmore, Thackeray & Farley, 1991; Kurzman, 2011; Bryson, 1992).

① 산업복지는 오늘날의 사회에서 실제적으로 중요한 역할을 한다는 데 의의가 있다. 왜냐하면 산업복지에 지출하는 현금의 양도 많고, 또한 산업복지 프로그램의 대상이 되는 근로자의 수도 많기 때문이다.

② 산업복지는 개인과 가족과 지역사회를 새롭게 도와준다는 데 의의가 있다. 왜냐하면 산업복지는 사회복지의 여러 기법을 활용해 수많은 근로자 개인, 근로자의 가족, 지역사회를 도와줄 수 있기 때문이다.

③ 산업복지는 복지 다원주의(welfare pluralism)와 관련해 나름의 역할을 한다는 데 의의가 있다.[10] 왜냐하면 국가의 복지 재정이 압박을 받음에 따라서, 사업장에서 제공하는 사회보장[11] 성격의 산업복지도 중요해지고 있기 때문이다. 예를 들어, 사업장에서 근로자에게 제공하는 연금이나 의료 보조비와 같은 것은 근로자에게 점점 중요한 역할을 하고 있다.

복지의 사회적 분류 : 사회복지, 재정복지, 직업복지(산업복지)

티트머스는 '복지의 사회적 분류(social division of welfare)'를 제시하는데, 이것은 세 가지의 주요한 복지 체계를 포함하고 있다. 이 경우, 세 가지 복지 체계는 사회복지 체계, 재정복지 체계, 직업복지 체계를 말한다. 이에 따라 티트머스는 복지를 사회복지(국가복지, state welfare), 재정복지(회계복지, fiscal welfare), 직업복지(occupational welfare)로 분류하고 있다.

[…] 이 중에서 재정복지는 조세 제도를 통해서 제공하는 복지를 가리킨다.

[…] 그리고 직업복지는 고용과 관련된 복지를 가리킨다. 구체적으로 직업복지는 직장 및 일자리와 관련된 복지 제도를 말한다. 사업장에서 근로자를 위해 제공하는 복지 혜택은 근로자뿐만 아니라 근로자의 가족도 이용할 수 있는 경우가 많다.

[출처 : 노병일(2018b : 52)을 그대로 인용]

---

10) 복지국가의 위기에 대한 반응으로 나온 여러 가지 방안들 중에서 핵심을 이루는 것이 복지 다원주의이다. 한마디로 말해서, 복지 다원주의는 국가를 포함한 여러 영역이 복지를 함께 담당하는 것을 가리킨다. 복지 다원주의를 복지 혼합이라고도 부르고 있다(노병일, 2018b).

11) 사회보장은 사회 구성원이 어려움을 겪을 때에 도와주는 체계적인 공적 제도이다(노병일, 2020b). 사회보장에 대해서는 사회보험과 산업복지를 다루는 장(제13장)에서 자세히 설명한다.

④ 산업복지는 사회복지사가 활동할 수 있는 영역을 크게 넓혀준다는 데 의의가 있다. 왜냐하면 기업을 포함한 여러 사업장에서 사회복지사를 고용하고 지원할 경우, 사업장에서 사회 서비스와 관련된 직종이 생길 수 있기 때문이다.

Point

- 산업복지의 장점으로 오명이 따라다님이 없이 편하고 무료(또는 적은 비용)로 이용할 수 있는 점, 보편적 특성을 지니기 때문에 예방적 성격을 지니는 점, 장기적으로 근로자 · 가족 · 사업장에 비용 측면에서 이득을 준다는 점, 여러 측면에 주목한다는 점이 있다.
- 산업복지가 지니는 의의로 사회에서 실제적으로 중요한 역할을 하는 점, 개인 · 가족 · 지역사회를 새롭게 돕는 점, 복지 다원주의와 관련해 나름의 역할을 하는 점, 사회복지사의 활동 영역을 크게 넓히는 점이 있다.

5. 산업복지의 주체

산업복지의 주체는 산업복지를 실천하는 조직을 말한다. 일반적으로 산업복지를 제공하는 주체로 자주 제시되는 것은 고용주와 노동조합이다(Akabas, 1995). 그러나 산업복지의 주체는 다양할 수 있다. 예를 들어, 국가(공공 기관)와 민간 기관도 산업복지의 주체가 될 수 있다. 따라서 국가, 고용주 및 관련 조직, 근로자 및 관련 조직, 민간 조직은 산업복지의 주요한 주체가 될 수 있다.

1) 국 가

근로자를 위한 복지 시설을 갖추거나 근로자를 위한 복지 서비스를 제공하고자 할 경우, 국가는 중요한 역할을 하고 있다. 일반적으로 산업복지와 관련해 국가가 하는 역할을 구체적으로 살펴보면 다음과 같다.

(1) 산업복지와 관련된 법의 실행

국가는 법을 통해서 산업복지를 실행하는 역할을 할 수 있다. 이런 예를 구체적으로 제시하면 다음과 같다(국가법령정보센터, 2021; Chu, 1996).

① 근로자를 위한 법은 근로자의 근무 상황과 관련된 내용을 포함하는 경우가 많다. 예를 들어, 우리나라의 '남녀고용평등과 일·가정 양립 지원에 관한 법률'의 경우, 고용주는 근로자의 교육과 배치와 승진에서 남성 근로자와 여성 근로자를 차별하지 말아야 한다고 규정하고 있다.

② 사업장과 관련된 법이나 기타 법은 근로자의 건강을 보호하기 위한 내용을 포함하고 있다. 이것은 사업장의 실내 공기, 조명, 청결, 의료 시설, 위생 시설과 관련해 특히 그렇다.

위와 같이 국가가 법을 통해서 사업장이 근로자의 복리 수준을 높이는 방안을 의무적으로 취하게 할 경우, 국가는 간접적으로나마 산업복지와 관련해 주체의 역할을 하고 있다고 볼 수 있다.

(2) 간접적 지원

법을 통하는 방법 이외에, 국가는 간접적 형태로 사업장을 도와주는 역할을 할 수 있다. 예를 들어, 국가는 고용주나 노동조합이 주체가 되어 사업장에서 실시하는 산업복지 프로그램에 혜택을 주거나 금전적으로 지원해 줄 수 있다. 이 경우, 국가는 산업복지와 관련해 간접적 주체의 역할을 하고 있다고 볼 수 있다. 이런 예를 구체적으로 제시하면 다음과 같다(국가법령정보센터, 2021; 김소희, 2001; Chu, 1996).

① 국가는 근로자의 자녀를 양육하는 것과 관련되는 제도나 프로그램을 실시하는 사업장을 지원할 수 있다. 예를 들어, 우리나라의 '남녀고용평등과 일·가정 양립 지원에 관한 법률'의 경우, 어린 아동이 있는 여성 근로자가 근로 시간을 줄여서 근무할 수 있게 하는 고용주에게, 국가는 관련 비용의 일부를 지원할 수 있다고 규정하고 있다.

② 국가는 노인 근로자의 고용을 유지하는 것과 관련되는 제도나 프로그램을 실시하는 사업장을 지원할 수 있다. 예를 들어, 일본 정부는 노인 근로자를 대상으로 교육 프로그램을 실시하는 사업장에게 지원금을 제공한 바 있다.

그리고 국가는 사업장에 세금 혜택을 줌으로써 산업복지를 장려하는 경우가 많다. 이 경우, 이런 세금 혜택은 산업복지에 속한다고 볼 수 있다(Natali & Pavolini, 2018).

(3) 기타 역할

이 외에도 국가는 여러 가지 역할을 하고 있다. 예를 들어, 국가는 근로자를 위해 다음과 같이 하는 경우가 많다(Chu, 1996).

① 근로자에게 기회의 평등을 보장해 준다.
② 근로자가 겪는 어려움과 고통을 줄여준다.
③ 근로자가 위급한 상황에 놓여 있을 때에 도와준다.
④ 근로자와 가족이 주요한 사회문제를 해결하는 것과 관련해 도움을 준다.

국가가 위와 같이 할 경우, 국가는 직접적·간접적 주체의 역할을 하고 있다고 볼 수 있다.

2) 고용주와 관련 조직

(1) 고용주와 산업복지

산업복지를 제공하는 주체와 관련해, 고용주는 가장 실질적이고 중요한 역할을 하고 있다. 이런 측면을 몇 가지 제시하면 다음과 같다(Chu, 1996).

① 고용주는 근로자와 관련된 법에 정해져 있는 산업복지를 근로자에게 제공하고 있다. 오늘날에는, 근로자의 건강과 안전과 복리 수준을 높이는 것과 관련된 법을 지키는 것이 고용주에게 중요한 역할에 속하는 경우가 많다.

② 많은 국가의 경우, 고용주는 자신의 근로자에게 법에서 요구하는 것 이상의 여러 가지 서비스를 제공하고 있다. 이런 서비스의 예로 연금, 질병, 산업재해와 관련해 고용주가 사회보험에 추가해서 별도로 제공하는 복지 혜택이 있다.

③ 고용주는 임금 형태가 아닌 급여(non-wage benefit)도 근로자에게 많이 제공하고 있다. 임금 형태가 아닌 급여의 예로 고용주가 사회보장 제도에 납부하는 기여금(보험료), 일하지 않은 시간에 대한 보수가 있다.

그리고 대부분의 고용주는 자기 사업장에 있는 복지 제도에 대한 비용을 많이 부담하고 있다. 이 경우, 고용주는 여러 가지 방식으로 이런 비용을 부담할 수 있다.

(2) 기업의 사회적 기여[12)]

기업(고용주)은 민간 영역에서 사회복지와 관련된 주체로 활동하고 있다. 특히 기업(고용주)은 민간 영역에서 자발적으로 기부를 함으로써 사회복지의 주체로서의 역할을 하고 있다. 이런 기부는 근로자를 대상으로 하기보다는 지역사회나 전체 사회를 대상으로 하는 산업복지 활동이라고 볼 수 있다.

(3) 국가 개입에 대한 고용주의 의견

국가가 산업복지에 간접적으로 개입하는 것에 대해, 고용주는 자기 기업의 상황 등을 고려해서 판단할 것이다. 산업복지와 관련해 국가가 개입하여야 하는지 여부에 대해 고용주가 가지는 의견은, 국가나 시기 등에 따라 다를 수 있다.

이런 예는 영국과 프랑스와 미국의 산업복지를 비교한 연구에서 잘 나타나 있다. 예를 들어 제1차 세계대전이 일어나기 이전의 경우, 영국 버밍햄(Birmingham)과 프랑스 생떼띠엔느(Saint-Etienne)에 있는 대규모 중공업 고용주들은 근로자의 복

12) 기업의 사회적 기여에 대해서는 기업의 사회적 책임을 다루는 장(제12장)에서 자세히 설명한다.

지 수준을 높이기 위해 국가가 개입하는 것에 대해 찬성하는 입장을 취하고 있었다. 이에 비해서, 미국 피츠버그(Pittsburgh)에 있는 대규모 중공업 고용주들은 근로자의 복지 수준을 높이기 위해 국가가 개입하는 것에 대해 강력히 반대하는 입장을 취하고 있었다. 하지만 미국의 경우, 20세기 말에 들어서 산업복지 분야에 국가가 개입하는 것에 대해 찬성하는 방향으로 나아갔다. 예를 들어, 미국의 고용주는 자기 근로자에게 의료 서비스를 제공하는 것이 매우 어려워지자, 근로자의 건강과 관련된 분야에 국가가 개입하는 것에 대해 찬성하게 되었다(Cohen & Hanagan, 1994).

3) 노동조합

노동조합은 사업장의 내부와 외부에서 근로자의 복지 수준을 높일 수 있는 대표적인 조직이다. 무엇보다도 노동조합은 고용주나 국가보다 근로자들의 신뢰를 더 받고 있고, 또한 근로자들의 목소리를 조직적으로 행동에 옮길 수 있다. 이런 탓에, 노동조합은 근로자들로부터 실질적으로 지지를 받을 가능성이 크다는 장점을 지니고 있다.

일반적으로 좋은 산업복지 프로그램을 제공하는 노동조합에 가입한 근로자는, 경제 상황이 좋지 않은 시기에도 계속해서 노동조합의 회원으로 남아 있을 가능성이 크다. 왜냐하면 계속해서 노동조합의 회원으로 남아 있을 경우, 질병과 실업과 기타 위험으로부터 자신을 보호할 수 있다고 보기 때문이다(Chu, 1996). 따라서 노동조합은 근로자들의 지지를 크게 받으면서 산업복지를 꾸준히 제공하는 주체가 될 수 있다. 그리고 노동조합이 주체가 되어 제공하는 산업복지는, 근로자가 자신의 힘으로 복지를 챙긴다는 인식을 심어준다는 장점을 지니고 있다.

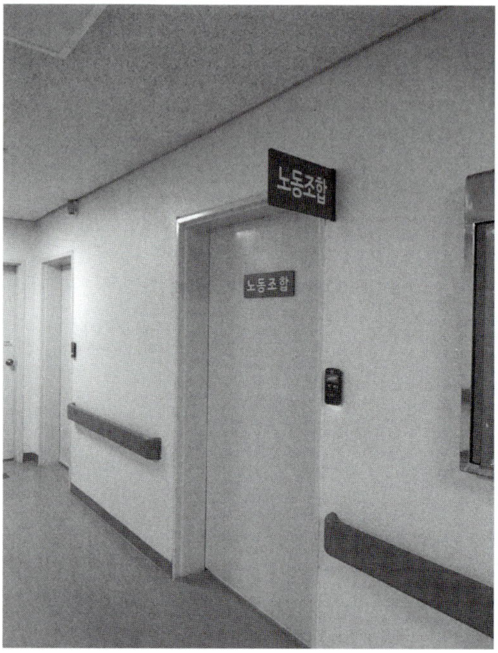

사업장의 노동조합 사무실 : 노동조합은 근로자들의 지지를 크게 받으며 산업복지를 꾸준히 제공할 수 있다. [출처 : 저자 촬영]

한편 노동조합이 사업장에서 근로자를 위한 산업복지 프로그램을 잘 제공할 경우, 고용주는 산업복지 프로그램을 제공하는 것에 대해 관심이 적을 수도 있다.

4) 민간 조직

(1) 민간 조직과 산업복지

국가나 고용주나 노동조합 이외에, 민간 조직도 근로자를 위한 복지에 관여할 수 있다. 예를 들어, 지역의 사회복지관, 여성과 관련된 기관, 장애인과 관련된 기관, 아동과 관련된 기관, 청소년과 관련된 기관, 노인과 관련된 기관, 종교 기관, 성인과 근로자를 교육하는 기관, 자원봉사 조직은 사업장에서 일하는 근로자의 복지 수준을 높이는 데 관여할 수 있다(Chu, 1996).

이와 관련된 좋은 예가 이주 근로자를 대상으로 활동하는 민간 조직이다. 이주 근로자가 자신이 일하는 사업장에서 정당한 대우를 받지 못하고 있고 또한 그 수도 적은 경우, 사업장의 외부에 있는 민간 조직이 주체가 되어 이주 근로자에게 여러 가지 산업복지 서비스를 제공할 수 있다. 예를 들어, 민간 조직은 이주 근로자가 노동 영역에서 가지는 권리를 이해하는 교육 프로그램을 실시할 수도 있고, 또한 우리나라의 문화를 이해하는 교육 프로그램을 실시할 수도 있다. 그리고 이런 민간 조직은 불법적으로 체류하고 있어서 병원에 가지 못하는 이주 근로자에게 의료 서비스를 제공할 수도 있다.

(2) 민간 조직의 장점과 단점

산업복지 영역에서 활동하는 민간 조직은 나름의 장점과 단점을 가지고 있다. 우선, 민간 조직은 다음과 같은 장점을 지니고 있다(Chu, 1996; Brown, 2002).

① 근로자와 가족이 가진 문제를 더 융통성이 있게 처리할 수 있다.
② 새로운 방안을 더 찾아볼 수 있다.
③ 지역사회 수준에서 충족될 수 있는 욕구를 더 잘 처리할 수 있다.
④ 국제적으로 잘 연대할 수 있다.
⑤ 산업복지의 어떤 영역에서는 매우 유용한 역할을 할 수 있다. 예를 들어, 민간 조직은 레크리에이션 영역과 교육 영역에서 매우 유용한 역할을 할 수 있다.

그러나 민간 조직은 재정과 행정의 측면에서 단점을 지니고 있다. 즉, 민간 조직은 근로자와 가족이 겪는 문제들을 효과적으로 다루는 데 필요한 재정적 자원이나 행정적 기구를 가지고 있지 않은 경우가 많다. 민간 조직의 이런 단점은, 민간 조직이 산업복지와 관련된 활동에 관여하거나 서비스를 제공할 경우에 걸림돌로 작용할 가능성이 매우 크다.

Point

- 근로자를 위한 복지 시설이나 복지 서비스와 관련해, 국가는 중요한 역할을 한다.
- 산업복지의 주체와 관련해, 고용주는 가장 실질적이고 중요한 역할을 한다. 그리고 기업(고용주)은 민간 영역에서 사회복지의 주체로서의 역할을 한다.
- 노동조합은 사업장의 안팎에서 근로자의 복지 수준을 높일 수 있는 대표적인 조직이다.
- 민간 조직도 근로자를 위한 복지에 관여할 수 있다.

6. 산업복지의 대상

산업복지의 대상(대상자)을 좁게 볼 경우, 산업복지의 일차적 대상은 근로자이다. 그러나 산업복지의 대상에는 근로자의 가족도 포함되는 경우가 많다. 이런 점은 산업복지에 대한 정의에 이미 나타나 있다.

그러나 산업복지의 대상을 더 넓게 볼 수도 있다. 이 경우, 산업복지의 대상은 더 다양해질 수 있다. 이와 관련된 예를 몇 가지 제시하면 다음과 같다 (Akabas, 1995; Kurzman & Akabas, 2005; DiNitto & McNeece, 1997; Natali & Pavolini, 2018).

① 애커버스(Akabas)의 경우, 산업복지 서비스의 대상은 근로자와 가족이라고 보고 있다. 그러나 애커버스의 경우, 산업복지의 대상에 사업장에서 현재 일하는 근로자뿐만 아니라 사업장에서 일하기를 바라는 미래 근로자도 포함시키고 있다.

② 커즈먼과 애커버스(Kurzman & Akabas)의 경우, 산업복지는 노동계가 가진 인간적 욕구와 사회적 욕구를 다룬다고 보고 있다. 이들은 노동계를 고용주, 노동조합, 일자리를 찾는 사람, 근로자를 가리키는 의미로 사용하고 있다. 따라서 커즈먼과 애커버스의 경우, 산업복지의 대상은 고용주, 근로자, 노동조합, 일자리를 찾는 사람이라고 보는 입장을 취하고 있다.

③ 일부 학자의 경우, 산업복지의 주요한 대상은 근로자, 소비자, 지역사회라고 보고 있다. 실제로 실버(Silva)는 근로자와 소비자와 지역사회에 주목하면서, 산업복지를 제공하는 방식을 세 가지로 구분한 바 있다.

④ 기업에게 사회적 책임이 강조됨에 따라서, 사업장이 위치한 지역사회는 말할 것도 없고 일반 사회도 기업이 관심을 가지는 대상이 되고 있다. 따라서 지역사회와 일반 사회도 기업이 제공하는 산업복지의 대상에 포함되는 방향으로 나아가고 있다.

그러므로 산업복지의 대상을 더 넓게 볼 경우, 산업복지의 대상은 근로자와 가족뿐만 아니라, 미래의 근로자, 고용주, 노동조합, 소비자, 지역사회, 사회 전체도 포함하고 있다.

Point

- 산업복지의 대상을 좁게 볼 경우, 산업복지의 일차적 대상은 근로자이다.
- 산업복지의 대상을 더 넓게 볼 경우, 산업복지의 대상은 근로자·가족, 미래의 근로자, 고용주, 노동조합, 소비자, 지역사회, 사회 전체를 포함한다.

7. 산업복지의 형태

산업복지의 형태에는 여러 가지가 있다. 하지만 산업복지의 형태는 분류하는 기준에 따라서 다양할 수 있다. 우선, 산업복지를 제공하는 주체와 대상에 따라 산업복지의 형태를 분류할 수 있다. 그리고 이 외에, 산업복지를 제공하는 시기, 복지 급여(혜택), 개입하는 수준에 근거해 산업복지의 형태를 분류할 수도 있다.

1) 주체에 따른 분류

주체에 따른 분류는 산업복지를 제공하는 측이 누구인지에 따라 산업복지의 형태를 분류하는 방식을 말한다. 산업복지를 주체에 따라 분류한 예를 몇 가지 제시하면 다음과 같다(대구대학교 사회복지연구소, 1993; Barker, 2003; Schmidt & Duenas, 2002).

① 미국의 전국사회복지사협회에서 발간한 사전의 경우, 산업복지는 고용주가 주관하거나, 노동조합이 주관하거나, 고용주와 노동조합이 함께 주관하는 경향이 있다고 보고 있다. 이에 따를 경우, 산업복지를 다음과 같은 형태로 분류할 수 있다.

㉠ 고용주가 주관하는 형태가 있다.

㉡ 노동조합이 주관하는 형태가 있다.

㉢ 고용주와 노동조합이 공동으로 주관하는 형태가 있다.

② 슈미트와 두에너스(Schmidt & Duenas)의 경우, 사업장에서 일하는 근로자의 가족을 돕기 위한 프로그램을 다음과 같이 제시하는데, 이것은 산업복지 프로그램을 주체에 따라 분류한 것이라고 볼 수 있다.

㉠ 정부 중심 프로그램이 있다. 이것은 고용주가 근로자의 가족을 돕도록 정부가 주도하는 프로그램을 말한다.

㉡ 정부·고용주 공동 프로그램이 있다. 이것은 정부와 고용주가 관련된 프로그램으로서, 근로자의 가족이 이용할 수 있는 서비스를 확대하기 위해 정부와 고용주가 서로 협력해 제공하는 프로그램을 말한다.

㉢ 고용주 중심 프로그램이 있다. 이것은 근로자의 가족이 가진 욕구를 사업장에서 충족시켜 줌으로써, 사업장의 생산성을 높이기 위한 프로그램을 말한다.

③ 우리나라에서 발간한 어느 사전의 경우, 산업복지를 주체에 따라 다음과 같이 분류하는데, 이것은 위에서 제시한 주체를 모두 포함하고 있다.

㉠ 국가나 지방정부가 주체가 되는 공적 산업복지가 있다. 이것은 근로자의 복지와 관련된 법, 사회 정책, 노동(보호) 정책, 사회보장을 포함하고 있다.

㉡ 기업이 주체가 되는 기업복지가 있다. 이 경우, 기업이 비용을 부담하고 있다.

㉢ 근로자나 노동조합이 주체가 되는 근로자 자주복지가 있다. 이 경우, 근로자나 노동조합이 비용을 부담하면서 근로자에게 복지를 제공하고 있다.

㉣ 민간 기관이나 종교 기관 등이 주체가 되는 민간 산업복지가 있다. 이 경우, 민간 기관이나 종교 기관이 근로자와 가족에게 복지를 제공하고 있다.

㉤ 기업이 주체가 되는 대외(對外) 산업복지가 있다. 이 경우, 복지의 대상은 근로자가 아니라 사회 구성원이다. 대외 산업복지의 예로 기업이 복지재단을 만들어 일반인이나 사회의 취약층을 위해 활동하는 것이 있다.

2) 대상에 따른 분류

대상에 따른 분류는 산업복지를 제공받는 대상이 누구인지에 따라 산업복지의 형태를 분류하는 방식을 말한다. 예를 들어, 산업복지를 대상에 따라 다음과 같이 분류할 수 있다(대구대학교 사회복지연구소, 1993).

① 사업장에서 일하는 청소년을 대상으로 하는 청소년 근로자 복지가 있다.
② 사업장에서 일하는 중년층을 대상으로 하는 중년 근로자 복지가 있다.
③ 사업장에서 일하는 노인을 대상으로 하는 노인 근로자 복지가 있다.
④ 사업장에서 일하는 여성을 대상으로 하는 여성 근로자 복지가 있다.
⑤ 사업장에서 일하는 장애인을 대상으로 하는 장애인 근로자 복지가 있다.
⑥ 사업장에서 일하는 이주 근로자를 대상으로 하는 이주 근로자 복지가 있다.
⑦ 사업장에서 일하는 근로자의 가족을 대상으로 하는 근로자가족 복지가 있다.

3) 제공 시기에 따른 분류

제공 시기에 따른 분류는 산업복지를 제공하는 시기에 따라 산업복지의 형태를 분류하는 방식을 말한다. 예를 들어, 산업복지를 제공 시기에 따라 다음과 같이 분류할 수 있다(대구대학교 사회복지연구소, 1993).

① 근로자가 유급 일자리에서 일하기 이전에 제공하는 근로기 이전(pre-labor period) 복지가 있다. 이와 관련된 프로그램의 예로 직업훈련, 직업소개, 직업안정이 있다. 근로기 이전 복지는 유급 일자리에서 일할 준비를 하는 것과 관련되는 경우가 많다.

② 근로자가 유급 일자리에서 일하는 동안에 제공하는 근로기(labor period) 복지가 있다. 이와 관련된 프로그램의 예로 사회보험, 근로복지 기금, 주택, 재산 형성, 의료, 상담, 협동조합이 있다.

③ 근로자가 유급 일자리에서 일하는 나이가 지난 후에 제공하는 근로기 이후(post-labor period) 복지가 있다. 이와 관련된 프로그램의 예로 노령연금, 기업연금, 정년 연장, 재취업, 평생교육, 기타 문화적 복지가 있다.

4) 복지 급여(혜택)에 따른 분류

복지 급여에 따른 분류는 산업복지에서 제공하는 복지 급여가 무엇인지에 따라 산업복지의 형태를 분류하는 방식을 말한다. 국제노동기구(ILO)의 경우, 기업복지를 다음과 같이 분류할 것을 권장한 바 있다(김대모, 1991). 국제노동기구의 이런 분류는 산업복지를 복지 급여에 따라 분류하는 것이라고 볼 수 있다.

① 근로자가 일을 하지 않은 시간에 대해 보수를 지급하는 것이 있다. 이런 복지 급여의 예로 정기적으로 유급 휴가와 기타 유사한 휴가를 제공하는 것, 근로자가 오랜 기간 근무하였을 경우에 휴가를 제공하는 것, 공휴일과 기타 정해진 날짜에 휴가를 제공하는 것, 가족이 출생·사망·결혼할 경우에 유급 휴가를 제공하는 것, 퇴직수당을 제공하는 것이 있다.

② 상여금과[13] 기타 현금 보조가 있다. 이런 복지 급여의 예로 비정기적으로 급여를 지급하는 것, 휴가 비용을 보조해 주는 것, 이윤을 배분하는 성격을 지니는 상여금을 지급하는 것이 있다.

③ 현물급여가 있다. 단, 이 경우에 주거와 복지 서비스는 제외하고 있다. 이런 복지 급여의 예로 생활에 필요한 각종 물품을 제공하는 것, 기업

13) 상여금(보너스)은 근로자가 일반적으로 예상하는 보수에 추가해서 받는 재정적 보상을 말한다(Bloomenthal, 2021).

제품을 나누어 주는 것이 있다.

④ 근로자의 주거를 지원하는 것이 있다. 이런 복지 급여의 예로 무료 또는 싼 가격으로 주택을 제공하는 것, 주택의 임대료를 지급하는 것, 주택 구입을 지원하는 것이 있다.

⑤ 사회보장과 관련해 지원하는 것이 있다. 이런 복지 급여의 예로 법에 정해진 사회보장 기여금을[14] 부담하는 것, 의료 및 보건과 관련된 시설을 제공하고 비용을 보조하는 것, 가족수당을 제공하는 것이 있다.

⑥ 직업훈련이 있다. 이런 복지 급여의 예로 기업이 훈련을 직접 실시하는 것, 외부 강사와 훈련 기관에 대해 강사료나 수업료를 지급하는 것, 교육 자료에 대한 비용을 지급하는 것이 있다.

⑦ 복지 서비스가 있다. 이런 복지 급여의 예로 식당과 매점에 대해 보조해 주는 것, 교육 시설과 문화 시설과 오락 시설을 제공하는 것, 낮은 금리로 대출해 주는 것, 협동조합과 신용조합에 보조해 주는 것, 법률 서비스를 제공하는 것이 있다.

⑧ 기타 복지 제도가 있다. 이런 복지 급여의 예로 근로자의 출근과 퇴근을 지원하는 것, 작업복을 제공하는 것이 있다.

14) 사회보장 기여금은 사회보장 제도에 납부하는 보험료를 말한다(노병일, 2020b).

어느 대기업의 기혼자와 미혼자 사택 : 산업복지에서 제공하는 급여에는 근로자의 주거를 지원하는 것도 포함된다.
[출처 : 저자 촬영]

미국의 어느 기업에서 제공한 프로그램

미국의 어느 기업에서는 근로자에게 다음과 같은 프로그램을 실시한 바 있다(Baker Library of Harvard Business School, 2012). 이런 프로그램에서는 근로자에게 다양한 복지 급여를 제공하고 있다.

① 연금과 질병수당과 장애급여를 제공하는 프로그램, 주식을 구입할 수 있게 하는 프로그램이 있다.
② 여러 가지 레크리에이션 프로그램과 교육 프로그램이 있다. 여기에는 한편으로는 달리기 대회, 테니스 경기, 야구 경기와 같은 것도 있고, 다른 한편으로는 점심시간 음악회, 야간 강좌와 같은 것도 있다.
③ 사업장에서 사고를 예방하는 프로그램이 있다. 여기에는 안전화, 보호 안경, 무거운 기계에 대한 안전 장치를 제공하는 것이 포함되고 있다.

5) 개입 수준에 따른 분류

개입 수준에 따른 분류는 대상에 개입하는 수준에 따라 산업복지의 형태를 분류하는 방식을 말한다. 사회복지에서는 개입하는 수준을 크게 미시적 수준과 거시적 수준으로 구분하는 경향이 있다(노병일, 2018b). 이런 구분은 산업복지를 다루는 영역에도 그대로 적용될 수 있다. 따라서 산업복지를 개입 수준에 따라 다음과 같이 분류할 수 있다.

① 미시적 수준의 산업복지가 있다. 여기에는 산업복지 영역에서 실시하는 여러 가지 사회사업 실천이 포함되고 있다.

② 거시적 수준의 산업복지가 있다. 여기에는 여러 가지 산업복지 제도나 산업복지 정책이 포함되고 있다.

미국의 전국사회복지사협회에서 발간한 사전의 경우, 직업복지(산업복지)에서 제공하는 프로그램은 다음과 같은 것을 포함할 수 있다고 보고 있다. 이것은 산업복지의 형태를 개입 수준에 따라 분류하는 것과 관련되고 있다(Barker, 2003).

① 미시적 수준의 실천이 있다. 이런 것의 예로 가족치료, 심리치료, 교육상담, 약물중독에 대한 치료가 있다.

② 거시적 수준의 실천이 있다. 이런 것의 예로 근로자 집단을 위해서 개입하는 것이 있다.

개입 수준에 따른 분류는 산업복지에서 제공하는 복지 급여의 형태와도 밀접하게 관련된다고 볼 수 있다.

Point

- 산업복지의 형태는 분류하는 기준에 따라서 다양하다. 일반적으로 산업복지의 형태를 주체, 대상, 제공 시기, 복지 급여, 개입 수준에 따라 분류할 수 있다.

CHAPTER

02 산업복지의 기능과 역사

차례

1. 산업복지의 기능

산업복지는 여러 가지 기능을 하고 있다. 일반적으로 산업복지는 근로자, 고용주, 국가에 대해 나름의 긍정적인 기능을 하고 있다. 따라서 산업복지의 중요한 기능을 근로자 및 근로자 가족과 관련된 기능, 고용주와 관련된 기능, 국가와 관련된 기능으로 나누어 살펴볼 수 있다.

1) 근로자 및 가족과 관련된 기능

산업복지는 근로자와 가족에게 여러 가지 중요한 기능을 하고 있다. 산업복지가 근로자 및 가족과 관련해 하는 중요한 기능의 하나는, 근로자와 가족의 욕구를 충족시켜 주는 기능이다.

산업복지가 근로자와 가족이 가진 욕구를 충족시켜 주는 기능을 한다는 점은, 산업복지의 정의와 목적에 이미 나타나 있다. 실제로 대부분의 산업복지 프로그램은 적어도 겉으로는 근로자의 욕구를 충족시켜 주는 기능을 하고 있다. 예를 들어 1900~1930년의 경우, 미국 피츠버그(Pittsburgh)의 대기업 고용주들은 회사 차원에서 근로자를 위한 프로그램을 만들었는데, 그 이유들 가운데 하나는 근로자의 개인적 욕구를 충족시켜 주고자 하였기 때문이었다(Cohen & Hanagan, 1994).

산업복지가 근로자 및 가족과 관련해 하는 기능을 구체적으로 살펴보면 다음과 같다.

(1) 기본적 욕구의 충족

산업복지는 근로자와 가족이 가진 기본적 욕구를 충족시켜 주는 기능을 하고 있다. 이것을 산업복지 영역에서 제공하는 복지 급여의 형태에 따라 구체적으로 제시하면 다음과 같다.

① 사업장에서 제공하는 복지 급여의 형태가 현금일 경우, 산업복지는 근로자와 가족이 생활하는 데 필요한 소득을 직접적으로 보충해 주고 있다. 예를 들어, 기업에서 근로자의 자녀에게 교육비를 제공하는 산업복지 프로그램을 실시할 경우, 이런 산업복지 프로그램은 근로자가 자녀의 교육과 관련해 가지고 있는 금전적 욕구를 충족시켜 주고 있다.

② 사업장에서 제공하는 복지 급여의 형태가 물품이나 서비스일 경우, 산업복지 때문에 근로자는 물품이나 서비스를 구입할 때 지출하여야 하는 비용의 전부 또는 일부를 절약할 수 있다. 따라서 이런 형태의 복지 급여는 결과적으로 근로자의 비용 부담을 줄여줌으로써, 근로자의 소득을 간접적으로 보충해 주고 있다. 예를 들어, 기업에서 근로자에게 사원 주택을 제공할 경우, 근로자는 주택을 구입할 때에 드는 비용을 절약할 수 있다. 따라서 사원 주택 제도와 같은 산업복지는 근로자의 금전적 욕구를 충족시켜 주고 있다.

(2) 추가 욕구의 충족

산업복지는 근로자(또는 근로자의 가족)가 가진 추가 욕구를 충족시켜 주는 기능을 하고 있다. 이런 추가 욕구에는 대부분의 근로자에게 공통적으로 해당되는 욕구도 있을 수 있고, 일정한 범주의 근로자에게만 해당되는 욕구도 있을 수 있다. 예를 들어, 출퇴근을 위한 차량을 제공하는 것은 많은 근로자가 가지고 있는 욕구에 해당되고 있다. 그러나 보육은 자녀가 있는 근로자(특히 여성 근로자)가 주로 가지고 있는 욕구에 해당되고 있다.

어느 경우에는, 근로자가 평상시에는 스스로 구입하기 어려운 물품이나 서비스를 기업이 근로자의 복지 차원에서 제공할 수 있다. 이런 산업복지는 근로자나 가족에게 추가적 욕구를 충족시켜 주는 기능을 하고 있다. 예를 들어, 근로자는 자기의 부모에게 해외여행을 시켜드리고 싶지만, 경제적 이유 때문에 그러지 못할 수 있다. 이 경우, 기업이 몇 년 이상 근무한 근로자의 부모에게 해외여행의 기회를 제공한다면, 산업복지는 근로자가 가진 추가적 욕구를 충족시켜 주는 셈이 된다.

한편 사업장에서 제공하는 산업복지는 근로자와 가족의 위신(prestige)을 높여주는 기능을 할 수 있다. 이런 산업복지의 예로, 기업이 여름철에 유명 해수욕장에 별도의 공간을 확보해서 근로자와 가족이 이용할 수 있게 해주는 것이 있다. 사람이 많이 몰리는 해수욕장에서 근로자가 직원용 공간에서 느긋이 휴가를 보내는 것은 다른 사람의 부러움을 살 수 있고, 이럴 때에 근로자와 가족은 뿌듯한 감정을 맛볼 수 있다.

대부분의 근로자는 사회적으로 인정받고 싶은 추가 욕구를 가지고 있다. 따라서 산업복지를 통해 근로자의 위신을 높여주는 것은, 근로자가 사회적으로 인정받고 싶은 욕구를 충족시켜 주는 것이라고 볼 수 있다.

어느 대기업의 사업장에 있는 산책길과 야외 식사시설 : 휴일에 근로자와 가족이 사업장에 와서 산책길을 걷고 야외에서 식사를 하는 것은, 근로자와 가족의 위신을 높여줄 수 있다. [출처 : 저자 촬영]

2) 고용주와 관련된 기능

산업복지는 고용주에게 여러 가지 중요한 기능을 하고 있다. 산업복지가 고용주와 관련해 하는 기능을 구체적으로 살펴보면 다음과 같다.

(1) 근로자의 생산성과 기업의 경쟁력 향상

고용주의 입장에서 볼 경우, 산업복지는 근로자의 생산성을 높이는 기능을 하고 있다. 즉, 순전히 경제적 관점에서 볼 경우, 산업복지는 근로자가 생산 과정에 더 적극적으로 참여하게 만듦으로써, 사업장의 생산량을 증가시키는 기능을 하고 있다. 이런 기능은 산업복지가 근로자의 효율, 산출(output), 복리를 높인다고 보는 것과 관련되고 있다. 예를 들어 미국의 경우, 근로자가 일하는 사업장을 고용주가 적극적으로 지원해 주면 근로자의 생산성이 높아진다는 점에 감명을 받았기 때문에, 산업복지가 발달한 측면이 있는 것으로 알려져 있다(Chu, 1996; Akabas, 1995).

산업복지가 근로자의 생산성을 높여주는 기능을 한다고 보기 때문에, 산업복지를 도입하던 초기에 근로자들은 고용주가 제공하는 산업복지 프로그램을 다소 의심한 바 있다. 당시의 근로자들은 고용주가 제공하는 산업복지의 목적이, 항상 근로자를 위하는 데 있는 것은 아니라고 판단하였다. 즉, 당시의 근로자들은 때에 따라서는 산업복지의 목적이 근로자의 생산성을 높이는 데 있다고 보았다.

일부 학자의 경우, 사업장에서 복지 시설에 투자하는 것을 다음과 같은 관점에서 평가하여야 한다고 보고 있다(Chu, 1996). 이런 것은 산업복지가 고용주에게 생산성 향상과 관련해 긍정적으로 기능하는 측면과 관련되고 있다.

① 근로자가 질병이나 사고 때문에 결근하는 사례를 줄인다.

② 장기적으로 근로자의 사기와 생산성을 높인다.

한편 일부 학자의 경우, 기업 조직이 지속적으로 경쟁력을 갖추기 위해서는, 근로자를 위한 복지 프로그램에서 그동안 전통적으로 제공한 복지 급여뿐만 아니라 예전에 제공하지 않았던 복지 급여도 제공하여야 한다고 주장하고 있다(Schmidt & Duenas, 2002). 이런 주장에 근거해 제공하는 산업복지는, 기업의 경쟁력을 높여서 결과적으로 기업의 이윤을 증가시키는 기능을 한다고 볼 수 있다.

정리하건대, 산업복지는 고용주의 '지혜로운 이기주의(enlightened self-interest)'를 보여주는 기능을 하고 있다. 왜냐하면 산업복지 영역에서 여러 형태의 복지 급여를 제공함으로써, 근로자의 생산성을 더 높일 수 있기 때문이다(Chu, 1996).

(2) 노동 인력의 확보와 유지

산업복지는 사업장에 필요한 근로자를 확보하고 유지하는 기능을 하고 있다. 실제로 고용주는 사업장에 우수한 인력을 끌어들이고 이들이 사업장에 계속 남게 하기 위해서, 산업복지를 제공하는 경우가 많다.

고용주가 근로자에게 산업복지를 제공함으로써, 근로자가 사업장에 계속 다니게 하는 사례는 예전부터 존재해 왔다. 이런 예를 몇 가지 제시하면 다음과 같다(Cohen & Hanagan, 1994; Baker Library of Harvard Business School, 2012).

① 19세기에 프랑스의 광산 소유자들과 금속업 고용주들은 근로자가 현재의 사업장에 계속 다니게 하는 방법으로, 노령연금과 의료 서비스를 제공하는 데 관심을 가지고 있었다.

② 1900년대 초기에 미국에서 기업의 경영자들은 근로자가 사업장을 그만두지 않게 하기 위해, 근로자의 복지 수준을 높이는 데 관심을 가지기 시작하였다.

③ 19세기 초에 프랑스의 고용주들은 근로자가 사업장에서 계속 일하게 하기 위해, 근로자에게 가족수당을 제공하였다.

④ 20세기에 미국의 일부 기업은 매우 필요한 근로자들이 회사에 계속 다니게 하기 위해, 연금 프로그램을 활용하였다.

⑤ 미국의 일부 전기회사들은 어느 정도 기술을 가진 근로자들이 회사에 계속 다니게 하기 위해, 오래 근무한 근로자를 우대하는 제도(seniority system), 상여금 제도 등을 실시하였다.

(3) 평화로운 사업장의 형성과 유지

산업복지는 사업장을 평화롭게 만들고 유지하는 기능을 하고 있다. 왜냐하면 고용주가 사업장에서 근로자의 복지를 위해 지출하는 것은 사업장에 편한 분위기를 형성하는 데 도움을 줄 수 있기 때문이다. 사실, 고용주의 입장에서 볼 때, 산업복지는 어떤 의미에서 건전한 투자(sound investment)가 될 수 있다. 고용주가 산업복지를 이런 식으로 인식할 경우, 고용주는 산업복지를 위한 비용을 더 기꺼이 지출할 가능성이 크다.

사업장 내의 휴식 공간 : 고용주가 제공하는 산업복지는 사업장에 편한 분위기를 형성하는 데 도움을 줄 수 있다.
[출처 : 하오 님 제공]

그리고 고용주가 산업복지 영역에서 지출하는 것은, 근로자가 기업이나 관련 조직에 더 충성하게 하는 데 도움을 줄 수 있다. 실제로 미국에서 1900년대 초기에, 고용주(경영자)는 근로자가 회사에 충성하게 하기 위해서 근로자의 복지 수준을 높이는 데 관심을 가진 바 있다(Baker Library of Harvard Business School, 2012).

또한 산업복지는 사업장의 불리한 부분을 감추고, 근로자나 노동조합의 힘을 약화시키는 기능을 할 수도 있다. 실제로 산업복지 역사의 초기에 근로자들은 고용주가 제공하는 산업복지 프로그램에 대해 다음과 같은 점을 두려워한 바 있다(Chu, 1996).

① 좋지 않은 근로 조건을 감추기 위해 산업복지를 이용할 수 있다.

② 노동조합의 힘을 약화시키기 위해 산업복지를 이용할 수 있다. 그리고 더 나아가, 노동조합이 존재할 필요가 없다고 인식시키기 위해 산업복지를 이용할 수 있다.

이와 관련해, 산업복지를 노동조합을 공격하거나 노동조합에 대처하는 수단으로 이용한 예를 몇 가지 제시하면 다음과 같다(Cohen & Hanagan, 1994; Baker Library of Harvard Business School, 2012).

① 1900년대 초에 미국의 대기업 고용주들은 사업장에서 근로자를 대상으로 산업복지 프로그램을 제공하였다. 이 경우, 고용주가 이런 프로그램을 제공한 이유에는, 노동조합을 공격하고자 하는 의도도 포함되어 있었다.

② 1900년대 초기에 미국에서 고용주(경영자)는 근로자가 노동조합에 가입하는 것을 꺼리게 하기 위해, 근로자의 복지 수준을 높이는 데 관심을 가졌다.

③ 프랑스의 고용주가 1900년대 초에 제공한 가족수당은 근로자의 불만을 줄이는 역할을 하였다.

(4) 기업 이미지의 개선

산업복지는 기업이나 사업장의 이미지를 개선하는 기능을 하고 있다. 왜냐하면 기업이나 사업장이 근로자를 위해서 산업복지를 제공한다는 사실이 일반 국민이나 소비자에게 알려질 경우, 일반 국민이나 소비자는 그 기업에 대해 좋은 인상을 가지게 되기 때문이다. 예를 들어, 미국에서 1900년대 초기에 고용주(경영자)는 일반 대중이 기업에 대해 좋은 이미지를 가지게 하기 위해, 근로자의 복지 수준을 높이는 데 관심을 가지기 시작하였다(Baker Library of Harvard Business School, 2012).

산업복지가 기업의 이미지를 개선하는 기능은 '기업의 사회적 책임'과 관련해서 두드러지게 나타나고 있다.[1] 이런 예를 구체적으로 제시하면 다음과 같다(Garvin & Tropman, 1992; Kolstad, 2007).

① 미국에서 기업이 자선 활동에 관여한 배경에는, 사회가 기업에 대해 유리한 분위기를 형성하려는 측면도 있었다.

② 현대의 고용주(경영자)는 기업의 사회적 책임을 기본적 목적보다는 이윤을 늘리려는 도구로 인식하는 경우가 많다. 이것은 기업이 사회적 책임과 관련된 활동을 하는 진짜 의도가, 기업의 이미지를 개선하여 제품을 많이 팔려는 데 있음을 보여주고 있다.

그리고 기업이 공익 성격을 띠는 광고를 많이 하는 이유도 여기에 있다. 이런 공익 광고에서 거의 대부분 등장하는 것은 해당 기업에 소속된 근로자들이나 경영자가 취약 계층을 대상으로 하는 자원봉사 활동이다. 이런 공익 광고를 내보내는 이유는, 해당 기업이 이윤을 추구하는 것 이외에 좋은 일도 많이 한다는 것을 알려서 기업의 이미지를 개선하고자 하기 때문이다. 물론 이때에 기업이 사회적 이미지를 개선하려는 이유들 가운데 하나는, 제품을 더 많이 팔기 위해서이다.

3) 국가와 관련된 기능

산업복지는 국가에게 여러 가지 중요한 기능을 하고 있다. 산업복지가 국가와 관련해 하는 기능을 구체적으로 살펴보면 다음과 같다.

(1) 경제발전

국제노동기구(ILO)의 사무총장은 굳건하고 건전한 토대 위에 형성된 사회보장은 경제발전이 더 잘되게 할 것이라고 인식한 바 있다. 왜냐하면 인간이 사회보장 제도를 통해 내일의 걱정에서 벗어나면, 인간은 당연히 더 생산적일

1) 기업의 사회적 책임에 대해서는 기업의 사회적 책임을 다루는 장(제12장)에서 자세히 설명한다.

것이기 때문이다(노병일, 2020b). 이는 사회보장이 경제발전에 긍정적으로 영향을 미친다는 주장인데, 이것은 산업복지의 기능과도 관련되고 있다. 즉, 일할 능력이 있는 근로자에게 산업복지를 안정적으로 제공할 경우, 근로자에게 걱정거리가 적어지니까 근로자는 더 열심히 일할 가능성이 커지게 된다. 그리고 이런 상황은 결과적으로 경제발전에도 유리하게 작용하게 된다.

그러므로 장기적으로 볼 때, 사업장에서 제공하는 산업복지는 경제를 발전시키는 기능을 하고 있다. 실제로 일부 학자의 경우, 산업복지와 같은 사회적 투자는 경제가 발전하는 데 중요한 부분을 차지한다고 주장하고 있다(Chu, 1996).

(2) 국가의 복지 부담 감소

기업이 제공하는 산업복지는 국가가 복지 영역에서 떠맡을 부담을 줄여주는 기능을 하고 있다. 국가가 기업이 산업복지 영역에 지출하는 비용에 대해 조세(세금)에서 혜택을 줄 경우, 복지와 관련된 국가의 부담이 줄어들 수 있다. 이런 상황은 최근에 세계적으로 나타나고 있는 복지 다원주의(welfare pluralism)[2)]경향과 관련되고 있다(노병일, 2018b).

4) 정 리

산업복지는 근로자, 근로자의 가족, 고용주, 국가에 대해서 다양한 기능을 하고 있다. 근로자의 입장에서 이런 기능들은 긍정적인 측면도 있고 부정적인 측면도 있다. 그리고 이런 기능들은 서로 연관되어 있는 경우가 많다. 예를 들어, 근로자의 욕구를 충족시켜 주는 기능을 하는 것처럼 보이는 산업복지 프로그램이, 사실은 기업이 근로자를 계속 사업장에 근무하게 하는 기능을 할 수도 있고, 더 나아가서는 근로자의 단결력을 약화시키는 기능을 할 수도 있다.

---

2) 복지 다원주의에 대해서는 산업복지의 의의를 다루는 장(제1장)에서 이미 설명한 바 있다.

그러나 산업복지는 사회를 발전시키고자 하는 복지의 한 형태라고 인식할 경우, 산업복지는 근로자에게 긍정적으로 기능할 수 있을 뿐만 아니라, 고용주에게도 긍정적으로 기능할 수 있다. 그리고 산업복지는 국가에게도 긍정적으로 기능할 수 있고, 또한 간접적으로는 사회 전체에게도 긍정적으로 기능할 수 있다(Chu, 1996).

한편 어느 학자는 기업복지(산업복지)의 기능을 다음과 같이 다섯 가지로 요약한 바 있는데, 앞에서 제시한 기능들 속에는 이런 기능이 거의 다 포함되어 있다(김대모, 1991).

① 노동력을 확보하고 유지한다.
② 근로자에게 일하는 동기를 부여하고, 근로자의 생산성을 향상시킨다.
③ 기업의 사회적 이미지를 개선한다.
④ 근로자가 안정된 고용 상태를 유지하고, 근로자가 소득을 안정되게 얻도록 한다.
⑤ 근로자에게 실질 소득을 확보 · 증가시키거나, 근로자에게 일반 복지를 확보 · 향상시킨다.

Point

- 산업복지는 근로자 · 가족에게 기본적 욕구와 추가 욕구를 충족시키는 기능을 한다.
- 산업복지는 고용주에게 근로자의 생산성과 기업의 경쟁력을 높이고, 노동 인력을 확보 · 유지하고, 평화로운 사업장을 형성 · 유지하고, 기업 이미지를 개선하는 기능을 한다.
- 산업복지는 국가에게 경제를 발전시키고, 국가의 복지 부담을 줄이는 기능을 한다.

2. 산업복지의 등장과 발달

1) 현대 이전의 시기

(1) 중세의 길드

일의 세계(사업장)에서 사회복지 서비스를 처음으로 제공한 시기는 중세인 것으로 알려져 있다. 이 당시에 중요한 역할을 한 조직은 길드(guild)이었다. 길드는 장인이나[3] 상인들의 조합을 가리킨다.

중세의 길드는 회원이 불행을 겪을 경우에 회원에게 경제적 안정을 보장해 주기 위해, 기금을 별도로 모아 놓았다. 이 경우, 회원이 겪을 수 있는 불행의 예로 사고를 겪는 것, 노년기에 이르는 것, 사망하는 것이 있었다. 유럽에서 1600년대에 빈곤법(구빈법)이 등장하기 이전까지의 시기에, 길드는 교회와 더불어 주요한 사회복지 기관의 역할을 하였다(노병일, 2018b; Johnson & Schwarz, 1994; Wikipedia, 2021d).

렘브란트(Rembrandt)의 '직물 길드 이사회(Syndics of the Drapers' Guild)'(1662년 작품) : 중세에 길드는 일의 세계에서 중요한 역할을 하였다.
[출처 : Wikipedia(2021d)]

3) 장인은 손으로 기술적인 일을 하는 사람을 말한다(Cambridge Dictionary, 2021).

(2) 공제조합

국가가 주관하는 공적인 사회보장 제도가 등장하기 전에는, 근로자 가족이 생계 문제를 스스로 해결하는 수밖에 없었다. 따라서 19세기 말까지의 경우, 공제조합은 근로자나 서민의 복지를 위해 노력한 단 하나의 힘이 있는 사회조직이었다. 공제조합은 조합원을 서로 돕기 위해 만들어진 조직이나 자발적 모임을 말한다. 공제조합의 재원은 조합원이 납부한 돈으로 마련하였다. 즉, 근로자 자신들이 이런 공제조합의 재정을 책임지고 있었다. 따라서 공제조합은 근로자의 복지 문제에 국가가 본격적으로 관여하기 전까지의 시기에, 근로자가 겪는 재해, 질병, 고령, 사망 등의 사회적 위험에 대해 서로 도와주게 함으로써 이와 관련된 문제를 해결하고자 하였다(원석조, 2006; Wikipedia, 2021b).

이런 탓에, 공제조합은 현대의 산업복지가 하는 기능의 일부를 그 당시에 맡고 있었다고 볼 수 있다. 실제로 일부 선진국의 경우, 근로자를 위한 조직들 중에서 가장 오래된 조직은 공제조합이었다.

공제조합은 조합원의 범위가 좁았고, 조합원이 아닌 사람을 포용하려고 하지 않았고, 재정의 규모가 작았다. 그러나 산업이 크게 발달하면서 대규모 실업, 산업재해, 직업병 등과 같은 사회적 위험의 규모가 매우 커졌다. 그 결과, 공제조합은 이런 사회적 위험에 제대로 대응할 수 없게 되었다. 이에 따라 국가가 주관하는 사회보험이 등장하게 되었다(원석조, 2006; 노병일, 2020b; Chu, 1996).

2) 현대 시기

(1) 산업화와 산업복지

(가) 사회적 배경

산업이 크게 발달하는 과정에서, 근로자 혼자서는 적절하게 대처할 수 없는 많은 상황이 발생하고 있었다. 무엇보다도 산업이 발달하면서 근로자는 더 불안정한 상태에 놓이게 되었다. 그 결과, 근로자가 겪는 불안정한 상태를 없애주거나 줄여주는 제도가 필요하게 되었다. 이런 측면을 구체적으로 제시하면 다음과 같다(노병일, 2020b; Chu, 1996).

① 공장과 같은 사업장에서 일하면서 수입을 얻는 임금 근로자는, 자신과 가족에게 필요한 의류, 식품, 주택, 의료, 교육, 기타 물품을 구입하는 데 드는 비용을 지불할 소득을 확보하여야 하였다. 이것은 산업이 발달하는 시기에는, 임금 근로자는 자신과 가족의 기본 생계를 유지하기 위해서 다른 사람(예컨대, 고용주)에게 항상 의지할 수밖에 없다는 것을 의미하고 있었다. 이런 상황은 근로자가 어느 때이고 실업 상태에 놓일 수 있다는 것을 의미하는 것이기도 하였다. 따라서 사업장에서 일하는 근로자에게 기본적인 소득과 추가 소득을 지속적으로 확보해 주는 제도가 필요하게 되었다.

② 산업이 크게 발달하기 때문에 생활 수준은 높아질 수 있었다. 그러나 산업이 크게 발달하기 때문에, 물질적 · 심리적으로 안정되지 못한 상황도 많이 나타났다. 이것은 집단을 오랫동안 안정되게 유지하는 역할을 했던 제도가 무너질 경우에 특히 그리하였다.[4] 이런 상황에서는 사업장에서 일하는 근로자를 보호하기 위한 제도가 더 필요하게 되었다.

정리하건대, 산업이 크게 발달하는 시대를 맞이하면서 근로자는 물질적 영역과 심리적 영역에서 더 불안정해졌고, 이에 따라서 사업장에서 근로자의 물질적 측면과 심리적 측면에 관심을 가지는 산업복지가 필요하게 되었다.

(나) 온정적 배경

산업이 크게 발달하면서, 다양한 사회 조직이 활동하였고 또한 여러 계층에서 많은 사람들이 활동하였다. 그 결과, 복지 서비스가 발달하게 되었다. 이런 상황은 산업복지가 발달하는 데 긍정적으로 작용하였다.

그리고 산업이 크게 발달한 초기의 경우, 대부분의 사업장은 근로 환경이 매우 좋지 않았다. 이런 상황에서, 인간적인 고용주가 좋지 않은 근로 환경에 관심을 가진 데에서 산업복지가 발달하기 시작한 측면이 있었다.

4) 이 당시에, 집단을 오랫동안 안정시키는 역할을 하였던 제도로 길드와 가족의 상호원조 체계가 있었다.

특히 이 당시에는 공장의 소유주나 그 가족이 직접 감독하는 공장이 많았다. 이런 고용주나 가족은 다음과 같은 것을 잘할 수 있었다(Chu, 1996).

① 근로자가 경험하는 고통을 파악한다.

② 근로자가 일하는 환경과 생활하는 환경을 개선함으로써, 근로자를 따뜻하게 생각하는 마음을 구체적으로 표현한다.

그 결과, 사업장에서 일하는 근로자를 위한 산업복지가 발달할 수 있게 되었다.

(2) 자본주의와 산업복지

자본주의가 발달함에 따라서 산업복지는 더 발달하게 되었다. 왜냐하면 자본주의 체제에서는 기업도 본격적으로 복지 활동에 관여하는 방향으로 나아갔기 때문이다.

기업이 사업장에서 복지 활동에 관여하게 된 이유를 구체적으로 제시하면 다음과 같다[Mishra, 원석조(2006)에서 재인용].

① 자본주의 체제에서 기업의 규모가 커짐에 따라서, 과거와 같이 따뜻한 마음에 의지하는 방법만으로는 근로자를 관리할 수 없기 때문이다.

② 산업이 발달함에 따라서, 기업은 사업장에 헌신적이고 능률적인 근로자를 더 많이 확보하여야 하기 때문이다.

결국, 이런 문제를 해결하기 위해서, 기업은 산업복지(기업복지) 프로그램을 도입하게 되었다. 선진국의 경우, 일부 고용주들은 산업혁명의[5] 초기에 산업복지를 더 많이 제공하기 시작하였다. 그리고 여러 사람들이 실시한 활동은, 많은 회사가 그 후에 산업복지를 제공하도록 자극하는 역할을 하였다(Chu, 1996).

---

5) 산업혁명은 농업 중심의 경제 체제와 손으로 물건을 만드는 경제 체제에서 산업과 기계가 중심이 되는 체제로 변화한 과정을 말한다(Encyclopaedia Britannica, 2021a).

대규모의 석유화학 공장 : 자본주의 체제에서 기업의 규모가 커짐에 따라, 기업은 근로자의 복지에 관심을 가지게 되었다.
[출처 : 저자 촬영]

'사회사업' 용어의 기원 : 산업복지와의 끈끈한 인연

기업과 산업계에서 사회복지와 관련된 서비스를 제공한 역사는 길다. 미국에서는 '사회사업(social work)'이라는 용어를 1892~1893년에 처음 사용하였는데, 이 용어는 독일의 'arbeiten sozial'을 직접 번역한 것으로 보인다. 독일의 'arbeiten sozial'은 군대 물품을 생산하는 공장에서 일할 근로자를 안정적으로 확보하기 위해서 근로자들에게 제공한 주택, 매점, 의료 시설, 기타 편의 시설을 가리킨다(Skidmore, Thackeray & Farley, 1991).

(3) 노동조합과 산업복지

고용주가 근로자에게 복지 프로그램을 제공하던 초기에는, 근로자들은 고용주가 제공하는 복지 프로그램에 대해 다소 신중한 태도를 취하고 있었다. 그러나 노동조합이 더욱 강력해지고 노동조합이 신뢰를 얻음에 따라서, 산업복지 프로그램이 고용주와 근로자 사이에 건전한 관계를 형성하는 데 위협이 되지 않는다는 점을 점점 인식하게 되었다(Chu, 1996). 일부 국가의 경우, 근로자가 고용주와 집단적으로 협상하는 것도 사업장에서의 복지 프로그램에 포함시키라고 근로자들이 요구하였고, 고용주는 근로자들의 이런 요구를 받아들였다.

그리고 다음과 같은 방향으로 나아감에 따라서, 산업복지 프로그램은 노동조합을 강력하게 만드는 역할을 할 수 있다는 점을 분명히 인식하게 되었다(Chu, 1996).

① 노동조합이 산업복지에 대해 더 적극적으로 관심을 가진다.

② 노동조합이 산업복지 프로그램에 참여하기 시작하고, 더 나아가서 노동조합이 산업복지 프로그램의 일부를 직접 실시한다.

이와 같은 상황에 따라서, 산업복지는 더 발달하게 되었다.

Point

- 현대 이전에 산업복지와 관련해 중요한 역할을 한 조직으로 길드와 공제조합이 있다.
- 산업이 크게 발달하면서 근로자가 물질적·심리적 영역에서 더 불안정해진 탓에, 산업복지가 필요하게 되었다. 그리고 자본주의가 발전함에 따라 산업복지는 더 발달하게 되었다.

3. 미국과 우리나라의 산업복지의 등장과 진전

1) 미국 산업복지의 등장과 진전

(1) 19세기 말과 20세기 초의 시기

미국에서는 산업복지가 1890~1920년 사이에 발달하였는데, 1890년대 이전까지는 산업복지가 대체로 활발하지 못하였다. 그러다가 미국의 경우, 1900년대에 노동조합, 사회개혁가, 언론인, 사진작가들의 활동 때문에, 일반 사람은 산업 현장에서 일하는 근로자들이 겪는 좋지 않은 근로 상황에 주목하게 되었다.

그리고 뒤이어, 1920년대 말과 1930년대에 대공황 시기를 맞아 경제적 분위기가 변하였다. 이에 따라서, 많은 경영자들은 기업과 민주 사회를 이루는 토대의 하나는 근로자의 역할을 인정하는 것이라고 인식하게 되었다(Skidmore,

Thackeray & Farley, 1991; Baker Library of Harvard Business School, 2012).

미국에서는 19세기 말과 20세기 초에 산업이 빠르게 발달하였다. 산업복지는 기술 수준은 낮지만 사업장에서 매우 필요한 근로자들을 현장에 적응시키고 유지하고 통제하기 위해, 이 시기에 고용주가 자발적으로 복지 급여와 서비스를 제공한 데에서 처음으로 등장하였다(Kurzman, 2011).

구체적으로, 근로자의 복지와 관련해, 19세기 말과 20세기 초에 미국에서는 다음과 같은 현상이 나타나고 있었다(Johnson & Schwarz, 1994; Kurzman, 2011).

① 일부 고용주는 사업장에서 일하는 근로자의 복리에 주목하기 시작하였다. 예를 들어, 미국의 면(綿) 공장에서는 사업장에서 일하는 여성 근로자의 도덕적 생활에 고용주가 관여하였다. 이 당시에, 이 사업장에서 일하는 미혼 여성 근로자는 정해진 주택에서 살아야 하고 또한 외출했다가 돌아오는 시간을 지켜야 하는 경우가 많았다.

② 광산과 같은 대규모 기업의 고용주들은 근로자 전용 타운을 건설하였다. 이런 근로자 전용 타운은 주택, 도로, 학교, 병원, 상점 등을 갖추고 있었다. 이에 따라 일부 고용주는 근로자의 위생 문제와 근로자의 안전 문제에 관심을 가졌다. 그 결과, 이와 관련된 복지 프로그램과 서비스를 실시하기 위해서, 일부 기업은 이른바 복지 담당관(welfare secretary)을 고용하였다. 1920년대의 경우, 뉴욕대학교의 사회사업(사회복지)대학원(New York School of Social Work)을 졸업한 많은 사람들이 복지 담당관으로 고용되었다. 그러나 복지 담당관 제도는 가족관계와 같은 측면에 호소해 문제를 해결하려는 접근 방식을 많이 취하고 있었다. 따라서 근로자들은 복지 담당관 제도가 본질적으로 근로자에게 유리하지 않다고 판단하는 경우가 많았다. 이런 탓에, 이런 근로자들은 복지 담당관 제도를 미심쩍게 바라보았다. 사실, 복지 담당관은 고용주의 하녀와 같은 역할을 하였다고 볼 수 있다. 왜냐하면 복지 담당관은 이민 온 근로자들을 감독하는 사람이라고 인식하는 경우가 점점 더 많아졌기 때문이다. 그 결과, 복지 담당관 자리는 없어지기 시작하였고, 1935년에 이르러 복지 담당관 자리는 사라져 버렸다.

그리고 미국에서 초기에 실시한 산업복지는 노동운동과 관련이 있었다. 예를 들어, 애덤스(Addams)는 인보관 운동을[6] 처음으로 시작한 사람인데, 애덤스는 1910년에 시카고에서 발생한 의류 근로자 파업에 참가하였다. 또한 이 당시에 사회복지사들을 이끌던 사람들은 1930년에 노동운동을 후원하였다. 그러나 이런 노동운동에서 대부분의 사회복지사들이 관심을 가진 것은, 노동조합과 함께 활동하는 것이 아니었다. 오히려 당시의 사회복지사들은 자신이 관여하고 있는 사람들의 좋지 않은 근무 환경에 관심을 가졌다.

싱클레어(Sinclair)의 『정글(The Jungle)』(1906년에 Doubleday, Jabber & Company 출판사가 발간)의 표지 : 이 소설은 20세기 초에 시카고와 기타 도시에서 사는 이주자들이 육류를 포장하는 공장에서 근로자로 일하며 겪는 어려움을 생생하게 보여준다(Wikipedia, 2021e).

한편 1920년대와 1930년대에 이르러, 미국의 사회복지는 개인에게 영향을 미치는 환경적 요인에 관심을 가지는 것에서 벗어나서, 심리적 측면에 주목하는 방향으로 나아갔다. 이에 따라서, 개인이 겪는 문제의 원인보다는 이런 문제의 결과에 더 주목하게 되었다. 즉, 거시적 측면보다는 미시적 측면에 관

6) 인보관은 빈곤층을 위한 지역복지 기관의 역할을 한 곳이다(노병일, 2018b).

심을 더 가지게 되었다.

미국에서 사회복지의 방향이 이렇게 변함에 따라서, 산업복지에 대한 관심이 줄어든 것처럼 보였다. 이런 탓에, 1920년대에 미국에서는 산업복지가 덜 발달하였다(Carter, 1982; Johnson & Schwarz, 1994).7)

(2) 20세기 중반 이후

미국에서는 1960년대 말이 되어서야, 산업복지에 대해 다시 관심을 가지게 되었다. 특히 1960년대 말에 이르러, 미국의 기업은 사회복지사를 고용하기 시작하였다.

또한 산업복지는 학문적으로도 발전하기 시작하였다. 예를 들어, 1970년에 컬럼비아대학교의 사회사업대학원은 산업복지센터(Industrial Social Welfare Center)를 만들었다. 그리고 1978년에 '노동 현장과 산업 현장에서의 사회사업 실천'이라는 주제를 가지고 토론하였다. 또한 1982년에 애커버스와 커즈먼(Akabas & Kurzman)은 산업복지에 대한 책을 펴냈다.

일본 하무라(羽村) 시의 산업복지센터 : 미국의 대학에서도 산업복지센터를 세워 운영한 바 있다.
[출처 : 일본에서 저자 촬영]

7) 그러나 이에 비해, 이 시기에 유럽에서는 산업복지가 등장하기 시작하였다.

그 후에, 미국에서 산업복지는 꾸준히 확대되고 있다.

2) 우리나라 산업복지의 등장과 진전

(1) 등장 배경

우리나라에서 산업복지는 국가의 이데올로기를 반영하는 정치 때문에 나타났다. 따라서 우리나라의 산업복지는 다음과 같은 특징을 지니고 있었다 (Kim, Kwon, Lee & Yi, 2011).

① 사람들이 일하는 것을 장려하고, 일하려고 노력하는 것에 대해 보상한다.

② 사회가 경제성장이라는 국가적 목표를 이루는 데 더 관여하게 한다.

(2) 진전

선진국에 비해서 우리나라에서는 산업복지를 늦게 도입하였다. 그리고 우리나라의 산업복지는 근로자의 복지와 관련된 제도나 법을 통해서 실시되는 경우가 많다. 산업복지의 진전을 구체적으로 살펴보면 다음과 같다.

(가) 1950년대~1970년대

우리나라의 경우, 1950년대 초에 근로기준법이 통과됨에 따라서, 국가는 고용주에게 일하는 환경을 더 많이 개선하도록 요구하였다. 그러나 우리나라에서 1961년 이전에는, 산업복지와 관련된 국가복지 제도가 갖추어져 있지 않았다. 그리고 1961년 이전에는 고용 자체를 복지로 인식하고 있었다(조흥식 · 김진수 · 홍경준, 2001; Kim et al., 2011).

그러다가 1964년에 산업재해보상보험 프로그램을 실시하였다. 이에 따라서 우리나라에서는 근로자가 겪는 산업재해에 대해 빠르고 공정하게 보상해 주는 데 관심을 가지게 되었다(노병일, 2020b; 국가법령정보센터, 2021).[8]

그리고 1970년대에 들어서 국가는 공장새마을 운동을 실시하였다. 이 당시에, 공장새마을 운동에서는 다음과 같은 방식을 통해서 조합주의적 온정주의를[9] 더 강화하는 방향으로 나아갔다(Kim et al., 2011).

8) 산업재해보상보험 프로그램을 포함한 여러 사회보험 프로그램에 대해서는 산업복지와 사회보험을 다루는 장(제13장)에서 자세히 설명한다.

① 일반 국민을 동원한다.

② 사업장을 개선하는 사업을 전국적으로 실시한다.

이 시기에 조합주의적 온정주의를 대표적으로 보여주는 것은 기업에 설치한 교육 시설이었다. 그리고 이 외에 조합주의적 온정주의를 보여주는 것으로 근로자에게 식사를 제공하는 것, 근로자에게 작업복을 제공하는 것, 근로자에게 체육 시설과 여가 시설과 목욕 시설을 제공하는 것이 있었다(Kim et al., 2011).

그리고 1976년에는 근로자 재산형성 저축 제도를 실시하였다. 또한 1977년에는 일부 층을 대상으로 의료보험(오늘날의 건강보험) 프로그램을 실시하였다(노병일, 2020b).

전태일과 산업복지

1970년에 전태일은 섬유 업종의 근로 환경이 매우 좋지 않음에 항의하면서 자신의 몸을 스스로 불태우면서 죽음을 선택하였다. 전태일의 죽음은 우리나라에서 지식인과 대학생이 취약한 근로자의 근로 환경에 대해 관심을 가지는 계기가 되었다. 어떤 의미에서 전태일은 죽음으로써 산업복지의 중요성을 깨닫게 한 인물이라고 볼 수 있다.

서울 청계천 부근에 있는 전태일 동상 : 전태일은 산업복지의 중요성을 깨닫게 한 인물이다.
[출처 : 저자 촬영]

9) 여기서 '조합주의적 온정주의'는 국가가 기업이 가족적 분위기를 유지하는 것이 중요함을 강조하면서, 국가가 복지에 대한 책임을 근로자와 고용주에게 떠맡기고 국가가 노동 문제에 개입하는 방향으로 나아가는 것을 말한다(Kim et al., 2011).

(나) 1980년대 이후

우리나라의 경우, 1980년대에 들어서 국가는 복지국가를 세울 것이라는 점을 크게 홍보하였다. 그러나 이 시기에 복지를 더 많이 제공하고 복지 서비스를 전달한 것은 기업인 경우가 많았다. 이 시기에 대부분의 기업은 노사(勞使) 위원회를[10] 설치하였다. 이 시기에, 노사 위원회는 근로자와 경영자 사이에 나타나는 갈등을 합법적으로 중재할 수 있는 유일한 기구이었다(Kim et al., 2011).

그 후, 우리나라는 1980년대 후반에 민주주의가 발달하는 시기를 맞이하였다. 이 시기에 우리나라에서는 사회보험 프로그램이 더 확대되는 방향으로 나아갔다. 구체적으로, 1988년에 10인 이상의 사업장에 다니는 근로자를 대상으로 국민연금 프로그램을 실시하였다. 또한 1995년에 고용보험 프로그램을 실시하였다(노병일, 2020b; 고용노동부 · 한국고용정보원, 2020).

그리고 1980년대 후반 이후에 노동조합이 정상적으로 활동함에 따라서, 일부 경우에는 산업복지 제도가 법적으로 인정된 권리로 자리를 잡았다. 따라서 우리나라에서 산업복지는 중요한 복지 제도에 속하는 방향으로 나아갔다(Kim et al., 2011).

그러다가 2002년에는 근로자복지기본법을 시행하였다. 근로자복지기본법의 경우, 근로자복지 정책을 세우고 근로자복지 사업에 필요한 사항을 규정함으로써 근로자의 삶의 질을 높이는 데 주목하고 있다(국가법령정보센터, 2021).

Point

- 미국에서는 1960년대 말에 이르러 기업이 사회복지사를 고용하기 시작하였고, 산업복지는 학문적으로도 발전하기 시작하였다.
- 우리나라에서 산업복지는 국가의 이데올로기를 반영하는 정치 때문에 나타났다. 선진국에 비해서 우리나라에서는 산업복지를 늦게 도입하였다. 우리나라의 산업복지는 근로자의 복지와 관련된 제도 · 법을 통해서 실시되는 경우가 많다.

10) 노사 위원회는 노동자(근로자)와 사용자(고용주)의 대표로 이루어진 위원회를 의미한다.

PART 02

산업복지 서비스와 관련된 주요한 프로그램과 문제 영역

CHAPTER

03 산업복지 서비스의 제공과 사회복지사의 역할

차례

1. 산업복지 서비스 제공의 단계

사업장에서는 산업복지 서비스를 여러 단계를 거치면서 제공하는 경우가 많다. 따라서 사업장에서 산업복지 서비스를 제공하는 단계는 여러 가지로 구분될 수 있다. 오자와(Ozawa)의 경우, 사업장에서 산업복지 서비스를 제공하는 단계를 다음과 같이 구분하고 있다(Johnson & Schwarz, 1994).

① 첫째 단계는 특정한 한두 가지 문제를 해결하기 위해서 사업장에서 근로자에게 서비스를 제공하는 단계이다. 이 경우, 특정한 문제의 예로 알코올중독이 있다.

알코올을 사려는 사람들 : 산업복지 서비스를 제공하는 첫째 단계에서는, 근로자의 알코올 문제를 해결하기 위해 사업장에서 근로자에게 서비스를 제공할 수 있다.
[출처 : 인도에서 저자 촬영]

② 둘째 단계는 기업이나 노동조합이 사업장에서 이런 특정한 문제가 다른 문제 때문에 나타났다는 점을 인식하고, 이에 따라서 근로자를 위해 더 폭넓은 프로그램을 계획하는 단계이다. 예를 들어, 첫째 단계에서 나타난 근로자의 알코올중독이 근로자가 상사와 갈등을 겪기 때문에 발생하는 것으로 판단될 경우, 이에 근거해 더 폭넓은 프로그램을 계획할 수 있다.

③ 셋째 단계는 사회복지사와 해당 근로자가 근로자의 문제가 무엇인지를 파악하고, 또한 이 문제를 해결하기 위한 방법을 실제적으로 찾아보는 단계이다.

④ 넷째 단계는 경영자와 근로자 사이의 경계가 허물어지는 단계이고, 또한 산업복지와 관련된 프로그램을 실시하는 데 있어 사회복지사와 근로자가 모두 함께 책임을 지는 단계이다.

Point

• 사업장에서는 산업복지 서비스를 여러 단계를 거치면서 제공하는 경우가 많다. 이런 단계는 여러 가지로 구분될 수 있다.

2. 산업복지 서비스의 제공 방식[1)]

사업장에서 산업복지 서비스를 제공하는 방식에는 여러 가지가 있을 수 있다. 따라서 사업장에서 산업복지 서비스를 제공하는 방식을 여러 가지로 분류할 수 있다.

1) 주체에 따른 분류

(1) 분류

사업장에서 산업복지 서비스를 제공하는 방식을 주체에 따라 분류할 수 있다. 산업복지 서비스를 제공하는 방식을 주체에 따라 분류한 예를 구체적으로 제시하면 다음과 같다(Zastrow, 2008; Jorgensen, 1981).

① 재스트로우(Zastrow)의 경우, 사업장에서 사회복지 서비스를 제공하는 방식에는 적어도 다음과 같은 다섯 가지 방식이 있다고 보고 있다.

㉠ 근로자를 위해 사회복지 서비스를 제공하는 것을 고용주가 후원하는 방식이 있다. 이 경우, 사업장에 노동조합이 있을 수도 있고 없을 수도 있다.

㉡ 근로자를 위해 사회복지 서비스를 제공하는 것을 노동조합이 후원하는 방식이 있다.

㉢ 사회복지 서비스를 제공하는 것을 고용주와 노동조합이 함께 후원하는 방식이 있다. 이 경우, 고용주가 사회복지사를 고용하고, 고용주와 노동조합이 함께 사회복지사를 감독하고 있다.

㉣ 사회복지사가 고용주 또는 노동조합과 계약을 맺어서, 사업장이나 근로자에게 제공되는 사회복지 서비스와 관련해 개인적으로 자문해 주는 방식이 있다.

㉤ 회사와 계약을 맺고 있는 지역사회 정신건강센터나 기타 기관이, 근로자를 위해 사회복지 서비스를 제공하는 것을 후원하는 방식이 있다.

1) 근로자 지원 프로그램(EAP)을 다루는 장(제4장)에서도 이 부분에 대해 일부 설명한다.

② 조젠슨(Jorgensen)의 경우, 사업장에서 근로자를 위해 사회복지 서비스를 제공하는 방식을 다음과 같은 세 가지 방식으로 구분하고 있다.

㉠ 고용주가 사회복지사를 고용하는 방식이 있다.

㉡ 노동조합이 사회복지사를 고용하는 방식이 있다.

㉢ 사적으로 계약(private contract)을 맺어서 근로자를 위해 사회복지 서비스를 제공하는 방식이 있다.

(2) 주요한 제공 방식

앞에서 일부 학자가 분류한 제공 방식을 제시한 바 있다. 이 경우, 어떤 면에서 조젠슨이 분류한 제공 방식은 재스트로우가 분류한 제공 방식을 좀 더 현실적으로 압축한 것이라고 볼 수 있다. 따라서 조젠슨이 분류한 것에 근거해서 주요한 제공 방식을 살펴보면 다음과 같다.

(가) 고용주가 사회복지사를 고용하는 방식

고용주가 사회복지사를 고용하는 방식에서는 사회복지사를 사회 서비스 부서, 인적 자원(인력) 부서, 기타 특정한 부서에 배치하는 경우가 많다. 고용주가 사회복지사를 고용하는 방식의 경우, 사회복지사는 고용주나 경영자에게 자문하는 역할을 하고 있다. 그러나 사회복지사는 근로자와 관계해서 얻은 정보를 고용주나 경영자에게 밝히지 않고 있고, 또한 사회복지사는 근로자의 문제와 관련된 업무와 회사의 기타 업무를 별도로 다루고 있다(Jorgensen, 1981).

고용주가 사회복지사를 고용하는 방식으로 운영된 사례를 구체적으로 살펴보면 다음과 같다.

(a) 폴라로이드의 상담 프로그램

고용주가 사회복지사를 고용하는 방식을 적용한 프로그램의 좋은 예는, 미국의 폴라로이드(Polaroid Company)에서 실시한 상담 프로그램이다. 폴라로이드의 상담과(Counseling Department)는 1958년에 문을 열었는데, 이 당시에 상담과는 사회복지사 한 명과 자문 담당자 한 명으로 구성되어 있었다. 그 후 상담과는 사회복지대학원을 졸업한 상담사를 몇 명 더 채용하였다.

폴라로이드에서 상담 프로그램을 실시한 이유는 다음과 같았다(Jorgensen, 1981).

① 기업이 근로자에 대해서 관심을 가지기 때문이다.

② 기업은 근로자와 사업장이 더 발전하고 더 성장하는 것을 바라기 때문이다.

그리고 폴라로이드의 상담과가 추구하는 주요한 목표는 다음과 같았다(Jorgensen, 1981).

① 근로자가 적응하는 능력이나 자신을 발전시키는 능력을 제약하는 문제를 해결하는 데 도움을 준다.

② 사업장에서 개인과 관련된 스트레스와 조직과 관련된 스트레스를 파악하고, 이런 스트레스를 줄이거나 없애는 데 도움을 준다.

폴라로이드의 상담 프로그램은 근로자 개인의 문제는 근로자 개인이 책임을 지고 해결하여야 하지만, 상담사는 이런 근로자에게 도움을 줄 수 있다는 입장을 취하고 있었다. 따라서 폴라로이드에 근무하는 근로자의 경우, 고용주가 후원하고 사업장 내부에서 제공하는 프로그램을 통해서 도움을 받을 수 있었다(Jorgensen, 1981).

폴라로이드의 경영자는 상담 프로그램이 회사의 어려운 점을 잘 해결하고 있다고 판단하였다. 그 결과, 폴라로이드의 경영자는 상담 프로그램을 근로자에게 계속해서 실시하기로 결정하였다(Kurzman, 2011).

(b) 인사이트(INSIGHT) 프로그램

고용주가 제공하는 프로그램의 또 다른 예로 인사이트(INSIGHT) 프로그램을 들 수 있다. 인사이트 프로그램은 케네코트 구리(Kennecott Copper Corporation)에 근무하는 근로자를 위한 프로그램이다.

인사이트 프로그램의 대상에는 근로자뿐만 아니라 근로자가 부양하는 가족 구성원도 포함되어 있었다. 그리고 인사이트 프로그램의 경우, 의뢰된 모든 문제를 다루었다. 인사이트 프로그램을 실시하고 나서 10년 정도 지난 후에 조사한 결과, 근로자의 약 50%와 근로자가 부양하는 가족 구성원의 약 50%가 인사이트 프로그램을 이용한 것으로 나타났다. 그리고 인사이트 프로그램에서 다룬 문제로 가족 갈등과 관련된 문제, 알코올을 너무 많이 사용하는 문제, 법과 관련된 문제, 부부 문제, 재정 문제, 알코올 이외의 약물을 잘못 사용하는 문제를 꼽을 수 있었다(Jorgensen, 1981).

인사이트 프로그램을 개발한 존스(Jones)가 그 후에 이 프로그램에 대해 조사한 결과, 인사이트 프로그램은 효과가 있는 것으로 나타났다. 존스의 조사는 지난 1년에 걸쳐 인사이트 프로그램을 이용한 적이 있는 근로자들을 표본으로 사용하였다. 인사이트 프로그램을 실시한 결과, 구체적으로 다음과 같은 긍정적인 성과가 있는 것으로 나타났다(Jorgensen, 1981).

① 근로자가 출근하는 비율이 크게 높아졌다.
② 매주 보상으로 지급한 비용이 크게 감소하였다.
③ 근로자의 병원비, 의료비, 수술비가 크게 감소하였다.

고용주의 입장에서 볼 때, 인사이트 프로그램은 대단히 성공적이었다. 무엇보다도, 고용주가 제공하는 사회복지 프로그램을 통해 도움을 받은 근로자가 사업장에서 제대로 일하게 되고 또한 근로자의 생산성이 높아졌기 때문이다. 결국, 인사이트 프로그램은 고용주에게도 이득이 되는 결과를 가져온 셈이다.

(나) 노동조합이 사회복지사를 고용하는 방식

노동조합이 사회복지사를 고용하는 방식에서는, 사회복지사가 노동조합의 사무실이나 노동조합이 관리하는 의무실에서 근무하는 경우가 많다. 고용주가 사회복지사를 고용하는 방식에서와 마찬가지로, 노동조합이 사회복지사를 고용하는 방식에서도 사회복지사는 사업장에서 근로자에게 사회복지 서비스를 제공하는 과정에서 얻은 비밀을 보호해 주어야 한다(Jorgensen, 1981).

노동조합이 사회복지사를 고용하는 방식에서 사회복지사가 할 수 있는 역할을 몇 가지 제시하면 다음과 같다(Jorgensen, 1981).

① 프로그램을 개발하고 관리한다.

② 노동조합에 소속된 회원을 위해 집단교육 프로그램이나 집단상담 프로그램을 실시한다.

③ 사업장 내부와 외부의 정책에 대해서 노동조합에 자문한다.

④ 조사를 하여 그 결과를 분석한다.

노동조합이 사회복지사를 고용하는 방식의 예로 의류섬유연합 노동조합(Amalgamated Clothing and Textile Workers Union)의 프로그램을 들 수 있다. 이 프로그램은 의류섬유연합 노동조합의 사회 서비스과(Social Services Department)에서 담당하였다. 의류섬유연합 노동조합은 미국과 캐나다에 걸쳐서 수십만 명의 회원을 가지고 있었다. 의류섬유연합 노동조합의 사회 서비스과를 운영하는 비용은 노동조합의 사무실 예산으로 마련하였다(Jorgensen, 1981).

(다) 사적으로 계약하는 방식

사적으로 계약해서 사회복지 서비스를 제공하는 방식에서는, 사회복지사 한 명 또는 두 명 이상이 기업의 협회 등과 계약하고 있다. 그러고 나서 사회복지사는 협회에 소속된 기업의 근로자에게 사회복지 서비스를 제공하고 있다.

최신 기술을 개발하는 기업들이 모여 있는 곳 : 사적으로 계약하는 방식에서는 산업단지 내에 있는 기업의 협회 등과 계약해 근로자에게 서비스를 제공할 수 있다.
[출처 : 저자 촬영]

사적으로 계약하는 방식에서는, 서비스에 대한 비용을 누가 지불할 것인가 하는 문제가 매우 중요한 문제로 등장하고 있다. 그러나 일반적으로 사적으로 계약하는 방식은 가장 장점이 많은 방식으로 알려져 있다(Jorgensen, 1981).

2) 대상의 범위에 따른 분류

일부 학자의 경우, 산업복지를 복지 제도의 대상이 되는 사람들의 범위와 관련시키면서 살펴보고 있다. 따라서 사업장에서 산업복지 서비스를 제공하는 방식을 대상의 범위에 따라 분류할 수 있다.

복지 제도의 대상이 되는 사람들의 범위에 근거할 경우, 산업복지 서비스를 제공하는 방식을 다음과 같이 구분할 수 있다(Natali & Pavolini, 2018).

① 보편적 방식이 있다. 이 방식의 경우, 한 제도에서 전체 구성원에게 산업복지 서비스를 제공하고 있다.

② 직업적 방식이 있다. 이 방식의 경우, 여러 제도에서 여러 집단에게 산업복지 서비스를 제공하고 있다.

3) 제공 장소에 따른 분류

사업장에서 산업복지 서비스를 제공하는 방식을 제공 장소에 따라 분류할 수 있다. 제공하는 장소에 근거할 경우, 산업복지 서비스를 제공하는 방식을 다음과 같이 구분할 수 있다.

① 내부 제공 방식이 있다. 이 방식의 경우, 사업장의 내부에서 산업복지 서비스를 제공하고 있다.

② 외부 제공 방식이 있다. 이 방식의 경우, 사업장의 외부에서 산업복지 서비스를 제공하고 있다.

산업복지 서비스를 제공하는 장소와 관련해서 그동안 열띤 논쟁이 있어 왔다(Abakas, 1995). 이 경우, 외부 제공 방식과 내부 제공 방식의 장점 및 단점과 관련해 논쟁이 있어 왔다. 우선, 사업장의 외부에서 산업복지 서비스를 제공하는 방식을 더 좋게 보는 입장의 경우, 외부 제공 방식은 근로자의 비밀을 보장해 주는 측면에서 장점이 있다고 주장하고 있다.

그러나 사업장의 내부에서 산업복지 서비스를 제공하는 방식을 더 좋게 보는 입장의 경우, 내부 제공 방식은 개인 근로자의 문제점을 동료 근로자와 상사가 잘 파악할 수 있는 장점이 있다고 주장하고 있다. 또한 내부 제공 방식을 더 좋게 보는 입장에서는, 내부 제공 방식이 근로자의 비밀을 보장하는 데 문제가 없다고 주장하고 있다. 즉, 산업복지 서비스를 사업장의 내부에서 제공하든 또는 사업장의 외부에서 제공하든지에 상관없이, 전문가는 근로자의 동의가 없이는 개인 정보를 밝히지 않을 것이므로, 내부 제공 방식에서도 근로자의 비밀 보장과 관련해 문제가 전혀 없다는 것이다.

Point

- 사업장에서 사회복지 서비스를 제공하는 방식을 주체(고용주가 사회복지사를 고용하는 방식, 노동조합이 사회복지사를 고용하는 방식, 사적으로 계약을 맺는 방식), 대상의 범위(보편적 방식, 직업적 방식), 제공 장소(내부 제공 방식, 외부 제공 방식)에 따라 분류할 수 있다.
- 제공 장소와 관련해, 외부 제공 방식은 비밀 보장의 측면에서 유리하고, 내부 제공 방식은 근로자의 문제점을 동료 근로자와 상사가 잘 파악할 수 있는 측면에서 유리한 것으로 알려져 있다.

3. 산업복지 서비스 제공의 기본 원칙

산업복지 서비스를 제공할 경우에는 여러 가지 원칙을 적용할 수 있다. 이런 원칙들 중에는 기본적으로 따라야 할 원칙이 있을 수 있다.

이와 관련해, 추(Chu, 1996)는 산업복지 서비스를 제공하고자 할 경우에는 다음과 같은 세 가지 기본 원칙을 지켜야 한다고 주장하고 있다. 이런 원칙은 너무나 당연한 것이어서, 모든 산업복지 서비스를 제공할 경우에 기본적으로 지켜야 할 원칙이라고 볼 수 있다.

① 첫째 원칙은 필요한 산업복지 프로그램을 결정하기 위해서는, 사업장에서 일하는 근로자가 가진 진짜 욕구의 특성과 이런 욕구가 필요한 정도

를 조심스럽게 조사하여야 한다는 원칙이다. 왜냐하면 산업복지 서비스의 목표는 근로자가 가진 진짜 욕구를 충족시켜 주는 것이기 때문이다.

② 둘째 원칙은 산업복지 서비스는 해당 근로자의 취향과 관습과 전통을 최대한 실질적으로 존중하여야 한다는 원칙이다. 왜냐하면 이렇게 하여야만 산업복지 서비스가 완전하게 효과가 있기 때문이다. 이런 원칙은 국가와 지역의 관습이 다양하다는 점을 고려할 경우에 특히 중요하다.

③ 셋째 원칙은 사업장에서 제공하는 사회복지 서비스를 근로자가 이용할지 여부를 결정하는 데 있어, 근로자는 절대적으로 자유로운 의사에 따라 선택하여야 한다는 원칙이다. 왜냐하면 근로자는 본능적으로 자유롭고 독자적으로 생활하기를 바라고, 외부에서 자신의 사적 문제에 관여하는 것을 싫어하기 때문이다. 따라서 근로자가 사업장의 복지 서비스를 이용하는 데 있어 직접적이든 간접적이든 어떤 압력을 받고 있다고 느끼지 않게 하는 것이 중요하다.

Point

• 산업복지 서비스를 제공할 경우에 기본적으로 따라야 할 원칙이 있을 수 있다. 이런 원칙의 예로 근로자의 진짜 욕구의 특성과 욕구가 필요한 정도를 조사하여야 한다는 원칙, 근로자의 취향 · 관습 · 전통을 최대한 존중하여야 한다는 원칙, 근로자는 서비스를 이용할지 여부를 자유롭게 선택하여야 한다는 원칙이 있다.

4. 사회복지사의 역할과 필요 지식

1) 사회복지사의 역할

(1) 기본적 역할

(가) 일반적 역할

산업복지 영역에서 활동하는 사회복지사는 여러 가지 역할을 하고 있다. 사회복지사가 하는 일반적 역할을 몇 가지 제시하면 다음과 같다(Kurzman, 2011; Office of Personnel Management, 2021).

① 어려움을 겪는 근로자가 자신의 개인 문제를 해결하도록 도와주고 사업장에서 잘 하도록 도와주기 위해서, 상담 서비스와 기타 서비스를 제공한다.
② 근로자와 가족의 욕구를 충족시켜 줄 수 있는 지역사회 서비스를 이용하는 것과 관련해, 근로자나 가족에게 조언한다. 그리고 근로자나 가족에게 이런 프로그램이 필요할 경우, 근로자나 가족을 해당 프로그램에 연결시켜 준다.
③ 자신이 관리하는 근로자가 업무를 제대로 하지 못할 때에 해당 근로자를 언제 사회 서비스 부서로 의뢰하여야 하는지를 결정할 수 있도록 해주기 위해, 관리자를 교육한다. 이 경우, 이런 관리자의 예로 생산 · 관리 라인의 책임자가 있다.
④ 현재 근무 중이거나 퇴직한 근로자를 위해 새로운 복지 프로그램, 지역사회 건강 프로그램, 여가 프로그램, 교육 프로그램을 시작하도록 도와준다.
⑤ 여성, 소수민족, 장애인을 차별하지 않는 프로그램을 개발하고 실시하는 것과 관련해, 고용주나 사업장에게 자문한다.
⑥ 근로자와 사업장이 겪는 문제와 이들이 가진 욕구를 해결하기 위해서, 근로자의 상사에게 자문한다.

한편 사회복지사의 경우, 자신이 서비스를 제공하는 근로자의 삶의 질을 개선하기 위해서 간호사, 의사, 기타 건강 전문가들과 함께 협력하면서 나름의 역할을 할 수 있다(Burmeister, 2005).

(나) 폭넓은 역할

앞에서는 산업복지 영역에서 활동하는 사회복지사가 근로자의 복리 수준을 높이는 것과 관련된 역할을 주로 제시해 왔다. 그러나 근로자뿐만 아니라 사업장까지 고려할 경우, 사회복지사는 다음과 같은 역할을 할 수 있다(Department of Social Development, 2010).

① 사업장과 관련된 개인이나 집단이나 조직 등이 가진 욕구나 문제점을 파악하고, 이런 개인·집단·조직들 사이의 관계를 파악한다.

② 사업장과 지역사회 사이의 관계를 파악하고, 사업장이 지역사회에 미치는 영향을 파악한다.

③ 일과 관련해 근로자 개인, 집단, 기업(사업장), 지역사회에 관여한다.

④ 기업(사업장)이 사회적으로 책임을 더 지게 하기 위해서, 기업(사업장)과 지역사회에 관여한다.

⑤ 직장생활이 가족의 복리에 긍정적으로 영향을 미치도록 하기 위해서, 직장생활과 가정생활이 조화를 이루게 하는 데 도움을 준다.

⑥ 사업장에서 인권을 더 보장하고 사회 정의를 더 실현하고 생산성을 더 높이기 위해서, 사업장의 문화를 개선한다.

⑦ 일과 관련된 정책과 프로그램을 개발한다.

어느 회사의 사무실 : 사회복지사는 사업장과 관련된 개인·집단·조직의 욕구나 문제점을 파악하는 역할을 할 수 있다.
[출처 : 저자 촬영]

(2) 공공 사업장에서의 역할

산업복지 영역에서는 공공 사업장에서도 서비스를 제공할 수 있다. 공공 사업장은 많은 일반인과 관련되는 영역이고, 또한 많은 정부 정책과 관련되는 영역이다(Jaffe, 2005). 무엇보다도 공공 사업장에서 일하는 근로자가 가진 문제는 일반인에게 직접적으로 또는 간접적으로 크게 영향을 미칠 수 있다. 예를 들어, 대중교통 사업장에서 일하는 근로자의 우울이나 약물 문제를 치료하지 않은 상태에서 해당 근로자를 다시 일하도록 할 경우, 일반인의 안전이 크게 위험한 상태에 놓일 수 있다. 따라서 이런 공공 사업장에서 사회복지사는 이와 관련해 나름의 역할을 할 수 있다.

(3) 인적 자원의 개발과 관련된 역할

넓은 의미의 산업복지와 관련해, 산업복지 영역에서 활동하는 사회복지사는 인적 자원을 더 잘 개발하는 데 크게 도움을 줄 수 있다. 이 경우, 사회복지사는 미시적·거시적 수준에서 자신의 역할을 할 수 있다. 이런 측면을 구체적으로 제시하면 다음과 같다(Vaghy, 2005).

① 사회복지사는 미시적 수준에서 역할을 할 수 있다. 사회복지사는 정신건강 문제, 약물 문제, 기타 문제들을 겪기 때문에 취약한 상태에서 일할 수밖에 없는 근로자를 자주 만나고 있다. 따라서 사회복지사는 취약한 근로자가 사업장에서 잘 지내는 데 걸림돌이 되는 문제를 해결하는 데 도움을 줄 수 있다.

② 사회복지사는 거시적 수준에서 역할을 할 수 있다. 이런 역할을 구체적으로 살펴보면 다음과 같다.

㉠ 근로자가 생활하기에 충분한 임금을 주는 법을 만드는 데 관여한다.

㉡ 근로자에게 기본 권리를 제공하지 않는 기업에 대항해 투쟁한다.

2) 필요한 지식

산업복지 영역에서 활동하는 사회복지사가 사업장에서 여러 가지 역할을 하기 위해서는, 관련 지식을 충분히 가지고 있어야 한다. 산업복지 분야에서 활동하는 사회복지사에게 필요한 지식은 일반적인 기본적 지식과 사업장과 관련된 지식으로 구분될 수 있다.

(1) 기본적 지식

산업복지 영역에서 활동하는 사회복지사에게 필요한 기본적 지식을 몇 가지 제시하면 다음과 같다(Carter, 1982).

① 사정과 관련된 지식이 있다. 일반적으로 사정은 대상자의 상태를 파악하는 것을 말한다.

② 상담과 관련된 지식이 있다.

③ 자원을 파악하는 것과 관련된 지식이 있다.

④ 의뢰(referral)와 관련된 지식이 있다. 일반적으로 의뢰는 대상자를 다른 전문가에게 추천하거나 연결시켜 주는 것을 말한다.

(2) 사업장과 관련된 지식

사업장과 관련해 사회복지사에게 필요한 지식을 몇 가지 제시하면 다음과 같다(Carter, 1982).

① 자문 기법과 관련된 지식이 있다. 이것은 근로자를 위해서 근로자의 상사, 고용주, 노동조합에 자문하는 것과 관련되고 있다.

② 체계적이고 전체적인 관점과 관련된 지식이 있다. 이것은 근로자, 조직, 가족, 사회 환경을 포함시켜 폭넓게 보는 것과 관련되고 있다.

③ 약물을 잘못 사용하고 이것을 치료하는 것과 관련된 지식이 있다. 이것은 약물을 잘못 사용하고 이것을 치료하는 것과 관련된 행동 유형을 파악하는 것과 관련되고 있다.

④ 위기 개입 기법과 관련된 지식이 있다. 이것은 문제가 발생하였을 때에 적절하게 개입하는 것과 관련되고 있다.

⑤ 일의 세계에 대한 지식이 있다. 이것은 일의 의미, 사업장에서의 사회관계, 경영자와 노동조합 사이의 역동적 관계, 집단 협상에 대해 이해하는 것과 관련되고 있다.

⑥ 집단에서 리더십을 발휘하는 기법과 관련된 지식이 있다. 이것은 지지집단, 상담 집단, 금연 집단 등을 이끄는 것과 관련되고 있다.

⑦ 프로그램 기획 및 개발과 관련된 지식이 있다. 이것은 사업장에서 필요한 프로그램을 파악하고 실시하고 평가하고 개선하는 것과 관련되고 있다.

그리고 기업과 관련해 활동하는 사회복지사는 자신이 관여하는 기업에 대한 지식을 가지고 있을 필요가 있다. 산업복지 영역에서 활동하는 사회복지사에게 기업과 관련해 필요한 지식을 몇 가지 제시하면 다음과 같다(Johnson & Schwarz, 1994).

① 기업의 역사에 대한 것이 있다.

② 기업에서 고용주와 근로자 사이의 관계가 어떻게 변화해 왔는지에 대한 것이 있다.

③ 기업에서의 권력 관계, 결정을 내리는 과정, 서로 교류하는 과정에 대한 것이 있다.

④ 기업에서 일하는 생산직 근로자와 여성 근로자의 문화에 대한 것이 있다.

⑤ 기업이 속한 지역사회에 있는 자원에 대한 것이 있다.

주위에 아파트 단지와 주거지가 있는 기업 : 사회복지사는 기업이 속한 지역사회에 있는 자원에 대해 알고 있을 필요가 있다.
[출처 : 저자 촬영]

Point

- 산업복지 영역에서 활동하는 사회복지사는 사회복지사로서의 일반적 역할을 한다. 그리고 이런 사회복지사는 공공 사업장에서 서비스를 제공하는 역할과 인적 자원을 개발하는 역할도 할 수 있다.
- 산업복지 영역에서 활동하는 사회복지사는 기본적 지식과 사업장과 관련된 지식을 갖출 필요가 있다.

5. 사회복지사의 역할에 따른 모델

일부 학자와 기관은 사업장에서 활동하는 사회복지사가 하는 역할과 관련해 몇 가지 모델을 제시하고 있다. 이런 모델을 제시한 대표적인 학자로 스트라우스너(Straussner, 1990)를 꼽을 수 있다.

스트라우스너의 경우, 산업복지 영역에서 활동하는 사회복지사의 역할과 관련해 근로자 서비스 모델(employee service model), 고용주·근로자 조직 서비스 모델(employer or work organization service model), 소비자 서비스 모델(consumer service model), 기업의 사회적 책임 모델(corporate social responsibility model), 사업장 관련 공공 정책 모델(work-related public policy model)을 제시하고 있다.

그리고 미국의 피츠버그(Pittsburgh) 대학은 3차원 서비스 접근 방식을 제시한 바 있는데, 이것은 위에서 제시한 근로자 서비스 모델, 소비자 서비스 모델, 기업의 사회적 책임 모델로 구성되어 있다. 스트라우스너가 제시한 다섯 가지 모델의 경우, 3차원 서비스 접근 방식에서 제시한 모델에 고용주·근로자 조직 서비스 모델과 사업장 관련 공공 정책 모델을 추가한 것이다. 그러므로 스트라우스너의 모델은 3차원 서비스 접근 방식을 확대한 것이라고 볼 수 있다.

한편 스트라우스너는 사회복지사의 역할과 관련된 모델을 다섯 가지로 구분하고 있지만, 사회복지사는 두 가지 이상의 모델에서 나름의 역할을 할 수 있다. 각 모델에 대해 구체적으로 살펴보면 다음과 같다(Straussner, 1990; DiNitto & McNeece, 1997; Akabas, 1995).

1) 근로자 서비스 모델

(1) 특징과 예

근로자 서비스 모델에서는 근로자의 욕구를 충족하는 프로그램과 서비스를 실시하는 데 주로 관심을 가지고 있다. 여기에는 근로자의 물질적 문제, 정신적 문제, 가족과 관련된 문제, 사회적 문제를 근로자가 대처하는 것을 도와주기 위한 프로그램과 서비스가 포함되고 있다.

근로자 서비스 모델의 일반적 특징을 구체적으로 제시하면 다음과 같다.

① 산업복지 영역에서 활동하는 사회복지사가 가장 많이 사용하는 모델이다.
② 사회복지 실천에서 전통적으로 하는 역할을 가장 많이 사용하는 모델이다. 이런 역할은 상담사, 조정자, 옹호자, 중개자 역할을 말한다.[2)]

그리고 근로자 서비스 모델을 따르는 프로그램을 몇 가지 제시하면 다음과 같다.

① 근로자 지원 프로그램(employee assistance program, EAP)과 조합원 지원 프로그램(member assistance program, MAP)이 있다.[3)]
② 산업재해와 직업병을 예방하는 것과 관련된 프로그램이 있다.
③ 복리 프로그램이 있다. 이런 프로그램의 예로 스트레스를 관리하는 프로그램, 금연 프로그램, 퇴직을 대비하는 프로그램이 있다.

조합원 지원 프로그램(MAP)

조합원 지원 프로그램은 노동조합에서 제공하는 프로그램을 말한다. 조합원 지원 프로그램도 근로자 지원 프로그램(EAP)만큼이나 제공 방법이나 다루는 영역이 매우 다양하다.

조합원 지원 프로그램에서는 근로자와 가족을 위해서 여러 가지 활동을 하고 있다. 조합원 지원 프로그램에서 하는 활동을 몇 가지 제시하면 다음과 같다(Substance Abuse and Mental Health Services Administration, 2008).

① 근로자와 가족의 문제를 예방한다.
② 근로자와 가족이 가진 문제를 파악한다.
③ 근로자와 가족을 다른 곳에 의뢰한다.
④ 근로자와 가족에게 상담 서비스를 제공한다.

(2) 사회복지사의 역할

산업복지 영역에서 활동하는 사회복지사는 근로자 서비스 모델과 관련해 나름의 역할을 할 수 있다. 근로자 서비스 모델에서 사회복지사가 하는 역할을 몇 가지 제시하면 다음과 같다.

---

2) 이런 역할의 내용에 대해서는 뒤에서 자세히 설명한다.

3) 근로자 지원 프로그램에 대해서는 근로자 지원 프로그램을 다루는 장(제4장)에서 자세히 설명한다.

① 상담사(counselor) 역할이 있다. 상담사는 근로자 개인, 근로자의 가족, 근로자 집단을 평가하고, 이들에게 단기적으로 또는 장기적으로 상담 서비스를 제공하는 역할을 하고 있다. 사회복지사가 상담사 역할을 할 경우, 사회복지사는 근로자가 다음과 같은 일을 할 수 있도록 도와주고 있다.

㉠ 자신의 욕구를 분명하게 파악한다.

㉡ 자신의 문제를 분명하게 파악한다.

㉢ 자신이 겪고 있는 문제에 대한 대안과 해결책을 찾는다.

㉣ 자신이 겪고 있는 문제를 더 효과적으로 다룰 수 있는 능력을 개발한다.

산업복지 영역에서 활동하는 상담사가 고려할 점

산업복지 영역에서 활동하는 상담사는 사회복지의 다른 영역에서 활동하는 상담사와는 다음과 같은 점에서 차이가 있다.

① 일의 세계에 대해 체계적으로 이해하여야 한다.
② 경영자와 노동조합이 하는 서로 다른 역할에 대해 체계적으로 이해하여야 한다.
③ 사업장이 개인 근로자에게 미치는 영향에 대해 체계적으로 이해하여야 한다.

② 적극적 대면자(constructive confrontator) 역할이 있다. 적극적 대면자는 근로자가 가진 문제를 근로자에게 직접 알려주면서 문제를 해결하는 역할을 하고 있다.

적극적 대면자의 구체적 역할

적극적 대면자는 약물 문제를 겪는 근로자에게 특히 도움을 줄 수 있다. 약물을 너무 많이 사용하는 근로자는 자신이 약물을 너무 많이 사용한다는 사실을 부정하는 경향이 있기 때문에, 전통적인 상담 기법은 이런 근로자에게 효과적이지 않은 경우가 많다. 따라서 약물을 많이 사용하거나 잘못 사용하는 근로자에게는, 근로자가 겪는 약물 문제의 상태를 노골적으로 제시하면서 개입하는 접근 방식이 필요할 수 있다. 사회복지사가 적극적 대면자 역할을 할 경우, 사회복지사는 약물을 너무 많이 사용하는 근로자에게 약물 문제의 현실을 노골적으로 알려줄 수 있고, 또한 해당 근로자에게 약물 문제를 치료하는 프로그램을 제공할 수 있다.

③ 중개자(broker) 역할이 있다. 중개자는 도움이 필요한 근로자를 사업장의 내부·외부 자원에 의뢰하는 역할과 이런 근로자를 지속적으로 관리하는 역할을 하고 있다.

④ 옹호자(advocate) 역할이 있다. 옹호자는 근로자 개인의 힘으로 확보할 수 없는 서비스와 자원을 근로자가 얻도록 도와주는 역할을 하고 있다. 옹호자 역할은 사회복지사가 기업에 직접 고용되지 않은 경우에 중요하다.

⑤ 조정자(mediator) 역할이 있다. 조정자는 근로자들 사이에 나타나는 갈등이나 사업장의 부서들 사이에 나타나는 갈등을 조정하는 역할과 서로의 욕구를 해석하고 전달하는 역할을 하고 있다.

⑥ 교육자(teacher/trainer) 역할이 있다. 교육자는 근로자에게 정보를 제공하고, 근로자 자신의 의견을 설명하고 표현하는 방법을 근로자에게 교육하는 역할을 하고 있다. 또한 교육자는 자신이 효과적 행동이나 기술을 보여주는 모범이 됨으로써, 근로자를 간접적으로 교육하는 역할을 하고 있다. 사회복지사가 교육자의 역할을 하는 예로 근로자를 대상으로 금연 프로그램이나 스트레스 관리 프로그램을 실시하는 것이 있다.

2) 고용주 · 근로자 조직 서비스 모델

(1) 특징과 예

고용주 · 근로자 조직 서비스 모델은 근로자 서비스 모델보다는 덜 적용되고 있다. 그러나 고용주 · 근로자 조직 서비스 모델은 유럽에서 오래전에 도입되었고, 미국에서는 이 모델을 더 많이 사용하는 방향으로 나아가고 있다. 고용주 · 근로자 조직 서비스 모델에서는 개인 문제를 환경과 관련시키면서 이해하고 있다. 따라서 고용주 · 근로자 조직 서비스 모델의 경우, 조직과 관련된 요인과 환경과 관련된 요인은 다음과 같이 영향을 미친다고 보고 있다.

① 근로자에게 개인 문제를 유발하고 있다.
② 근로자가 겪는 개인 문제가 계속 나타나게 하고 있다.
③ 근로자가 겪는 개인 문제를 치료하는 데 도움을 주고 있다.

고용주 · 근로자 조직 서비스 모델의 대상은 개인 근로자가 아니라 조직(organization)이다. 따라서 고용주 · 근로자 조직 서비스 모델의 경우, 고용주 조직과 근로자 조직이 사업장과 관련된 정책과 서비스를 파악하고 개발하는 것을 도와주는 데 주로 관심을 가지고 있다.

고용주·근로자 조직 서비스 모델과 관련된 활동을 몇 가지 제시하면 다음과 같다.

① 기업이나 노동조합이 근로자가 보살피는 가족 구성원을 낮에 보호하는 프로그램을 지원하는 것에 대해 자문한다.
② 근로자를 위한 복지 급여를 협상하고 계획한다.
③ 근로자의 가족에게 스트레스를 주는 요인에 주목하면서 근로자의 교대 근무 일정을 조사한다.
④ 사업장을 이전하는 것과 관련된 정책과 서비스를 개발한다.
⑤ 고용 기회를 동일하게 주는 제도와 근로자를 고용하는 데 있어 차별을 없애는 제도를 계획하고 실시한다.
⑥ 퇴직과 관련된 정책과 프로그램을 개발한다.
⑦ 사업장을 더 안전하게 하고, 사업장을 근로자의 건강에 더 좋게 만든다.

(2) 사회복지사의 역할

산업복지 영역에서 활동하는 사회복지사는 고용주·근로자 조직 서비스 모델과 관련해 나름의 역할을 할 수 있다. 고용주·근로자 조직 서비스 모델에서 사회복지사가 하는 역할을 몇 가지 제시하면 다음과 같다.

① 자문가(consultant) 역할이 있다. 자문가는 조직의 관련자가 사업장에 존재하는 역동적 측면을 더 잘 파악할 수 있도록 도와주고, 또한 이들이 문제를 해결하는 기법을 더 갖추도록 도와주는 역할을 하고 있다.
② 평가자·분석가(evaluator/analyst) 역할이 있다. 평가자·분석가는 정보를 수집해서 조직의 상황과 정책과 법을 평가하고, 또한 이런 상황과 정책과 법이 미치는 영향을 평가하는 역할을 하고 있다. 사회복지사가 평가자·분석가 역할을 하는 예를 구체적으로 제시하면 다음과 같다.
㉠ 사업장에서 약물을 사용하는 것을 금지하는 법과 관련해, 회사의 입장을 평가한다.

ⓛ 약물 검사를 근로자에게 무작위로 실시하는 것이 회사에 미치는 영향을 평가한다.

③ 교육자(trainer) 역할이 있다. 교육자는 사업장에 있는 구성원이 조직의 문제 상황을 알도록 도와주는 역할을 하고 있다. 사회복지사가 교육자의 역할을 하는 예로 상사에게 교육하는 것이 있다.

④ 프로그램 개발자(program developer) 역할이 있다. 프로그램 개발자는 사업장의 욕구를 파악해서 이런 욕구를 충족해 주는 새로운 프로그램을 개발하는 역할을 하고 있다. 사회복지사가 프로그램 개발자 역할을 하는 예로, 근로자를 모집하는 데 어려움을 겪는 회사를 지역대학과 연결시키는 프로그램(산학협력 프로그램)을 개발하는 것이 있다.

3) 소비자 서비스 모델

(1) 특징과 예

소비자 서비스 모델에서는 소비자의 욕구에 주로 관심을 가지고 있다. 역사적으로 볼 때, 산업복지 영역에서 활동하는 사회복지사는 근로자와 가족의 문제에 관심을 가져왔다. 그러나 오늘날의 경우, 여러 가지 적절한 복지 서비스를 개발해서 소비자가 가지고 있는 특별한 욕구를 충족해 주는 데 관심을 가지는 기업이 많아지고 있다.

소비자 서비스 모델은 소비자가 취약 계층이거나 소비자가 위기에 놓인 계층일 경우에 적합하다. 소비자 서비스 모델에서 제공하는 서비스를 몇 가지 제시하면 다음과 같다.

① 소비자를 대상으로 교육한다.

② 소비자가 해당 기업의 서비스나 제품에 대한 비용을 지불하는 것을 도와준다.

③ 단기 상담 서비스를 제공한다.

④ 중재 서비스를 제공한다.

⑤ 의뢰 서비스를 제공한다.

취약층을 그린 그림 : 소비자 서비스 모델은 소비자가 취약 계층이거나 소비자가 위기에 놓인 계층일 경우에 적합하다.
[출처 : 전영신 님(작가) 제공]

소비자 서비스 모델을 따르는 예로 전기나 수도나 도시가스를 사용하는 소비자를 도와주는 것이 있다. 예를 들어, 도시가스를 사용하는 빈곤한 노인 소비자는 사용료를 납부하지 못해서 도시가스가 끊길 수 있다. 이 경우, 사회복지사는 빈곤한 노인 소비자를 파악해서 도시가스 비용을 줄여주거나 면제해 주는 프로그램을 개발할 수 있다.

(2) 사회복지사의 역할

산업복지 영역에서 활동하는 사회복지사는 소비자 서비스 모델과 관련해 나름의 역할을 할 수 있다. 소비자 서비스 모델에서 사회복지사가 하는 역할을 몇 가지 제시하면 다음과 같다.

① 상담사 역할이 있다.

② 프로그램 개발자 역할이 있다.

③ 자문가 역할이 있다.

④ 옹호자 역할이 있다.

4) 기업의 사회적 책임 모델

(1) 특징

기업의 사회적 책임 모델은 지역사회 지원 모델이라고도 불리고 있다. 기업의 사회적 책임 모델의 경우, 기업이 지역사회의 복리를 높이는 데 이바지하도록 도와주는 것에 관심을 가지고 있다. 그리고 기업의 사회적 책임 모델의 경우, 기업이 지역사회와 지역 주민에게 미치는 영향에 대해서 관심을 가지고 있다.

최근 들어서, 기업이 사회의 복리를 위해 하는 활동을 담당하는 사회복지사를 고용하는 기업이 많아지고 있다. 실제로 미국의 경우, 1970년대 말부터 기업이 지역사회에 많은 액수의 현금을 기부함에 따라서, 기업은 사회복지사를 많이 고용하고 있다.

(2) 사회복지사의 역할[4)]

현대의 많은 기업은 기업 재단을 설립하고 자선 활동을 하는 방식을 통해서 기업의 사회적 책임을 실행하고 있다. 이 경우, 기업의 사회적 책임을 담당하는 사회복지사는 지역사회를 위해 기업이 이바지하는 것과 관련된 결정을 내리는 역할을 하고 있다.

5) 사업장 관련 공공 정책 모델

(1) 특징과 예

사업장 공공 정책 모델은 일의 세계에 직접적·간접적으로 영향을 미치는 공공 정책을 계획하고 파악하고 분석하고 지원하는 데 주로 관심을 가지고

4) 사회복지사의 역할에 대해서는 기업의 사회적 책임을 다루는 장(제12장)에서 자세히 설명한다.

있다. 예를 들어, 미국의 장애인법(Americans with Disability Act)과 가족휴가 · 병가법(Family and Medical Leave Act)은[5] 사업장에 매우 크게 영향을 미친 바 있다. 그리고 고용과 관련된 정책이 미치는 결과를 파악하는 것은 산업복지에서 중요하기 때문에, 사업장 관련 공공 정책 모델은 중요해지고 있다.

사업장 관련 공공 정책 모델을 따르는 예를 몇 가지 제시하면 다음과 같다.

① 사업장과 관련된 다양한 의료 서비스를 분석한다.

② 노인 근로자의 상황에 영향을 미칠 수 있는 여러 가지 공공 정책을 분석한다.

③ 정년이 되어 퇴직한 근로자를 사업장에서 다시 고용하는 정책을 지원한다.

(2) 사회복지사의 역할

산업복지 영역에서 활동하는 사회복지사는 사업장 관련 공공 정책 모델과 관련해 나름의 역할을 할 수 있다. 사업장 관련 공공 정책 모델에서 사회복지사가 하는 역할을 몇 가지 제시하면 다음과 같다.

① 정책 기획자 역할이 있다.

② 정책 분석가 역할이 있다.

③ 프로그램 개발자 역할이 있다.

④ 옹호자 역할이 있다.

⑤ 연대 형성자[6] 역할이 있다.

Point

- 산업복지 영역에서 활동하는 사회복지사의 역할과 관련해 몇 가지 모델을 구분할 수 있다.
- 근로자 서비스 모델은 근로자의 욕구를 충족하는 프로그램 · 서비스를 실시하는 데 주로 관심을 가진다. 고용주 · 근로자 조직 서비스 모델은 고용주 · 근로자 조직이 사업장과 관련된 정책 · 서비스를 파악 · 개발하는 것을 도와주는 데 주로 관심을 가진다. 소비자 서비스 모델은 소비자의 욕구에 주로 관심을 가진다. 기업의 사회적 책임 모델은 기업이 지역사회의 복리에 이바지하도록 도와주는 데 관심을 가진다. 사업장 관련 공공 정책 모델은 일의 세계에 직접적 · 간접적으로 영향을 미치는 공공 정책을 계획 · 파악 · 분석 · 지원하는 데 주로 관심을 가진다.

5) 병가는 병 때문에 내는 휴가를 말한다.

6) 연대 형성자는 연대를 형성하는 역할을 하는 사람을 말한다.

CHAPTER

04 근로자 지원 프로그램(EAP)

차례

1. 근로자 지원 프로그램의 필요성

현대 사회에서 기업은 여러 가지 복지 영역에 관여하고 있다. 기업이 복지 영역에 관여하는 이유는 사업장에서 일하는 근로자의 복리 수준을 높이고자 하기 때문인 경우도 있고, 기업이 이익을 더 얻고자 하기 때문인 경우도 있다.

일반적으로 기업과 관련된 복지 영역을 다음과 같이 구분할 수 있다(Garvin & Tropman, 1992).

① 근로자가 일하는 사업장에서 거의 자동적으로 제공하는 부가 급여(fringe benefit)와[1] 관련된 영역이 있다.

② 사업장 내부에서 제공하는 사회 서비스와 관련된 영역이 있다.

1) 부가 급여는 사업장에서 정규 임금에 추가해서 제공하는 보상을 말한다. 부가 급여의 예로 회사에서 제공하는 차량, 유급으로 제공하는 휴가, 회사에서 부담하는 연금, 식사 보조금이 있다(Business Dictionary, 2021c; Kagan, 2020).

③ 기업이 영리를 추구할 목적으로 사회복지에 관여하는 영역이 있다.

위에서 제시한 세 가지 영역들 중에서, 사회복지의 전통과 가장 밀접하게 관련된 영역은 사업장에서 제공하는 '사회 서비스' 영역이다. 하지만 그동안 우리나라의 사회복지 분야에서는, 사업장이 제공하는 '사회 서비스' 영역에는 크게 관심을 가지지 않은 경우가 많았다. 그러나 이제는 이렇게 하기 어려운 상황에 이르고 있다.

이런 것을 보여주는 대표적인 예로 우리나라에서 근로자가 겪는 스트레스를 들 수 있다. 사업장에서 겪는 스트레스는 근로자 개인과 사업장에 부정적으로 영향을 미치고 있다. 그리고 더 나아가서, 이런 스트레스 때문에 가정과 사회에서 여러 가지 어려운 문제가 생기고 있다. 따라서 이제는 '근로자! 당신이 잘 알아서 당신이 겪는 스트레스를 잘 헤쳐 나가라'라고 근로자 개인에게만 문제를 더 이상 떠맡길 수 없는 상황을 맞이하고 있다. 더구나 근로자가 겪는 어려움은 기업에게 금전적으로 엄청난 손해를 끼치기 때문에, 이제 고용주는 근로자가 겪는 어려움을 가만히 지켜보고만 있을 수는 없다(노병일, 2000).

이런 상황에서 근로자를 도와줄 수 있는 전문적인 분야의 하나가 사회복지이다. 왜냐하면 사회복지의 목적은 어려운 상태에 있는 사람을 전문적으로 도와주는 것이기 때문이다. 따라서 사회복지는 근로자에게 '사회 서비스'를 제공하는 영역에 관여할 필요가 있다. 이 경우, 이런 사회 서비스와 관련된 역할을 하는 대표적인 프로그램이 '근로자 지원 프로그램(employee assistance program, EAP)'이다. 그러므로 산업복지에서는 근로자 지원 프로그램을 계획하고 실시하는 데 적극적으로 관심을 가질 필요가 있다.

Point

- 근로자 지원 프로그램(EAP)은 사회 서비스와 관련된 역할을 하는 대표적인 프로그램이기 때문에, 산업복지에서는 근로자 지원 프로그램을 계획・실시하는 데 관심을 가질 필요가 있다.

2. 근로자 지원 프로그램의 정의와 목적 및 의의

1) 근로자 지원 프로그램의 정의

근로자 지원 프로그램의 정의에 대해서는 의견이 일치되어 있지 않다. 예를 들어 미국의 경우, 여러 학자와 기관이 근로자 지원 프로그램에 대해 설명하고 있지만, 근로자 지원 프로그램에 대한 정의는 통일되어 있지 않다. 그동안 근로자 지원 프로그램에 대해 정의한 것을 몇 가지 제시하면 다음과 같다(Barker, 2003; Business Dictionary, 2021b; Canadian Centre for Occupational Health and Safety, 2021a; Akabas, 2011; Office of Personnel Management, 2021).

① 미국의 전국사회복지사협회에서 발간한 사전의 경우, 근로자 지원 프로그램은 '근로자의 직무 만족이나 생산성에 부정적으로 영향을 줄 수 있는 문제를 근로자가 극복하게끔 도와주기 위해서 고용주가 제공하는 서비스'라고 보고 있다.

② 비즈니스 사전(Business Dictionary)의 경우, 근로자 지원 프로그램은 근로자의 생활, 행동, 성과에 부정적으로 영향을 미치는 개인적 문제를 근로자가 대처하도록 도와주는 개인적 보조 서비스와 지지 서비스라고 보고 있다.

③ 애커버스(Akabas)의 경우, 근로자 지원 프로그램은 근로자의 생산성, 근로자가 사업장에서 이루는 실적, 근로자의 안전에 부정적으로 영향을 미칠 수 있는 문제를 해결하기 위해 사업장에서 근로자에게 제공하는 서비스라고 보고 있다.

④ 캐나다의 직업보건・안전 센터(Canadian Centre for Occupational Health and Safety)의 경우, 근로자 지원 프로그램은 직무 성과에 영향을 미치는 개인적 문제를 가지고 있는 근로자에게 비밀을 보장하면서 단기적으로 제공하는 상담 서비스라고 보고 있다.

⑤ 미국 인력관리청(Office of Personnel Management)의 경우, 근로자 지원 프로그램은 개인적 문제나 일과 관련된 문제를 겪고 있는 근로자에게 여러 가지 서비스를 제공하는 프로그램이라고 보고 있다.

근로자 지원 프로그램에 대한 정의는 각 정의마다 약간의 차이가 나고 있다. 그러나 정리하건대, 근로자 지원 프로그램은 사업장에서 어려움을 겪는 근로자를 도와주기 위한 서비스와 프로그램이라고 볼 수 있다. 그리고 앞에서 제시한 여러 정의에서는 정책적 측면보다는 개인적 측면을 더 강조하는 경향을 보이고 있다(노병일, 2000).

2) 근로자 지원 프로그램의 목적

근로자 지원 프로그램의 목적은 근로자 지원 프로그램의 정의에 이미 나타나 있다. 근로자 지원 프로그램의 중요한 목적은, 근로자가 자신의 어려움을 이해하고 극복하도록 도와주는 데 있다. 따라서 근로자 지원 프로그램의 구체적 목적은, 근로자가 모든 종류의 문제를 해결하기 위해 필요한 도움을 제공하는 데 있다(Canadian Centre for Occupational Health and Safety, 2021a; Proctor, 2020).

작업을 하고 있는 근로자 : 근로자 지원 프로그램의 중요한 목적은 근로자가 자신의 어려움을 이해·극복하도록 돕는 것이다.
[출처 : 독일에서 장철수 님 제공]

3) 근로자 지원 프로그램의 의의

(1) 가장 보편적인 근로자 프로그램

근로자 지원 프로그램은 근로자를 위한 가장 보편적인 프로그램이라는 데 그 의의가 있다. 예를 들어 미국의 경우, 근로자 지원 프로그램은 직장인과 가족에게 서비스를 제공하는 것과 관련해 가장 널리 알려진 사회복지 프로그램으로 자리 잡고 있다. 그리고 근로자 지원 프로그램은 사회복지사가 사회복지와 일의 세계에 대해 생각할 때에 가장 먼저 떠오르는 프로그램들 가운데 하나인 경우가 많다(Vaghy, 2005).

미국에서 근로자 지원 프로그램은 1975년 무렵에 시작되었는데, 근로자 지원 프로그램에 대해 여러 학자들이 평가한 바를 헤아려 보면, 미국에서 근로자 지원 프로그램이 얼마나 중요하고 의의가 있는지를 알 수 있다. 근로자 지원 프로그램에 대한 평가를 몇 가지 제시하면 다음과 같다(Masi, 1982; Straussner, 1988; Googins & Godfrey, 1987; DiNitto & McNeece, 1997).

① 메이시(Masi)의 경우, 근로자 지원 프로그램은 '산업복지 영역에서 매우 빠르게 확대되고 있고 또한 매우 중요한 분야'라고 밝히고 있다.
② 스트라우스너(Straussner)의 경우, 1970년대와 1980년대에 산업복지 분야에서 가장 빠르게 성장한 영역이 근로자 지원 프로그램이라고 보고 있다.
③ 구긴스와 갓프레이(Googins & Godfrey)의 경우, 직원의 능력과 신분에 대한 일을 제외하면 근로자 지원 프로그램은 사업장에서 규모가 가장 큰 사회 서비스 프로그램이라고 밝히고 있다.
④ 디니토와 맥니스(DiNitto & McNeece)의 경우, 사업장에서의 사회복지를 '근로자 지원 프로그램에서의 사업'이라고도 불러왔다고 보고 있다. 이들에 따르면, 이것은 산업복지 분야에서 근로자 지원 프로그램의 비중이 그만큼 크다는 것을 잘 보여주고 있다.

현재 미국에서는 많은 기업이 근로자 지원 프로그램을 제공하고 있다. 예를 들어, 어느 기업에서 실시하는 근로자 지원 프로그램의 경우, 자격을 갖춘 근로자와 등록된 가족 구성원에게 비밀이 보장되는 상담 서비스를 제공하고 있다. 또한 중앙정부에 소속된 기관은 근로자 지원 프로그램을 의무적으로 제공하여야 하고, 지방정부, 군대, 고등 교육기관들 중에는 근로자 지원 프로그램을 제공하고 있는 기관이 많다.

그동안 미국에서 근로자 지원 프로그램은 눈에 띄게 발전하였다. 근로자 지원 프로그램의 경우, 알코올 및 기타 약물과 관련된 서비스를 포함해 여러 서비스를 제공하면서 그 폭을 넓혀가고 있다. 예를 들어, 어느 기업의 근로자 지원 프로그램에서는 근로자가 직장 폭력과 같은 문제와 관련해 회사 내부에 있는 전문 상담사와 상담할 수 있도록 되어 있다(Microsoft, 2008; Van Den Berge, 1995; USA Today, 1999; Proctor, 2020).

정리하건대, 미국의 많은 기업과 공공 기관에서는 근로자 지원 프로그램을 제공하고 있고, 이에 따라 근로자 지원 프로그램은 보편적 프로그램이 되고 있다.

(2) 사회복지사가 고용될 기회의 확대

근로자 지원 프로그램은 사회복지사가 사업장에 고용될 기회를 확대한다는 데에 그 의의가 있다. 실제로 미국에서는 근로자 지원 프로그램이 등장함과 더불어, 산업체에서 사회복지사를 더 고용하게 되었다. 즉, 사회복지계와 전혀 다를 것으로 보이는 산업체에 사회복지사가 본격적으로 진출하는 계기를 만들어 준 것이 근로자 지원 프로그램이다.

오늘날의 경우, 미국에서는 기업이 근로자의 복리와 건강을 향상시키기 위한 근로자 지원 프로그램을 확대하는 경향이 있다. 따라서 사회복지사가 기업이나 공공 기관의 사업장에 고용되어 활동할 수 있는 기회가 계속해서 늘어날 것으로 보인다. 실제로, 미국의 유명한 시사 잡지는 근로자 지원 프로그램 분야가 20대 인기 직종에 들어갈 것이라고 발표한 바 있다. 미국은 시험을 거쳐서 근로자 지원 프로그램의 자격증을 주는 제도를 도입하였다(Masi, 1982; Van Den Berge, 1995; University of Maryland, n.d.; Flynn, 1996).

결국, 근로자 지원 프로그램은 앞으로 더 많은 사회복지사가 사업장에서 활동할 수 있는 터전을 제공할 것으로 보인다.

Point

- 근로자 지원 프로그램은 사업장에서 어려움을 겪는 근로자를 도와주기 위한 서비스·프로그램이다. 근로자 지원 프로그램의 정의에서는 정책적 측면보다는 개인적 측면을 강조하는 경향이 있다.
- 근로자 지원 프로그램의 중요한 목적은 근로자가 자신의 어려움을 이해·극복하도록 도와주는 것이다.
- 근로자 지원 프로그램은 근로자를 위한 가장 보편적인 프로그램이고 사회복지사의 고용 기회를 확대한다는 데, 그 의의가 있다.

3. 근로자 지원 프로그램의 역사와 진전

미국과 유럽에서는 근로자 지원 프로그램을 비슷한 방식으로 활용하는 경우가 많다. 그러나 미국과 유럽에서 근로자 지원 프로그램이 역사적으로 발달해 온 과정은 서로 다소 차이가 있다(Cooper, Dewe & O'Driscoll, 2003). 근로자 지원 프로그램이 발달한 역사를 미국을 중심으로 살펴보면 다음과 같다.

1) 근로자 지원 프로그램의 등장 배경

(1) 알코올 문제의 심각성과 직장 알코올중독 프로그램(OAP)

근로자 지원 프로그램은 직장 알코올중독 프로그램(occupational alcoholism program, OAP)에서 시작되었다(Hartwell, Steele, French, Potter, Rodman & Zarkin, 1996; Canadian Centre for Occupational Health and Safety, 2021a; Proctor, 2020). 이런 탓에, 근로자 지원 프로그램은 근로자의 알코올 문제와 크게 관련되고 있다.

쌓여 있는 술병 : 근로자 지원 프로그램은 근로자의 알코올 문제와 크게 관련된다.
[출처 : 저자 촬영]

근로자가 알코올에 크게 의존하는 것은 이전부터 사업장에서 문제가 되고 있었다. 따라서 근로자 지원 프로그램 이전에 직장 알코올중독 프로그램이 있었다.[2] 직장 알코올중독 프로그램의 목적은, 알코올 문제로 어려움을 겪는 근로자가 알코올중독에서 벗어나기 위한 치료를 받게 하거나, 단주 모임(Alcoholics Anonymous, AA)과[3] 같은 자조 집단(self-help group)에[4] 가입해서 재활하게 하는 것이었다. 직장 알코올중독 프로그램의 중요한 특징은, 알코올에 중독된 근로자를 좋게 도와주려는 입장에서 치료한다는 데 있었다. 즉, 직장 알코올중독 프로그램에서는 근로자를 처벌하려는 입장을 취하지 않고 있었다.

2) 다음에서 설명하듯이, EAP라는 용어는 1970년대에 등장하였고 그 이전에는 OAP로 불렸다. 따라서 OAP가 확대된 것이 EAP라고 볼 수 있다.

3) 단주 모임은 술을 끊으려는 모임을 말한다.

4) 자조 집단은 서로를 지지해 주는 사람들로 이루어진 집단을 말한다(Ahmadi, 2018).

미국의 경우, 어려움을 겪고 있는 근로자를 도와주는 일반적인 사회복지 활동은 1800년대 말에 시작되었지만, 직장 알코올중독 프로그램은 20세기에 들어서야 시작되었다. 이 당시의 상황을 구체적으로 제시하면 다음과 같다(Googins & Godfrey, 1987; Substance Abuse and Mental Health Services Administration, n.d.).

① 고용주는 알코올 문제를 알고 있거나 경험한 적이 있었다. 그리고 고용주는 실제로 근로자가 근무 중에 알코올을 사용하는 사례나 알코올 때문에 생긴 사고로 직장을 결근하는 사례에 대해 크게 관심을 가지게 되었다. 사실, 미국에서는 1940년대에 근로자가 알코올을 심하게 사용하고 있었고, 이런 문제는 비용이 크게 드는 문제가 되고 있었다.

② 알코올중독은 치료할 수 있다는 사실이 증명되었고, 또한 알코올과 관련된 재활을 성공적으로 마친 근로자가 사업장에서 다시 일할 수 있다는 것이 증명되었다.[5] 그리고 단주 모임(AA)이 알코올에 중독된 사람을 치료하는 데 성공적이라는 사실을 인정하게 되었다.[6]

위와 같은 배경에서 고용주는 직장 내에서 알코올과 관련된 상담 서비스를 제공하였고, 또한 알코올을 너무 많이 사용하는 근로자에게 직접 개입하게 되었다. 이런 것은 1940년대와 1950년대에 직장 알코올중독 프로그램이 등장하는 계기가 되었다. 미국의 경우, '알코올남용 및 알코올중독 예방·치료·재활법(Comprehensive Alcohol Abuse and Alcoholism Prevention, Treatment, and Rehabilitation Act)'을 만듦에 따라서 직장 알코올중독 프로그램은 크게 발전하였다. 미국에서는 이 법이 통과됨에 따라서 국립 알코올중독·남용 연구원(National Institute on Alcoholism and Alcohol Abuse, NIAAA)을 만들었다. 그리고 이 법에 근거해, 모든 중앙정부 기관과 군대는 알코올 프로그램을 의무적으로 갖추게 되었다(Garvin & Tropman, 1992; DiNitto & McNeece, 1997; Flynn, 1996; Van Den Berge, 1995; Hartwell et al., 1996).

5) 여기에는 1940년대에 예일대학교의 알코올연구소(Yale Center for Alcohol Studies)가 활동한 것이 크게 영향을 미쳤다. 이런 활동과 기타 계기 때문에 1956년에 미국의학협회는 알코올중독을 '질병'으로 인정하였다(Van Den Berge, 1995).

6) 직장 알코올중독 프로그램을 만들게 된 계기의 하나는 1935년에 만든 단주 모임(AA)이었다(Van Den Berge, 1995).

(2) 더 넓은 문제로의 확대와 근로자 지원 프로그램

직장 알코올중독 프로그램에서는 알코올 문제에 주로 관심을 가지고 있었다. 그러다가 1970년대 말에 이르러, 직장 알코올중독 프로그램에서는 다른 영역에도 관심을 가지기 시작하였다. 직장 알코올중독 프로그램이 알코올 이외에 더 넓은 영역에 관심을 가지게 된 이유를 몇 가지 제시하면 다음과 같다(Van Den Berge, 1995; Garvin & Tropman, 1992).

① 알코올 문제를 겪고 있는 근로자는 단기적으로 개입할 필요가 있는 또 다른 문제를 가지고 있었기 때문이다. 이런 문제의 예로 가족과 관련된 문제, 재정과 관련된 문제, 부부 관계와 관련된 문제가 있다.

② 알코올에 중독된 사람에 대해 사회가 좋지 않은 편견을 가지는 경향이 있었고, 또한 알코올 문제를 겪고 있는 근로자는 자신이 알코올을 너무 많이 사용한다는 점을 부정하는 경향이 있었기 때문이다. 이런 탓에, 근로자는 알코올중독과 관련된 사회복지 프로그램을 이용하는 데 어려움을 겪는 경우가 많았다.

③ 근로자의 생산성을 낮추는 요인으로 작용하는 여러 가지 문제를 해결하도록 도와주는 폭넓은 접근 방식이, 좁은 접근 방식보다 더 효과적인 것으로 밝혀졌기 때문이다.

④ 근로자에 대한 교육과 훈련이 가치가 있다는 점을 고용주가 알게 되었고, 또한 기술이 있는 근로자를 다른 사람으로 바꾸는 데 비용이 크게 든다는 점을 고용주가 알게 되었기 때문이다.

이에 따라 1970년대에 들어서, 사업장에서 일하는 데 부정적으로 영향을 미칠 수 있는 문제들(예컨대, 알코올 문제, 건강 문제, 결혼 문제, 가족 문제, 재정 문제)을 근로자가 잘 대처하게 해주기 위해, 더 넓은 성격을 지니는 근로자 지원 프로그램이 등장하였다. 특히 1978년에 미국의 국립 알코올중독·남용 연구원이 실제로 조사한 결과, 더 넓은 문제에 대해 근로자에게 도움을 주는 것이 가장 성공적인 것으로 밝혀졌다. 그리고 그 결과, 국립 알코올중독·남용 연구원은 근로자 지원 프로그램이라는 용어를 만들어 냈고, 그 후에 '직장 알코올중독 프로그램'이라는 용어보다는 '근로자 지원 프로그램'이라는 용어를 더 홍보하기 시작하였다.

직장 알코올중독 프로그램에 비해서, 근로자 지원 프로그램이 가지고 있는 특징을 구체적으로 제시하면 다음과 같다(Substance Abuse and Mental Health Services Administration, n.d.; Anderson & Stark, 1988; Van Den Berge, 1995; Masi, 1982; Googins & Godfrey, 1987).

① 근로자 지원 프로그램에서는 직장 알코올중독 프로그램이 가지고 있는 오명(낙인감) 문제와 기타 문제를 덜 겪고 있었고, 또한 알코올 문제를 가진 근로자를 넓은 관점에서 접근하였다.

② 직장 알코올중독 프로그램에서는, 알코올에 중독되었다가 치료된 근로자가 알코올중독을 치료하는 일을 주로 맡았다. 그러나 근로자 지원 프로그램에서는, 알코올에 중독되었다가 치료된 근로자 이외에 사회복지사와 기타 전문가도 알코올중독을 치료하는 일을 맡았다.

2) 근로자 지원 프로그램의 진전

(1) 근로자 지원 프로그램의 증가

오늘날의 경우, 전 세계적으로 고용주가 근로자에게 근로자 지원 프로그램을 통해 서비스를 제공하는 사례가 더 많은 방향으로 나아가고 있다. 특히 미국에서 근로자 지원 프로그램은 매우 빠른 속도로 늘어나고 있다. 미국의 경우, 1950년대와 1960년대 말에 직장 알코올중독 프로그램(또는 근로자 지원 프로그램)이 1백 개 미만이었다. 그러다가 그 후에 이런 프로그램은 수만 개로 늘어난 것으로 알려져 있다(Proctor, 2020; Kurzman, 2011; Joseph, Walker & Fuller-Tyszkiewicz, 2018).

미국에서 근로자 지원 프로그램이 빠르게 발전한 이유를 몇 가지 제시하면 다음과 같다(Van Den Berge, 1995).

① 알코올 문제, 정신건강 문제, 스트레스를 치료하는 데 많은 비용이 필요하다는 사실을 일반인이 점점 인식하게 되었기 때문이다.

② 근로자의 의료비가 늘어났고, 고용주는 근로자의 의료비를 줄이기를 원하였기 때문이다.

③ 알코올중독에 대한 사회적 인식이 바뀌어서 알코올중독을 질병으로 보는 경우가 많아지고 있었기 때문이다. 그리고 이와 관련해, 알코올에 중독된 근로자가 재활 프로그램에 참여하려는 경우가 많아지고 있었기 때문이다.

④ 여성과 소수민족이 유급 일자리에서 일하는 사례가 증가하고 있었는데, 여성과 소수민족은 사회 서비스 프로그램이 더 많이 필요한 집단이었기 때문이다. 이런 사회 서비스 프로그램은 가정생활과 직장생활을 조화시켜야 하는 여성 근로자의 경우에 더욱 필요하였다.

앞으로도 계속해서, 근로자 지원 프로그램은 근로자에게 폭넓게 서비스를 제공하는 복지 프로그램으로 인식될 것으로 보인다. 그리고 이에 따라서, 앞으로 근로자 지원 프로그램에서는 개인적 서비스를 제공하는 데 관심을 가질 뿐만 아니라, 복리, 교육, 사례 관리, 예방과 같은 영역에도 점점 더 관심을 가질 것으로 보인다(Kurzman, 2011).

미국의 근로자 가족이 손님을 초대해 식사하는 모습 : 앞으로 근로자 지원 프로그램에서는 여러 영역에 더 관심을 가질 것으로 보인다.
[출처 : 미국에서 저자 촬영]

한편 근로자 지원 프로그램에 대한 연구에서는, 근로자 지원 프로그램에서 제공하는 서비스를 더 확대하자는 의견을 제시하는 경우가 많다. 이런 연구에서 제시하는 서비스의 예로 부채(빚)에 대해 상담해 주는 서비스, 건강 및 일반적 복리와 관련된 서비스, 직무 스트레스와 관련된 서비스, 심장병을 예방하는 것과 관련된 서비스, 우울을 줄이는 서비스, 치매 환자를 돌보는 가족 구성원을 위한 서비스, 장애에 대해 조기 개입하는 서비스, 결혼과 관련해 상담해 주는 서비스, 가족 문제에 대해 상담해 주는 서비스가 있다(Akabas, 2011).

(2) 근로자 원조 프로그램의 실시

여러 가지 요인이 사업장에서 근로자 지원 프로그램을 처음에 실시하는 데 영향을 미치고 있다. 이 중에서 미국의 사업장이 근로자 지원 프로그램을 처음에 실시하는 데 가장 중요하게 영향을 미치는 요인은 사업장의 규모인 것으로 알려져 있다. 일반적으로 대규모 기업은 근로자 지원 프로그램을 더 제공하는 것으로 나타나고 있다(Proctor, 2020).

그리고 근로자 지원 프로그램을 실시하는 정도는 직종에 따라서 차이가 나고 있다(Flynn, 1996).

Point

- 근로자 지원 프로그램은 알코올 문제가 심각한 탓에 직장 알코올중독 프로그램을 실시한 것이 계기가 되어 등장하였다.
- 근로자 지원 프로그램은 빠르게 확대되고 있다.

4. 근로자 지원 프로그램의 특징과 제공 서비스

1) 근로자 지원 프로그램의 특징

근로자 지원 프로그램의 독특한 특징은, 근로자 개인, 가족 구성원, 고용주와 사업장 조직 모두에게 서비스를 제공한다는 데 있다. 또한 근로자 지원 프로그램에서는 사업장 이외의 장소에서 발생한 개인적 어려움도 다루고 있다 (Office of Disability Employment Policy, 2009; Canadian Centre for Occupational Health and Safety, 2021a).

그리고 이 외에도, 근로자 지원 프로그램은 여러 가지 특징을 지니고 있다. 우선, 근로자 지원 프로그램은 공통적으로 다음과 같은 특징을 지니고 있다 (Flynn, 1996; Office of Personnel Management, 2021; Jacobs et al., 2013; Proctor, 2020).

① 근로자는 하루 중 아무 때나 근로자 지원 프로그램의 담당자와 전화나 기타 수단을 통해 접촉할 수 있다.

② 의뢰 서비스를 제공하고 있다.

③ 상사를 대상으로 하는 교육 프로그램과 근로자를 대상으로 하는 교육 프로그램을 제공하고 있다.

④ 건강과 관련된 프로그램과 기타 복리 프로그램을 제공하고 있다.

⑤ 근로자에 대한 치료가 끝난 이후에 근로자에게 더 이상 개입할 필요가 있는지 여부를 알기 위해, 해당 근로자가 적응하는 상태를 계속해서 살펴보고 있다.

⑥ 근로자는 제공하는 서비스에 대해 비용을 부담하지 않고 있다.[7)]

⑦ 제공하는 서비스에 대해서 비밀을 보장하고 있다.

⑧ 제공하는 서비스에서는 예방하는 측면에 주목하고 있다.

그리고 근로자 지원 프로그램에서는 근로자 개인을 변화시키는 데 주목하는 경향이 있다. 근로자 지원 프로그램에서 근로자 개인을 변화시키는 데 주

7) 그러나 근로자 지원 프로그램에서 의뢰된 후에 받는 서비스에 대해서는, 근로자가 비용을 부담할 수도 있다.

목함에 따라서, 근로자 지원 프로그램은 다음과 같은 특징을 지니게 된다. 이런 점은 고용주에게 유리하게 작용하고 있다(Arnold, Cooper & Robertson, 1995).

① 비용이 적게 든다.

② 실시하기가 쉽고 또한 기업이 혼란을 덜 겪게 된다. 기업의 입장에서 볼 때, 사업장을 변화시키는 프로그램은 규모가 크고 비용이 많이 들고 결과도 확실하지 않을 가능성이 크다. 따라서 이런 프로그램보다는, 근로자 개인을 변화시키는 프로그램이 실시하기가 더 편하고 또한 기업이 혼란을 덜 겪을 가능성이 크다.

③ 기업이 근로자의 건강과 복리를 위해 무엇인가를 하고 있다는 점을 겉으로 드러나게 보여주게 된다. 즉, 근로자 지원 프로그램은 기업이 근로자를 위해 무엇인가 하고 있다는 사실을 근로자에게뿐만 아니라 기업의 외부에도 보여주게 된다. 특히 선진국의 고용주는 자기 기업에 대한 소송을 두려워하는 경우가 많다. 이런 측면에서 보면, 근로자가 근로자 지원 프로그램을 이용하든 안 하든 간에 기업 내부에 근로자 지원 프로그램이 존재한다는 사실 자체는, 기업에 대한 법적 소송에 효과적으로 대비하는 수단이 될 수 있다.

그러므로 고용주의 입장에 볼 때, 위와 같은 특징은 고용주에게 근로자 지원 프로그램의 장점이 될 수 있다. 따라서 고용주는 근로자 지원 프로그램에 대한 비용을 부담할 가능성이 크다(Cooper, Dewe & O'Driscoll, 2003).

근로자 자원 프로그램의 강제성 여부

근로자의 상사가 근로자에게 근로자 지원 프로그램에서 제공하는 서비스를 추천할 경우, 근로자는 서비스를 이용하지 않아도 된다. 그러나 근로자의 상사는 상담에 대한 전문적인 지식을 충분히 가지고 있지 않기 때문에, 근로자의 상사는 근로자가 전문가의 도움을 받기를 권장할 수 있다.

그리고 사업장의 규정이 근로자의 성과나 행동에 크게 문제가 있을 때에 상사는 근로자를 의뢰하도록 되어 있을 경우, 고용주는 근로자에게 근로자 지원 프로그램에서 제공하는 서비스를 이용하도록 요구할 수도 있다. 그러나 이 경우에도, 고용주는 근로자가 이런 서비스를 받은 후의 결과나 이런 서비스에서 치료받은 내용 등에 대해 알지 못하도록 되어 있다(Proctor, 2020).

2) 근로자 지원 프로그램의 서비스

(1) 서비스의 내용

근로자 지원 프로그램에 대한 일부 정의에서도 알 수 있듯이, 근로자 지원 프로그램은 근로자뿐만 아니라 근로자의 가족도 이용할 수 있다(Canadian Centre for Occupational Health and Safety, 2021a; Jacobs, Hellman, Markowitz & Wuest, 2013). 따라서 근로자 지원 프로그램에서는, 근로자와 가족에게 영향을 미치는 여러 가지 문제를 해결하는 데 도움을 주는 다양한 서비스를 제공하고 있다.

근로자 지원 프로그램에서 제공하는 서비스의 예로 약물(예컨대, 알코올)을 너무 많이 사용하는 것에 대해 상담하는 것, 결혼이나 가족과 관련된 문제를 치료하는 것, 경력에 대해 상담하는 것, 근로자가 돌보는 가족이 서비스를 받도록 의뢰하는 것이 있다(Office of Personnel Management, 2021; Jacobs et al., 2013; Barker, 2003; Cooper, Dewe & O'Driscoll, 2003; Canadian Centre for Occupational Health and Safety, 2021a; Kirk & Brown, 2003).

일반적으로 근로자 지원 프로그램에서는 근로자가 다음과 같은 상황에 있을 때에 서비스를 제공하여 도움을 주는 경우가 많다(Canadian Centre for Occupational Health and Safety, 2021a; Business Dictionary, 2021b; Office of Personnel Management, 2021; Proctor, 2020).

① 알코올이나 기타 약물을 잘못 사용하고 있다.
② 가족이 안정되어 있지 않다.
③ 재정적으로 어려움을 겪고 있다.
④ 법적으로 어려움을 겪고 있다.
⑤ 부부 사이에 문제가 있다.
⑥ 직장생활과 가정생활을 조화롭게 꾸려나가는 데 어려움을 겪고 있다.
⑦ 관계를 맺는 데 어려움을 겪고 있다.

일부 학자의 경우, 근로자 지원 프로그램에서 제공하는 서비스를 다음과 같이 구분하고 있다(Van Den Berge, 1995).

① 직접 서비스가 있다. 이것은 근로자에게 직접적으로 도움을 주는 서비스를 말한다. 이런 서비스의 예로 의뢰해 상담하게 해주는 것이 있다.
② 간접 서비스가 있다. 이것은 근로자에게 간접적으로 도움을 주는 서비스를 말한다. 이런 서비스의 예로 어려움을 겪는 근로자를 주제로 하는 상사 교육을 실시하는 것, 근로자를 위해 점심시간에 특강을 실시하는 것이 있다.

한편 근로자 지원 프로그램에서는 사업장이나 조직에게도 서비스를 제공하고 있다. 근로자 지원 프로그램에서 사업장이나 조직에게 제공하는 서비스의 내용을 몇 가지 제시하면 다음과 같다(Office of Disability Employment Policy, 2009).

① 사업장에서 겪는 정신건강 문제, 스트레스 문제, 약물을 잘못 사용하는 문제에 대해 교육한다.
② 사업장에서의 폭력 문제를 다룬다.
③ 사업장에서 안전을 유지하게 하고 또한 위기 상황에 대비하게 한다.
④ 어려운 상황에서 서로 의견을 교류하는 것과 관련해 교육한다. 이 경우, 어려운 상황의 예로 기업이 다른 기업과 합치는 것, 근로자를 일시적으로 해고하는 것, 근로자가 작업 중에 사망하는 것이 있다.
⑤ 특정한 근로자의 욕구를 충족시켜 준다.

(2) 영역별 서비스

앞에서 알 수 있듯이, 근로자 지원 프로그램에서는 여러 영역에서 서비스를 제공하고 있다. 근로자 지원 프로그램에서 주로 제공하는 서비스를 영역별로 살펴보면 다음과 같다(Zastrow, 2008; Zimmerman, 2006; Office of Personnel Management, 2020; Jacobs et al., 2013; Canadian Centre for Occupational Health and Safety, 2021a; Proctor, 2020).

(가) 약물 영역

근로자 지원 프로그램에서는 알코올이나 기타 약물과 관련된 영역에서 어려움을 겪고 있는 근로자에게 서비스를 제공하고 있다. 사실, 근로자 지원 프로그램에서는 알코올이나 기타 약물을 너무 많이 사용하는 것에 대해 크게 관심을 가져 왔다. 왜냐하면 알코올이나 기타 약물을 너무 많이 사용하는 근로자는 사업장에서 일을 제대로 못할 가능성이 크고, 또한 이런 근로자는 사업장에 결근·지각할 가능성이 크기 때문이다. 이에 따라 근로자 지원 프로그램에서는 알코올이나 기타 약물을 너무 많이 사용하는 것과 관련된 서비스를 제공하고 있다.

근로자 지원 프로그램에서는 알코올이나 기타 약물을 너무 많이 사용하는 것은 질병이라고 보고 있다. 따라서 근로자 지원 프로그램에서는 알코올과 기타 약물을 완전히 끊는 것을 강조하는 경향이 있다.

근로자 지원 프로그램에서 알코올이나 기타 약물을 너무 많이 사용하는 것을 치료할 때에는, 입원하여 치료하는 방식보다는 병원에 다니면서 치료하는 방식을 취하는 경우가 많다. 왜냐하면 병원에 다니면서 치료하는 방식은 비용 측면에서 유리하기 때문이고, 또한 이런 방식에서는 근로자가 사업장을 계속 다니면서 치료를 받을 수 있기 때문이다.

(나) 정신건강 영역

근로자 지원 프로그램에서는 정신건강과 관련된 영역에서 어려움을 겪고 있는 근로자에게 서비스를 제공하고 있다. 이와 관련해, 근로자 지원 프로그램에서는 근로자의 우울, 불안, 분노 조절 등에 잘 대처하도록 도와주고 있다. 이 경우, 근로자 지원 프로그램에서는 해당 근로자에게 치료 서비스를 제공하기도 하고, 또는 해당 근로자를 사업장의 외부에서 서비스를 제공하는 기관에 연결시켜 주기도 한다.

(다) 가족 영역

근로자 지원 프로그램에서는 가족과 관련된 영역에서 어려움을 겪고 있는 근로자에게 서비스를 제공하고 있다. 근로자는 자신의 가정에서 생긴 문제를 사업장으로 가져올 뿐만 아니라, 사업장에서 생긴 문제나 사업장과 관련된 문제를 다시 가정으로 가져가서 가족 구성원에게 영향을 미치고 있다. 따라서 근로자 지원 프로그램에서는, 배우자와 기타 가족 구성원이 관련되어 있는 문제에 대해 크게 관심을 가지고 있다. 특히 아동학대와 가정폭력은 근로자 지원 프로그램이 크게 관심을 가지는 문제에 속하고 있다.

행복한 가정생활을 하고 있는 대기업 근로자의 가족 : 근로자 지원 프로그램에서는 가족 구성원과 관련된 문제에도 크게 관심을 가진다.
[출처 : 미국에서 저자 촬영]

근로자 지원 프로그램의 경우, 가족 문제와 관련해 근로자와 가족에게 직접적으로 상담 서비스를 제공하고 있다. 그리고 근로자에게 보육 서비스가 필요할 경우, 근로자 지원 프로그램에서는 보육 시설에 근로자를 연결시켜 주고 있다. 또한 근로자 지원 프로그램에서는 근로자의 아픈 가족 구성원이나 노인 가족 구성원이 도움을 얻을 수 있는 방법에 대해 조언해 주고 있다.

그리고 근로자 지원 프로그램에서는 결혼이나 이혼에 대해 상담해 주고 있고, 이혼할 경우에 아동을 양육하는 권리에 대해 상담해 주고 있다.

(라) 경력과 교육 영역

근로자 원조 프로그램에서는 경력 및 교육과 관련된 영역에서 어려움을 겪고 있는 근로자에게 서비스를 제공하고 있다. 근로자의 경력 및 교육과 관련해, 근로자 지원 프로그램에서는 다음과 같이 하는 경우가 많다.

① 직장생활과 관련해, 근로자가 자기에게 알맞은 목표를 정하고, 이 목표를 달성하도록 도와준다.

② 근로자가 스트레스를 관리하는 기술을 배워서 활용하도록 도와준다.

그리고 근로자 지원 프로그램에서는 신체적 건강과 정신건강을 더 좋게 하는 교육 프로그램과 사업장에서의 기술을 향상시키는 교육 프로그램에 근로자가 등록하도록 도와줄 수 있다. 기업은 이런 프로그램을 사업장에서 직접 제공하거나 또는 근로자가 이런 프로그램에 등록하는 데 드는 비용을 부담하는 경우가 많다.

(마) 재정 영역

근로자 지원 프로그램에서는 재정과 관련된 영역에서 어려움을 겪고 있는 근로자에게 서비스를 제공하고 있다. 특히 오늘날의 경우, 근로자 지원 프로그램에서는 부채(빚)와 관련된 서비스를 제공하고 있다. 부채와 관련된 서비스의 경우, 근로자가 오랜 기간에 걸쳐 부채를 갚는 것과 관련해 도움을 주고 있다. 그리고 근로자 지원 프로그램에서는 파산을 피하는 방법, 신용카드 부채를 나누어 갚는 방법 등에 대해 조언하고 있다.

오늘날에는 근로자의 부채 문제 때문에 고용주의 이익이 줄어들 수 있다는 점을 깨닫는 고용주가 많아지고 있다. 이에 따라서 근로자 지원 프로그램에 기본적인 재정 교육을 포함시키는 사업장이 늘고 있다.

그리고 근로자 지원 프로그램에서는 근로자가 재정 계획을 짜는 데 도움을 주고 있다. 예를 들어, 근로자 지원 프로그램에서는 위자료와 자녀부양비를 배우자에게 지급하여야 하는 문제로 어려움을 겪는 근로자가 재정적으로 계획을 짜는 것을 도와주고 있다.

(바) 퇴직 영역

근로자 지원 프로그램에서는 퇴직과 관련된 영역에서 어려움을 겪고 있는 근로자에게 서비스를 제공하고 있다. 오늘날의 근로자는 자신이 퇴직할 계획에 대해 크게 관심을 가지고 있다. 따라서 근로자 지원 프로그램에서는 퇴직 계획과 관련해 근로자에게 특별 강연과 같은 행사를 마련해 주고 있다. 이런 행사에서는 근로자에게 여러 가지 퇴직 제도와 방안에 대해 안내하고 있다.

특히 근로자 지원 프로그램에서는 가까운 시일 내에 퇴직할 예정인 근로자에게 도움을 주고 있다. 이런 근로자는 미래를 위해 재정적으로 계획을 짜야 할 뿐만 아니라, 퇴직한 후에 신체적·정신적으로 활동을 잘 하기 위해 무엇을 할 것인가에 대해서도 준비할 필요가 있다. 따라서 근로자 지원 프로그램에서는 이런 문제와 관련해 도움을 줄 수 있다.

Point

- 근로자 지원 프로그램에서는 근로자, 가족 구성원, 고용주와 사업장 조직 모두에게 서비스를 제공하고, 사업장 이외의 장소에서 발생한 개인적 어려움도 다룬다. 근로자 지원 프로그램에서는 근로자 개인을 변화시키는 데 주목하는 경우가 많은데, 이런 점은 고용주에게 유리하게 작용한다.
- 근로자 지원 프로그램에서는 근로자, 가족, 사업장, 조직에게 다양한 영역에서 여러 서비스를 제공한다.

5. 근로자 지원 프로그램의 효과

1) 비용 감소 효과

근로자 지원 프로그램은 비용 측면에서 효과가 있는 것으로 알려져 있다. 실제로 대부분의 연구에서는 근로자 지원 프로그램이 비용 측면에서 효과적이라고 밝히고 있다. 예를 들어 어느 기관에 따르면, 근로자 지원 프로그램은 지출하는 비용에 비해서 그 효과는 매우 큰 것으로 나타나고 있다.

구체적으로, 근로자 지원 프로그램은 사업장의 비용을 줄여주는 것으로 알려져 있다. 근로자 지원 프로그램이 사업장의 비용을 줄여주는 이유는, 근로자 지원 프로그램이 사업장의 생산성을 높이고 또한 근로자의 결근·지각·산업재해를 줄이는 역할을 하기 때문이다(노병일, 2000; Joseph, Walker & Fuller-Tyszkiewicz, 2018; Proctor, 2020).

특히 근로자 지원 프로그램은 알코올이나 기타 약물에 중독되었기 때문에 지출하는 비용을 상당히 줄이는 효과가 있는 것으로 알려져 있다. 예를 들어, 알코올을 너무 많이 사용하는 근로자를 근로자 지원 프로그램을 통해 재활시킴으로써, 근로자의 결근, 질병에 따른 휴가, 산업재해를 줄일 수 있다. 이렇게 될 경우, 근로자 지원 프로그램은 사업장에 비용을 줄여주는 역할을 하게 된다(노병일, 2000; Joseph, Walker & Fuller-Tyszkiewicz, 2018; Van Den Berge, 1995).

2) 기타 효과

근로자 지원 프로그램은 근로자의 정신건강에 긍정적으로 영향을 미치는 것으로 나타나고 있다. 따라서 근로자는 근로자 지원 프로그램을 사업장에서 바람직한 자원으로 인식하는 것으로 알려져 있다(Kirk & Brown, 2003).

그리고 이 외에도 근로자 지원 프로그램은 여러 가지 효과가 있다. 이런 효과를 몇 가지 제시하면 다음과 같다(노병일, 2000; Joseph, Walker & Fuller-Tyszkiewicz, 2018).

① 기업 이미지가 더 좋아진다. 근로자 지원 프로그램 때문에 사업장 내부에서 근로자는 기업에 대해 더 좋은 이미지를 가지게 되고, 더 나아가서 사업장 외부의 사람들도 기업에 대해 더 좋은 이미지를 가지게 된다. 그리고 이렇게 될 경우, 근로자 지원 프로그램 때문에 기업의 이윤도 늘어나게 된다.

② 근로자의 사기가 높아지게 된다.

③ 새로운 근로자를 고용하는 것이 쉬워지게 되고, 또한 현재의 근로자가 사업장에서 계속 근무하는 것이 쉬워지게 된다. 왜냐하면 근로자 지원 프로그램을 실시함으로써, 고용주는 근로자와 가족에게 진심으로 관심을 가진다는 점을 보여주기 때문이다. 고용주가 근로자와 가족에게 가

지는 이런 관심은, 사업장이 새로운 근로자를 고용하고 기존 근로자가 사업장에 계속 다니게 하는 데 유리하게 작용하게 된다.

④ 노동조합과 경영자 사이의 관계가 더 좋아지게 된다.

3) 정 리

결국, 근로자 지원 프로그램은 생활의 거의 모든 영역에서 근로자에게 도움을 줄 수 있다. 또한 근로자 지원 프로그램은 고용주에게 재정적으로 유리하게 작용할 수 있다. 따라서 중소기업과 대기업 모두에게, 근로자 지원 프로그램을 실시하는 것은 현명한 투자라고 볼 수 있다(Proctor, 2020).

Point

• 근로자 지원 프로그램은 비용과 기타 측면에서 효과가 있다.

6. 근로자 지원 프로그램의 이용과 성공에 영향을 미치는 요인

1) 근로자 지원 프로그램의 이용에 영향을 미치는 요인

근로자가 근로자 지원 프로그램을 이용하는 정도에 영향을 미치는 요인에는 여러 가지가 있다. 이런 요인을 몇 가지 제시하면 다음과 같다(Akabas, 2011).

① 근로자 지원 프로그램에서 제공하는 서비스의 범위가 있다.

② 사업장의 분위기가 있다.

③ 근로자 지원 프로그램에서 제공하는 서비스를 이용할 경우에 근로자의 비밀이 보장된다고 믿는 정도가 있다.

④ 기타 요인이 있다. 예를 들어 미국의 경우, 노동조합이 구성되어 있고 사무직 일을 하고 보수가 많은 근로자는, 그렇지 않은 근로자보다 근로자 지원 프로그램을 이용할 가능성이 더 큰 것으로 알려져 있다.

2) 근로자 지원 프로그램의 성공에 영향을 미치는 요인

근로자 지원 프로그램이 성공하는 데 영향을 미치는 요인에는 여러 가지가 있을 수 있다. 근로자 지원 프로그램을 성공적으로 실시하는 데 도움을 주는 요인을 몇 가지 제시하면 다음과 같다(Canadian Centre for Occupational Health and Safety, 2021a).

① 비밀을 엄격하게 보장해 주는 정도가 있다.

② 경영자와 근로자와 노동조합이 근로자 지원 프로그램이 필요하다는 점을 인식하고 근로자 지원 프로그램에 대해 관심을 갖는 정도가 있다.

③ 고위 경영자와 근로자와 노동조합이 근로자 지원 프로그램과 관련된 정책과 절차를 지지하는 정도가 있다.

④ 공식적·비공식적으로 의뢰하는 절차를 갖춘 정도가 있다.

⑤ 근로자 지원 프로그램을 홍보하고, 근로자 지원 프로그램에서 제공하는 서비스를 이용할 것을 장려하는 정도가 있다.

⑥ 근로자 지원 프로그램을 이용하는 방법에 대해 관리자와 근로자에게 교육하는 정도가 있다.

⑦ 근로자 지원 프로그램이 근로자와 고용주의 욕구를 충족시키고 있는지에 대해 정기적으로 평가하는 정도가 있다.

Point

- 근로자 지원 프로그램의 이용 정도에 영향을 미치는 요인에는 여러 가지가 있다.
- 근로자 지원 프로그램의 성공에 영향을 미치는 요인에는 여러 가지가 있다.

7. 근로자 지원 프로그램의 서비스 제공 방식

1) 서비스 제공 방식의 분류

근로자 지원 프로그램을 제공하는 방식에는 여러 가지가 있을 수 있다. 이와 관련해, 스트라우스너(Straussner, 1990)는 산업복지에서 서비스를 제공하는 방식을 분류할 때에 사용할 수 있는 기준을 다음과 같이 제시하고 있다.

① 사회복지사를 고용하는 주체가 있다. 즉, 사회복지사를 누가 고용하느냐에 따라서, 근로자 지원 프로그램에서 서비스를 제공하는 방식을 분류할 수 있다. 이 경우, 사회복지사를 노동조합, 경영자, 노동조합과 경영자, 근로자 집단이 고용할 수 있다.

② 서비스를 제공하는 곳의 형태가 있다. 즉, 근로자 지원 프로그램에서 서비스를 제공하는 곳이 개별 기업・조직이냐 또는 협회(컨소시엄, consortium)이냐에 따라서, 근로자 지원 프로그램에서 서비스를 제공하는 방식을 분류할 수 있다. 이 경우, 한 사업장(기업)이 서비스를 제공할 수도 있고, 또는 여러 사업장(기업)이 자원을 공동으로 모아서 서비스를 제공할 수도 있다.

③ 서비스를 제공하는 위치가 있다. 즉, 근로자 지원 프로그램에서 서비스를 사업장 내부에서 제공하느냐 또는 사업장 외부에서 제공하느냐에 따라서, 근로자 지원 프로그램에서 서비스를 제공하는 방식을 분류할 수 있다. 이 경우, 근로자 지원 프로그램에서 서비스를 제공하는 방식을 내부 방식과 외부 방식으로 분류할 수 있다.[8)]

그동안 여러 학자와 기관은 근로자 지원 프로그램에서 서비스를 제공하거나 전달하는 방식을 분류해 왔다(Masi, 1984; Substance Abuse and Mental Health Services Administration, n.d.; Van Den Berge, 1995; Cooper, Dewe & O'Driscoll, 2003; Proctor, 2020). 하지만 이런 학자와 기관이 분류한 것은 앞에서 스트라우스너가 분류한 것과

8) 내부 방식과 외부 방식에 대해서는 뒤에서 자세히 설명한다.

대체로 일치하고 있다. 다만, 스트라우스너는 세 가지 기준에 근거해서 따로 분류하고 있지만, 다른 학자와 기관은 기준을 구분하지 않고 그냥 합쳐서 분류하고 있다는 점에서 차이가 있을 뿐이다.

여러 학자들 사이에 공통적으로 의견이 일치하는 점은, 근로자 지원 프로그램에서 서비스를 제공하는 방식을 내부 방식과 외부 방식으로 구분하는 것이다. 미국의 전국사회복지사협회에서 발간한 사전에서도, 근로자 지원 프로그램에서 제공하는 서비스를 내부 방식과 외부 방식으로 분류하고 있다(Barker, 2003).

2) 내부 방식과 외부 방식

앞에서 논의한 바와 같이, 근로자 지원 프로그램에서 서비스를 제공하는 주요한 방식으로 많이 제시되는 것은 내부 방식과 외부 방식이다.

(1) 내부 방식

내부 방식은 근로자 지원 프로그램을 사업장 내부에서 제공하는 식으로 운영하는 것을 말한다(Barker, 2003; Proctor, 2020). 내부 방식의 경우, 근로자 지원 프로그램을 인사 부서나 의무 부서나 사회 서비스 부서에서 담당하고 있다. 내부 방식에서는 근로자 지원 프로그램의 담당자가 서비스를 필요로 하는 근로자를 자세히 평가하고 있다. 그러고 나서 근로자 지원 프로그램의 담당자는 다음과 같은 조치를 취하고 있다(Masi, 1982; Substance Abuse and Mental Health Services Administration, n.d.; DiNitto & McNeece, 1997; Van Den Berge, 1995; Anderson & Stark, 1988; Flynn, 1996).

① 근로자에게 필요한 서비스를 근로자 지원 프로그램에서 직접 제공한다.
② 근로자를 지역사회의 자원에 의뢰해, 상담 서비스와 기타 치료 서비스를 제공한다.

내부 방식은 여러 가지 장점을 지니고 있다. 내부 방식의 장점을 구체적으로 제시하면 다음과 같다(Masi, 1982; Substance Abuse and Mental Health Services Administration, n.d.; Van Den Berge, 1995).

① 사업장에서 독특하게 존재하는 욕구에 맞는 서비스를 제공하도록 설계할 수 있다.

② 근로자 지원 프로그램의 담당자가 사업장의 문화와 사업장의 역동적 측면을 구체적으로 잘 알기 때문에, 근로자 지원 프로그램의 담당자는 다음과 같은 것을 더 잘 할 수 있다.

㉠ 사업장 차원에서 개입한다.

㉡ 기업의 정책을 결정하는 과정에 관여한다.

㉢ 근로자를 지지한다.

그러나 내부 방식은 단점도 지니고 있다. 내부 방식의 단점을 구체적으로 제시하면 다음과 같다.

① 근로자에 대한 비밀을 보장하는 데 있어, 외부 방식에 비해 상대적으로 불리하다.

② 근로자가 사업장에서 수치감을 느낄 수 있다.

(2) 외부 방식

외부 방식은 근로자 지원 프로그램을 사업장 외부에 있는 제3자를 통해 계약하는 식으로 운영하는 것을 말한다(Barker, 2003; Proctor, 2020). 외부 방식의 경우, 근로자를 자세히 평가하는 서비스를 포함한 대부분의 서비스를 외부 기관이 제공하고 있다. 외부 방식에서는 대학, 복지 기관, 병원 등과 계약하는 경우가 많다. 외부 방식의 경우, 근로자 지원 프로그램의 담당자는 근로자의 사례를 검토하여, 각 근로자가 겪는 문제에 가장 적합한 서비스를 제공하는 외부 기관에 근로자를 의뢰하고 있다.

우리나라의 대표적인 산업단지인 구미에 있는 근로자 복지관 : 외부 방식에서는 복지 기관과 계약해 근로자 지원 프로그램을 제공할 수 있다.
[출처 : 저자 촬영]

외부 방식에서는 근로자 지원 프로그램에서 필요한 서비스를 사업장 현장에서 제공할 수도 있고, 현장이 아닌 외부 장소에서 제공할 수도 있다. 비밀보장이 중요한 사업장은 서비스를 현장 밖에서 제공하는 방법을 더 좋아하는 경향이 있다.

내부 방식과 비교해 볼 때, 외부 방식은 여러 가지 장점을 지니고 있다. 외부 방식의 장점을 몇 가지 제시하면 다음과 같다(Masi, 1982; Substance Abuse and Mental Health Services Administration, n.d.; DiNitto & McNeece, 1997; Van Den Berge, 1995).

① 근로자의 기록에 대해 비밀을 더 잘 보장하고 있다.
② 서비스에 대해 더 책임을 지고 있다.
③ 서비스를 더 빠르게 제공하고 있다.
④ 경험이 더 많은 직원을 고용하고 있다.

규모가 작은 사업장이 자체의 근로자 지원 프로그램을 갖추는 것은 비용 측면에서 불리하거나 현실적으로 어려울 수 있다. 따라서 규모가 작은 사업장은 외부 방식을 선택하는 경우가 많다. 하지만 사업장은 회사와 직접적으로 관련된 업무만 맡고 근로자를 치료하는 것은 사업장의 외부에 맡기기 위해, 규모가 큰 사업장도 외부 방식을 선택하는 경우가 있다.

(3) 내부 방식과 외부 방식의 비교

미국에서 실시하고 있는 내부 방식의 근로자 지원 프로그램과 외부 방식의 근로자 지원 프로그램을 실제로 비교하면서, 스트라우스너(Straussner, 1988)는 내부 방식과 외부 방식의 장점과 단점을 실증적으로 잘 제시한 바 있다.

스트라우스너(Straussner, 1988)의 경우, 분석한 결과를 다음과 같이 종합적으로 요약하고 있다.

① 경영자의 입장에서는 내부 방식이 장점이 있는 것으로 보인다.

② 근로자의 입장에서는 내부 방식과 외부 방식 중에서 어느 것이 더 장점이 있는지에 대해 분명한 결론을 내리기 어렵다. 다만, 근로자가 겪는 문제의 성격과 대상 근로자의 인구학적 특성(예컨대, 성, 나이, 직위)에 따라, 내부 방식이 좋은지 또는 외부 방식이 좋은지가 결정될 가능성이 크다.

③ 근로자 지원 프로그램을 담당하는 사람의 입장에서는, 내부 방식이나 외부 방식 어느 쪽에도 분명한 장점이 없다.

3) 기타 방식

내부 방식과 외부 방식 이외에, 근로자 지원 프로그램을 제공하는 방식에 대해 살펴보면 다음과 같다(Masi, 1982; Substance Abuse and Mental Health Services Administration, n.d.; Van Den Berge, 1995; Proctor, 2020).

(1) 협회(컨소시엄) 방식

협회 방식의 경우, 여러 사업장이 하나의 조직을 이루어 외부 제공자에게 적은 비용으로 근로자 지원 프로그램을 통해 서비스를 제공하게 하고 있다. 협회 방식은 중소기업이 이용하는 경우가 많다. 협회 방식은 개인 사업장이 독자적으로 자기 나름의 근로자 지원 프로그램을 도입하는 것이 어려울 경우에 사용되고 있다.

(2) 노동조합 방식

노동조합 방식의 경우, 노동조합이 근로자 지원 프로그램을 담당하는 주체가 되고, 노동조합에서 회원들에게 근로자 지원 프로그램을 통해 서비스를 제공하고 있다. 노동조합 방식에서 제공하는 주요한 서비스는 의뢰이다. 노동조합 방식에서는 근로자 지원 프로그램을 다음과 같은 방식으로 운영할 수 있다.

① 노동조합이 근로자 지원 프로그램을 직접 운영한다.

② 경영자와 협조해 노동조합과 고용주가 공동으로 근로자 지원 프로그램을 운영한다.

(3) 전문 조직 방식

전문 조직 방식의 경우, 전문 조직이 근로자 지원 프로그램을 통해 서비스를 제공하고 있다. 전문 조직 방식은 직종과 관련된 조직에 소속된 기업에게 적절하다. 이런 조직의 예로 사회복지사협의회나 의사협회를 들 수 있다. 전문 조직 방식은 근로자 지원 프로그램의 담당자가 대상 근로자가 가지고 있는 직업적 특성과 전문적 특성을 잘 알 수 있다는 장점이 있다.

Point

- 근로자 지원 프로그램에서 서비스 제공 방식으로 많이 제시되는 것은 내부 방식과 외부 방식이다. 내부 방식은 근로자 지원 프로그램을 사업장 내부에서 제공하는 식으로 운영하는 것이고, 외부 방식은 근로자 지원 프로그램을 사업장 외부의 제공자를 통해 계약하는 식으로 운영하는 것이다.
- 내부・외부 방식 이외의 방식으로 협회(컨소시엄) 방식, 노동조합 방식, 전문 조직 방식이 있다.

CHAPTER

05 근로자의 정신건강과 우울

차례

1. 정신건강과 산업복지

개인이 사업장에서 근로자로서 일하는 것은 개인의 생활에 긍정적으로 영향을 미치는 경우가 많다. 그러나 오늘날에는 사업장에서 근로자가 심리적으로 불안정한 상황에 놓이는 경우도 많아지고 있다. 그리고 그 결과, 근로자가 여러 가지 정신건강 문제 때문에 어려움을 겪는 경우가 많아지고 있다(Health at Work, 2011; World Health Organization, 2021a).

근로자의 정신건강 문제는 근로자 개인과 사업장과 사회에 부정적으로 영향을 미치고 있다. 이에 따라서 최근 들어서 여러 사업장에서는 근로자의 심리적 문제에 더 주목하는 방향으로 나아가고 있다. 그리고 정신건강과 사업장 사이에 서로 미치는 영향에 대해서도 관심이 점점 커지고 있다. 근로자의 정신건강과 사업장이 서로에게 미치는 영향을 구체적으로 제시하면 다음과 같다(Bilsker, 2006; World Health Organization, 2021a).

① 근로자의 정신건강 문제는 근로자가 사업장에서 일을 잘하는 정도에 영향을 미치고 있다.
② 사업장과 관련된 요인은 근로자에게 정신건강 문제를 유발하고 있다.

그러므로 사업장에서 일하는 근로자의 정신건강은 매우 중요하다. 이런 탓에, 산업복지에서는 사업장에서 근로자의 정신건강에 대해 크게 관심을 가질 필요가 있다.

Point

• 오늘날에는 근로자가 정신건강 문제 때문에 어려움을 겪는 경우가 많으므로, 산업복지에서는 근로자의 정신건강에 대해 관심을 가질 필요가 있다.

2. 근로자의 정신건강 문제를 유발하는 요인

사업장에서 근로자에게 정신건강 문제를 유발할 수 있는 요인에는 여러 가지가 있다. 이런 요인을 몇 가지 제시하면 다음과 같다(World Health Organization, 2021a).

① 사업장에서 건강 및 안전과 관련된 체계가 적절하지 않은 것이 있다.
② 사업장에서 제대로 교류하지 않고 있고, 또한 관리하는 방식이 적절하지 않은 것이 있다.
③ 근로자가 사업장에서 결정을 내리는 과정에 제대로 참여하지 못하고 있거나, 자신의 업무 영역을 제대로 통제하지 못하는 것이 있다.
④ 사업장에서 근로자를 제대로 지원하지 않는 것이 있다.
⑤ 근무 시간이 융통성이 없는 것이 있다.
⑥ 업무가 분명하지 않거나, 조직의 목적이 분명하지 않은 것이 있다.

그리고 직무의 내용은 근로자에게 정신건강 문제를 유발하는 요인이 될 수 있다. 이와 관련된 직무 내용의 예를 구체적으로 살펴보면 다음과 같다(World Health Organization, 2021a).

① 업무가 개인의 능력에 적절하지 않다.

② 업무의 양이 많고 업무에 대한 압박이 심하다.

또한 일부 일자리는 다른 일자리보다 개인적 위험이 더 클 수 있다. 이런 상황은 근로자에게 정신건강 문제를 유발할 수 있다. 그리고 근로자가 근무하는 부서가 잘 단결하지 못하거나 또는 사회적 지지가 적을 경우, 근로자가 정신건강 문제를 겪을 가능성이 더 커질 수 있다(World Health Organization, 2021a).

정리하건대, 근로자가 좋지 않은 근무 환경에서 일하는 것은, 근로자에게 정신건강 문제를 유발하는 요인이 될 수 있다.

Point

- 근로자의 정신건강 문제를 유발하는 요인에는 여러 가지가 있다.
- 근로자가 좋지 않은 근무 환경에서 일하는 것은 정신건강 문제를 유발하는 요인이 된다.

3. 근로자의 정신건강이 미치는 영향

근로자의 정신건강은 근로자 개인에게 크게 영향을 미치고 있다. 또한 근로자의 정신건강은 근로자의 가족과 고용주(사업장)에게도 크게 영향을 미치고 있다. 우선, 근로자의 정신건강 문제는 근로자 개인의 삶의 질에 크게 부정적으로 영향을 미치고 있다. 그리고 근로자의 정신건강 문제는 다시 근로자의 가족에게 크게 부정적으로 영향을 미치고 있다.

근로자가 겪는 정신건강 문제가 근로자 개인과 가족에게 미치는 영향을 구체적으로 제시하면 다음과 같다.

① 근로자가 정신건강 문제를 경험할 경우, 근로자가 신체적 문제나 신체적 장애를 겪을 가능성이 커지게 된다.

② 근로자가 정신건강과 관련해 어려움을 크게 겪을 경우, 근로자가 사업장에서 정상적으로 일하기 어려울 가능성이 커지게 된다. 그리고 어느 경우에는 정신건강 문제 때문에 근로자가 아예 사업장을 그만둘 수도 있다. 이렇게 되면, 근로자와 가족은 기본적인 생활을 유지하는 데 어려움을 크게 겪게 된다.

홀로 작업 중인 근로자 : 근로자의 정신건강은 근로자의 가족 · 사업장에 크게 영향을 미친다.
[출처 : 독일에서 장철수 님 제공]

그리고 근로자가 겪는 정신건강 문제는 고용주에게도 부정적으로 영향을 미치고 있다. 근로자의 정신건강 문제가 고용주에게 미치는 영향을 몇 가지 제시하면 다음과 같다(Masi, 1982; Bilsker, 2006).

① 근로자가 정신건강 문제 때문에 사업장을 그만두면, 고용주는 새로운 사람을 고용해서 사업장에 잘 적응하도록 교육시켜야 한다. 이 경우, 고용주는 새로운 근로자를 고용하고 교육하는 것과 관련해 추가로 비용을 지출하여야 한다. 이렇게 될 경우, 고용주는 비용 측면에서 손해를 보게 된다.

② 근로자가 정신건강 문제를 겪으면 사업장에서 생산하는 제품의 질이 낮아질 수 있다. 이렇게 될 경우, 고용주는 비용 측면에서 크게 손해를 보게 된다.

③ 근로자가 정신건강 문제를 겪으면 근로자의 사기가 낮아지고 사업장에서 문제가 발생할 수 있다. 이렇게 될 경우, 고용주는 추가로 비용을 부담하여야 하기 때문에, 고용주는 비용 측면에서 손해를 보게 된다.

Point

• 근로자의 정신건강은 근로자, 가족, 고용주(사업장)에게 크게 영향을 미친다.

4. 근로자의 정신건강과 관련된 지침과 주목할 측면

1) 근로자의 정신건강을 위한 지침

사업장에서 근로자가 더 나은 정신건강을 누리게 하기 위한 지침에는 여러 가지가 있을 수 있다. 이런 지침을 몇 가지 제시하면 다음과 같다(World Health Organization, 2021a).

① 근로자의 건강 및 안전과 관련된 프로그램을 실시한다.

② 근로자에게 지원이나 도움을 받을 수 있다는 점을 알려준다.

③ 결정을 내리는 과정에 근로자를 참여시킨다. 이렇게 될 경우, 근로자는 통제할 수 있고 참여할 수 있다고 인식하게 된다.

④ 근로자가 직장생활과 일상생활을 조화롭게 하도록 한다.

⑤ 근로자의 경력을 개발하는 프로그램을 실시한다.

⑥ 근로자가 사업장에 이바지하는 것을 파악하고, 이에 대해 보상한다.

2) 근로자의 정신건강과 관련해 주목할 측면

사업장에서 근로자의 정신건강 문제를 해결하는 것은 다양한 측면과 관련될 수 있다. 그러나 일부 측면은 특히 주목할 필요가 있다. 근로자의 정신건강 문제를 해결하는 것과 관련해 특히 주목할 측면을 몇 가지 제시하면 다음과 같다(Future Foundation, 2006).

① 인식과 관련된 측면이 있다. 이것은 사업장에서의 정신건강 문제에 대해 인식하는 것을 말한다. 구체적으로 이것은 다음과 같은 것을 말한다.
  ㉠ 사업장에서 나타나는 정신건강 문제의 심각성을 안다.
  ㉡ 정신건강 문제가 발생하는 정도를 안다.
  ㉢ 정신건강 문제가 기업에 미치는 영향을 안다.

② 건강 및 복리와 관련된 측면이 있다. 이것은 사업장에서 근로자의 건강과 복리 수준을 높이는 것을 말한다. 구체적으로 이것은 다음과 같은 것을 말한다.
  ㉠ 사업장에서 정신건강과 관련된 문제가 나타나는 것을 예방하기 위해 근로자를 도와준다.
  ㉡ 사업장에서 근로자의 건강이 더 좋아지도록 노력한다.

③ 이른 대처와 관련된 측면이 있다. 이것은 사업장에서 정신건강 문제에 대해 일찍 대처하는 것을 말한다. 구체적으로 이것은 정신건강 문제들을 미리 파악해서, 이런 문제들이 너무 심각해지기 전에 대처할 수 있는 체계를 만드는 것을 말한다.

④ 서비스와 관련된 측면이 있다. 이것은 사업장에서 여러 가지 서비스를 지원하는 것을 말한다. 구체적으로 이것은 고용주와 근로자에게 혁신적이고 효과적인 서비스를 다양하게 제공하는 것을 말한다. 이런 서비스와 관련된 프로그램을 몇 가지 제시하면 다음과 같다.
  ㉠ 현장 관리자를 위해 교육하고 상담하는 프로그램이 있다.
  ㉡ 사업장에서의 건강과 관련해 전문가가 도와주는 프로그램이 있다.
  ㉢ 직업재활을 지원하는 프로그램이 있다.
  ㉣ 건강 상태를 관리하는 프로그램이 있다.

한편 정신건강 문제를 가진 근로자에게 개입할 때에는 다음과 같은 세 가지 측면에 주목할 필요가 있다(World Health Organization, 2021a).

① 일과 관련해 위험한 요인을 줄임으로써, 근로자가 좋은 정신건강을 누리게 한다.

② 일의 긍정적 측면과 근로자의 장점에 주목함으로써, 근로자가 더 좋은 정신건강을 누리게 한다.

③ 문제를 유발한 원인에 상관없이, 근로자의 정신건강 문제를 해결한다.

Point

- 근로자가 더 나은 정신건강을 누리게 하기 위한 지침에는 여러 가지가 있다.
- 근로자의 정신건강 문제를 해결하는 것과 관련해 특히 주목할 측면으로 인식 측면, 건강·복리 측면, 이른 대처 측면, 서비스 측면이 있다.

5. 근로자의 정신건강과 관련된 사회복지사의 역할

1) 사회복지사의 역할

(1) 일반적 역할

정신건강 문제를 가진 근로자에게 도움이 될 수 있는 방안에는 여러 가지가 있다(World Health Organization, 2021a). 따라서 산업복지 영역에서 활동하는 사회복지사의 경우, 근로자의 정신건강과 관련해 여러 가지 역할을 할 수 있다. 이 중에서 사회복지사는 근로자의 정신건강과 관련해 특히 다음과 같은 역할을 할 수 있다(Masi, 1982).

① 근로자 개인과 관련된 영역에서 정신건강 서비스를 제공한다. 예를 들어, 근로자는 정신적으로 진단과 치료가 필요한 상황을 겪을 수 있다. 이 경우, 사회복지사는 이와 관련된 정신건강 서비스를 제공함으로써, 근로자에게 도움을 줄 수 있다.

② 근로자 개인의 외부와 관련된 영역에서 정신건강 서비스를 제공한다. 예를 들어, 사회복지사는 부부 문제, 가정폭력 문제, 아동학대 문제, 성폭력 문제 등과 관련된 정신건강 서비스를 제공함으로써, 근로자와 가족에게 도움을 줄 수 있다.

구내 식당에서 식사하는 근로자들 : 사회복지사는 근로자 개인에게 정신건강 서비스를 제공할 수 있다.
[출처 : 하오 님 제공]

일반적으로 많이 나타나는 정신건강 문제를 치료할 경우, 치료하는 비용에 비해서 훨씬 더 좋은 결과가 나타나는 것으로 알려져 있다. 예를 들어, 근로자의 정신건강 문제를 치료할 경우, 근로자의 건강과 생산성이 더 좋아지는 것으로 알려져 있다(World Health Organization, 2021a). 그러므로 사회복지사는 근로자가 정신건강 문제를 치료하는 것과 관련해 나름의 역할을 할 수 있다.

(2) 고용주의 인식을 개선하는 것과 관련된 역할

기업이 주요하게 추구하는 목적은 물품이나 서비스를 효율적으로 생산하는 것이다. 이런 탓에, 고용주는 생산성 및 생산 비용과 같은 경제적 요소에 크게 관심을 가지고 있다. 특히 기업은 서로 경쟁하는 환경에서 활동하고 있다. 따라서 기업의 생존을 위해서, 고용주는 기업의 효율성을 낮추는 활동은 어떤 것도 하지 않으려고 할 가능성이 크다. 이렇기 때문에, 고용주의 입장에서는 근로자의 정신건강을 더 좋게 하는 것이 중요하지 않을 수도 있다.

그러므로 고용주가 근로자의 정신건강에 관심을 가지게 하기 위해서는, 무엇보다도 고용주의 인식이 변할 필요가 있다. 실제로 고용주가 근로자의 정신건강에 대해 어떻게 인식하느냐에 따라서, 고용주가 사업장에서 근로자에게 정신건강 서비스를 제공하는 정도가 크게 달라지고 있다. 이런 탓에, 산업복지 영역에서 활동하는 사회복지사는 근로자의 정신건강이 중요하다는 점을 고용주에게 인식시키는 역할을 할 수 있다.

그리고 고용주는 근로자의 정신건강 문제가 생산성에 크게 영향을 미칠 경우에만, 근로자의 정신건강을 좋게 하는 데 관심을 가질 수도 있다(Jorgensen, 1981). 그러므로 사회복지사의 경우, 근로자의 정신건강이 사업장의 생산성에 영향을 미치는 자료를 구체적으로 제시하면서, 고용주의 인식을 개선할 수 있다.

2) 고려할 점

사업장에서 정신건강 서비스를 제공할 경우, 산업복지 영역에서 활동하는 사회복지사는 여러 가지 측면을 고려할 필요가 있다. 사업장에서 근로자에게 정신건강 서비스를 전달하는 것과 관련해, 사회복지사가 고려할 점을 몇 가지 제시하면 다음과 같다(Masi, 1982).

① 근로자의 상사는 중요한 역할을 한다는 점에 주목할 필요가 있다. 사회복지사는 근로자의 상사와 외부 치료사 사이의 연결고리일 뿐만 아니라, 근로자의 상사와 근로자 사이의 연결고리이기도 하다. 사회복지사는 근로자의 상사와 상의할 수도 있고, 필요할 경우에는 근로자의 상사를 근로자의 치료 과정에 관여하게 할 수도 있다. 그리고 사회복지사는 근로자에 대해 상담사 역할을 할 뿐만 아니라, 근로자의 상사를 위한 상담사 역할도 하고 있다.

② 근로자가 겪는 문제를 근로자가 좀 더 넓은 시각에서 볼 수 있도록 도와줄 필요가 있다. 이와 관련해, 사회복지사는 다음과 같은 장점을 지니고 있다.

㉠ 사업장 내부에서 활동한다.

㉡ 다른 사람이 말하는 것을 들어줄 수 있다.

㉢ 사업장 조직 내에서 여기저기 찾아다닐 수 있다.

㉣ 사업장 조직이 돌아가는 상황을 알 수 있다.

㉤ 근로자가 겪는 문제를 경험했을 수 있다.

이에 따라서 사회복지사는 다음과 같은 방향으로 나아가면서 근로자의 시각을 넓혀줄 필요가 있다.

㉠ 근로자의 입장에서 문제를 본다.

㉡ 근로자의 상사가 가지는 관점에서 문제를 본다.

㉢ 사업장의 상황을 고려하면서, 문제와 근로자를 연결시킨다.

③ 근로자가 사업장에서 사회복지사를 찾아가는 것은, 대상자가 지역사회에서 사회복지사를 찾아가는 것과 그 형태에서 다르다는 점을 인식할 필요가 있다. 왜냐하면 사업장에서는 근로자가 사회복지사를 더 쉽게 만날 수 있기 때문이다. 사업장에서 근로자와 사회복지사가 정식으로 약속을 정해서 만나게 되어 있는 경우에조차도, 사회복지사와 근로자는 사업장이라는 같은 장소에서 생활하기 때문에 사업장의 다른 장소(예컨대, 식당)에서 서로 우연히 만날 수 있다.

④ 사업장 내에서 나타나는 역할, 가치, 관계, 상호작용 유형을 파악해서, 사업장이라는 공동체가 지리적 공동체와 어떻게 차이가 나는지를 알 필요가 있다.

그리고 정신건강 문제에는 오명이 따라 다니는 경우가 많다. 따라서 사회복지사의 경우, 고용주가 다음과 같이 하게 할 필요가 있다(World Health Organization, 2021a).

① 정신건강 문제를 가진 근로자가 지지를 받는다고 느끼게 한다.
② 정신건강 문제를 가진 근로자가 일을 계속 하거나 또는 재활 후에 다시 일자리로 돌아오는 것과 관련해 도움을 요청할 수 있다고 느끼게 한다.
③ 정신건강 문제를 가진 근로자가 자신의 업무를 하는 데 필요한 자원을 제공한다.

Point

- 사회복지사는 근로자의 정신건강을 좋게 하고 고용주의 인식을 개선하는 것과 관련해 여러 역할을 할 수 있다.

6. 근로자의 우울

1) 근로자 우울에 대한 관심의 필요성

우울(depression)은 우리 사회에 널리 퍼져 있다. 실제로, 전 세계적으로 상당히 많은 사람이 우울 때문에 어려움을 겪는 것으로 알려져 있다. 역사적으로 유명한 사람들 중에는 오랫동안 우울을 겪어 온 사람이 많다(World Health Organization, 2021a; Levithal, 1999). 그리고 우울로 고통을 받는 사람은 현재에도 여전히 많다.

사업장에서 일하는 근로자도 우울을 겪을 수 있다. 사실, 근로자는 자신의 직업이 무엇인지에 상관없이 우울을 경험할 수 있다. 그리고 능력이 많다고 평가를 받던 근로자도 어느 날 갑자기 우울한 상태에 놓일 수 있다.

근로자의 우울은 근로자 개인과 사업장에 부정적으로 영향을 미치고 있다. 따라서 근로자의 우울은 사업장에서 중요한 문제에 속하고 있다. 또한 사업장이 성공하기 위해서는 근로자 모두가 사업장에 관여하여야 하기 때문에, 사업장에서는 근로자가 우울을 겪는 것을 무시할 수 없다. 특히 우울은 일시적인 것이 아니고 중요한 질병으로 인식되기 때문에, 사업장에서는 근로자의 우울에 대해 주목할 필요가 있다. 사실, 우울은 한번 나타나면 계속해서 나타나거나 재발하는 경우가 많다. 그러므로 산업복지에서는 근로자가 겪는 우울에 대해 관심을 가질 필요가 있다.

뭉크(Munch)의 『우울』(목판화) : 산업복지에서는 근로자의 우울에 대해 관심을 가질 필요가 있다.

2) 우울의 정의와 형태

(1) 우울의 정의

여러 기관과 학자는 우울에 대해 정의해 왔다. 그동안 우울에 대해 정의한 것을 몇 가지 제시하면 다음과 같다(Barker, 2003; American Psychiatric Association, 2020; Ross, 2000).

① 미국의 전국사회복지사협회에서 발간한 사전의 경우, 우울은 슬픈 것, 절망에 빠져 자신을 포기하는 것, 미래에 대해 비관적인 것, 활동과 생산성이 줄어드는 것, 자는 데 어려움을 겪는 것, 심하게 피곤한 것, 자신을 미워하는 것의 특징을 지니는 감정적인 반응이라고 보고 있다.

② 미국 정신의학협회의 경우, 우울은 느끼는 방식, 생각하는 방식, 행동하는 방식에 부정적으로 영향을 미치는 일반적이고 심각한 의학적 질병이라고 보고 있다.

③ 로스(Ross)의 경우, 우울은 생리적 질병을 가져오는 부정적 감정이라고 보고 있다.

정리하건대, 우울은 생활에 대해 비관적이고 부정적으로 인식하는 특징을 지니는 마음 상태라고 볼 수 있다(노병일 · 모선희, 2007).

(2) 우울의 형태

우울의 형태에는 여러 가지가 있을 수 있다(노병일, 2020a). 따라서 우울의 형태는 여러 가지로 구분될 수 있다.

우울의 형태를 구분하는 방법의 하나는, 우울을 원인에 따라 구분하는 것이다. 예를 들어, 미국의 전국사회복지사협회에서 발간한 사전의 경우, 우울을 외인성 우울(exogenous depression)과 내인성 우울(endogenous depression)로 구분하고 있다(Barker, 2003). 외인성 우울은 스트레스를 주거나 불행한 외부의 생활사건 때문에 생기는 우울을 가리킨다. 그리고 내인성 우울은 내부의 정신적 과정이나 신체적 과정 때문에 생기는 우울을 가리킨다.

3) 우울의 증상

우울을 보여주는 증상에는 여러 가지가 있다. 미국의 국립 정신건강 연구원(National Institute of Mental Health, 2016)의 경우, 우울의 증상을 다음과 같이 제시하고 있다.

① 슬프거나 걱정스럽거나 허무한 분위기가 계속되고 있다.
② 희망이 없다고 느끼고 있고, 미래를 비관적으로 생각하고 있다.
③ 죄의식을 느끼고 있거나, 자신이 가치가 없다고 느끼고 있거나, 무기력을 느끼고 있다.
④ 취미나 활동에 대해 관심이 없어지거나, 즐거움을 느끼지 못하고 있다.
⑤ 활발함이 줄어들고 있고, 피곤해지고 있다.
⑥ 집중하거나 기억하거나 결정을 내리는 데 어려움을 겪고 있다.

⑦ 자거나 아침에 일찍 일어나는 데 어려움을 겪고 있다.
⑧ 식욕이나 체중이 변하고 있다.
⑨ 죽음이나 자살을 생각하고 있다.
⑩ 마음이 급해지고 있다.
⑪ 분명한 원인이 없거나 치료받아도 낫지 않는 통증, 두통, 복통, 소화 문제를 가지고 있다.

그리고 미국의 국립 정신건강 연구원에 따르면, 사업장에서는 다음과 같은 증상이 나타나는 정도를 보고서 근로자의 우울을 파악할 수 있는 경우가 많다(National Institute of Mental Health, 1999b).

① 근로자의 생산성이 줄어들고 있다.
② 근로자의 사기가 줄어들고 있다.
③ 근로자들이 서로 협력하지 않고 있다.
④ 사업장에서 안전이 위험하게 되고 안전사고가 발생하고 있다.
⑤ 근로자가 자주 결근하고 있다.
⑥ 근로자가 늘 피곤하다고 자주 이야기하고 있다.
⑦ 알 수 없는 고통과 통증에 대해 근로자가 불평하고 있다.
⑧ 근로자가 알코올과 기타 약물을 너무 많이 사용하고 있다.

4) 우울을 유발하는 요인

사업장에서 근로자에게 우울을 유발하는 요인에는 여러 가지가 있을 수 있다. 사업장에서 근로자에게 우울을 유발하는 요인을 몇 가지 제시하면 다음과 같다(Kopp, 2018).

① 어쩌지도 못하는 상황에 있다고 느끼는 것이 있다. 이런 상황은 근로자가 자신이 싫어하는 일자리에서 현재 일하고 있으나, 그 일자리를 그만둘 수 없다고 느낄 경우에 나타나고 있다. 예를 들어, 근로자가 집세를 내기 위해서는 현재의 일자리에서 일할 수밖에 없다고 생각할 경우, 어쩌지도 못하는 상황이 나타날 수 있다.

② 재정적으로 어려운 것이 있다. 근로자의 보수가 너무 적을 경우, 근로자는 스트레스를 받을 가능성이 크고 또한 걱정하게 될 가능성이 크다.
③ 합당하지 않은 요구를 받는 것이 있다. 예를 들어, 근로자는 시간 외 근무를 점점 더 하여야 하는 상황에 놓일 수 있다. 이런 상황이 계속해서 발생할 경우, 근로자는 가정생활을 하는 데 어려움을 겪을 수 있다.
④ 사업장에서 괴롭힘을 당하는 것이 있다. 근로자가 사업장에서 괴롭힘을 당할 경우, 근로자는 자신이 사업장에서 가치 없는 존재이거나 특별한 존재가 아니라고 인식할 가능성이 크다.
⑤ 사기가 낮은 것이 있다. 근로자가 열심히 한 일이 무시당할 경우, 근로자의 사기는 낮아지게 된다.
⑥ 자녀가 있는 부모가 일하는 것에 대해 죄의식을 느끼는 것이 있다. 근로자는 자녀와 함께 시간을 보내고 싶으나, 가족의 생계를 위해서 직장에 다녀야만 할 수 있다. 이 경우, 부모는 죄의식을 느낄 수 있다.

5) 우울의 영향

(1) 근로자 개인에게 미치는 영향

근로자가 우울을 경험할 경우, 근로자 개인의 모든 정신적 상태가 변할 가능성이 크다. 무엇보다도 근로자가 우울을 겪을 때에는, 절망하고 무기력한 상태에 놓이는 경우가 많다.

그리고 우울을 겪는 근로자는 알코올에 의존해서 우울을 벗어나려고 하는 경우가 많다. 그러나 근로자가 우울을 벗어나기 위해 알코올에 의존하면 할수록 근로자는 알코올에 더 의존하게 되고, 결국에 가서 근로자는 알코올에 중독되는 상태에 놓이게 된다. 또한 우울 때문에 자살하는 사례도 많다(Rice, 1999; Levithal, 1999; World Health Organization, 2021a).

정리하건대, 우울은 근로자 개인에게 고통을 주고 있다. 그러므로 근로자의 우울을 치료하지 않을 경우, 근로자는 개인생활, 가정생활, 직장생활에서 계속해서 어려움을 겪을 가능성이 크다.

(2) 사업장에 미치는 영향

근로자가 겪는 우울은 사업장에도 부정적으로 영향을 미치고 있다. 우선, 근로자의 우울은 근로자가 생산 영역에서 판단하는 능력, 사업장에서 근로자가 다른 사람과 함께 일하는 능력, 기타 능력에 좋지 않은 방향으로 영향을 미칠 수 있다. 특히 근로자가 우울 때문에 제대로 집중할 수 없거나 결정을 내릴 수 없게 될 경우, 근로자는 실수를 하거나 사고를 일으키게 되어 사업장에 큰 손실을 끼칠 수 있다. 그리고 우울을 겪고 있는 근로자는 결근을 많이 할 가능성이 크다. 또한 우울을 겪고 있는 근로자는 알코올이나 기타 약물을 많이 사용할 가능성이 크다.

결국, 근로자의 우울 때문에 사업장의 생산성이 크게 낮아질 수 있다. 실제로, 세계보건기구가 주관해 연구한 바에 따르면, 우울과 관련된 정신건강 문제는 근로자의 생산성에 부정적으로 영향을 미치고 있다(World Health Organization, 2021a).

더불어 근로자의 우울은 사업장에 다른 문제를 유발할 수 있다. 이런 상황은 사업장에 손실을 유발할 수 있다. 이 경우, 근로자의 우울 때문에 사업장이 부담하여야 하는 비용은 훨씬 더 커질 수 있다(Health at Work, 2011; National Institute of Mental Health, 1999a; National Institute of Mental Health, 1999b; World Health Organization, 2021a).

한편 근로자가 우울을 겪을 경우에만 사업장이 피해를 보는 것은 아니다. 근로자의 가족 구성원이 우울을 겪게 될 경우에도, 사업장은 비용 측면에서 손실을 볼 수 있다. 왜냐하면 근로자의 배우자나 자녀가 우울을 겪으면 근로자는 다음과 같은 상황에 놓일 수 있는 탓에, 결과적으로 사업장도 피해를 입을 수 있기 때문이다(National Institute of Mental Health, 1999a).

① 사업장에서 근무 시간을 제대로 보내지 못하고 있다.

② 회사에 출근하지 않고 있다.

③ 생산성이 낮아지고 있다.

④ 집중력과 사기가 줄어들고 있다.

정리하건대, 근로자나 가족의 우울은 여러 측면에서 사업장에 크게 부담을 줄 수 있다.

(3) 사회에 미치는 영향

근로자의 우울은 사회에도 부정적으로 영향을 미치고 있다. 왜냐하면 근로자가 우울을 치료하지 않을 경우, 사회도 비용 측면에서 많은 손실을 입을 수 있기 때문이다.

6) 사회복지사 · 근로자 · 상사 · 고용주의 우울 관련 역할

근로자의 우울을 관리하기 위해서 산업복지 영역에서 활동하는 사회복지사, 근로자 자신, 근로자의 상사, 근로자가 일하는 사업장의 고용주는 나름의 역할을 할 수 있다.

(1) 사회복지사의 역할

산업복지 영역에서 활동하는 사회복지사는 근로자가 겪는 우울에 대해 잘 알고 있을 필요가 있고, 또한 우울 때문에 고통을 받는 근로자를 도와주기 위한 여러 가지 자원에 대해서도 잘 알고 있을 필요가 있다. 이렇게 함으로써, 사회복지사는 근로자 개인, 근로자의 상사, 경영자, 고용주에게 근로자의 우울과 관련해 상담하고 자문할 수 있다.

그리고 사회복지사는 사업장에서 우울을 관리하기 위해 하여야 할 일을 근로자 개인, 근로자의 상사, 고용주에게 알려줄 수 있다.

(2) 근로자의 역할

사업장에서 일하는 근로자는 자기 직책이 무엇인지에 상관없이, 자신의 우울을 없애기 위해 무엇인가 할 수 있다. 무엇보다도 근로자는 우울이 평범하지만 심각한 질병이라는 점을 인식하고서, 우울에 대해 자세히 알아볼 수 있다.

우울은 의지만 가지고는 치료될 수 없다. 따라서 우울을 겪는 근로자는 전문적인 도움을 받을 필요가 있다. 이 경우, 우울을 겪는 근로자는 근로자 지원 프로그램(EAP)의 담당자나 근로자의 건강을 담당하는 의료 전문가나 기타 전문가와 상의할 수 있다.

(3) 근로자 상사의 역할

근로자의 상사는 부하 근로자의 우울을 줄여주거나 치료하는 것과 관련해 도움을 줄 수 있다. 이와 관련해, 근로자의 상사가 할 수 있는 역할을 몇 가지 제시하면 다음과 같다(National Institute of Mental Health, 1999b).

① 우울을 겪는 부하 근로자를 도와준다. 따라서 근로자의 상사는 우울에 대해 잘 알고 있을 필요가 있다. 그리고 근로자의 상사는 사업장 내에서 상담 서비스를 제공하는지를 알아볼 수 있고, 또한 그 지역의 다른 곳에 부하 근로자를 의뢰할 수 있는 근로자 지원 프로그램이 있는지를 알아볼 수 있다.

② 부하 근로자가 우울과 관련된 증상을 보여줄 경우, 부하 근로자를 적절한 곳에 의뢰한다. 근로자의 상사는 부하 근로자의 우울을 진단할 수는 없으나, 부하 근로자가 사업장에서 일하면서 변화가 있는지 여부를 잘 파악해서 부하 근로자가 걱정하는 것에 대해 관심을 가질 수는 있다. 만약 사업장이 근로자 지원 프로그램을 제공하고 있지 않을 경우, 근로자의 상사는 우울 증상을 보이는 부하 근로자를 가장 잘 도와줄 수 있는 방법을 사회복지사나 상담사에게 문의할 수 있다.

③ 부하 근로자가 사업장에서 일하면서 변한 경우, 부하 근로자와 상의한다. 이와 관련해, 근로자의 상사는 부하 근로자가 개인적 문제가 있으면 상사와 상담할 것을 권장할 수 있다.

(4) 고용주의 역할

고용주(또는 고위 경영자)도 근로자의 우울을 줄여주거나 치료하는 것과 관련해 도움을 줄 수 있다. 근로자의 우울이 사업장에 미치는 영향을 줄이기 위해, 고용주가 할 수 있는 역할을 몇 가지 제시하면 다음과 같다(National Institute of Mental Health, 1999a).

① 사업장에서 실시하고 있는 의료 프로그램과 기타 제도를 더 좋은 방향으로 개선한다.
② 근로자 지원 프로그램의 담당자가 우울과 관련된 질병을 인식할 수 있는 능력이 있는지를 알아본다.
③ 관리자가 부하 근로자의 우울에 대한 지식을 더 많이 갖추도록 한다.
④ 우울에 대한 자료를 근로자에게 배포해서 근로자를 교육한다.
⑤ 사업장에서 겪는 우울에 대한 정보를 얻고 알려주기 위해서 전국적 또는 지역적 수준의 조직·기관과 함께 활동하고, 이런 조직·기관에 근로자를 의뢰한다.

Point

- 우울은 근로자 개인과 사업장에 부정적 영향을 미치기 때문에, 산업복지에서는 근로자의 우울에 관심을 가질 필요가 있다.
- 우울은 생활에 대해 비관적·부정적으로 인식하는 특징을 지니는 마음 상태이다.
- 근로자에게 우울을 유발하는 요인과 우울을 보여주는 증상에는 여러 가지가 있다.
- 우울은 근로자 개인에게 고통을 주고, 근로자나 가족의 우울은 사업장과 사회에도 부정적으로 영향을 미친다.
- 근로자의 우울을 관리하기 위해, 사회복지사, 근로자, 상사, 고용주는 나름의 역할을 할 수 있다.

CHAPTER

06 근로자의 직무 스트레스

차례

1. 직무 스트레스와 산업복지

현대 사회에서 살고 있는 사람은 모든 영역에서 스트레스를 경험하고 있다. 인간의 삶에서 유쾌한 일만 항상 생길 수는 없기 때문에, 모든 사람에게 스트레스는 자연스럽고 어쩔 수 없는 현상으로 따라 다닐 수밖에 없다. 그러나 사업장에서 일하는 근로자에게는 직무 스트레스(job stress)가 추가로 따라다니고 있다(노병일, 2011). 사실, 근로자에게 직무 스트레스가 없는 일자리는 존재하지 않는다. 왜냐하면 사업장에서 하는 모든 업무에는 책임이 따르고, 문제가 발생하고, 요구하는 바가 있고, 압력을 주는 측면이 있기 때문이다. 이런 탓에, 모든 근로자에게 직무 스트레스는 직장생활의 한 부분을 이루고 있다.

그리고 근로자의 직무 스트레스는 근로자에게 부정적으로 영향을 미칠 수 있다(American Institute of Stress, 2021). 또한 근로자의 직무 스트레스는 사업장에 크게 비용을 부담시키는 요인이 되고 있다. 더불어 근로자의 직무 스트레스는 사회에 비용을 부담시키는 요인이 될 수도 있다.

그리고 일부 국가의 경우, 사업장의 안전이나 건강과 관련된 법에 근로자의 스트레스를 예방하고 관리하는 것에 대한 내용을 포함시키고 있다. 또한 오늘날에는 직무 스트레스 때문에 생긴 장애가 법적 소송에서 쟁점이 될 수 있다.

앞에서 제시한 여러 가지 상황 때문에, 근로자의 직무 스트레스는 정신건강 영역에서 크게 관심을 가지는 분야에 속하고 있다. 따라서 근로자의 정신건강을 다루는 산업복지 영역에서는 직무 스트레스에 주목하지 않을 수 없다. 더구나 직무 스트레스는 사회문제가 되고 있다(Da Silva, 2013).

발명왕 에디슨(Edison)이 태어난 곳 : 직무 스트레스는 사회문제가 되고 있는데, 에디슨이 전구를 발명함에 따라 근로자가 야간에도 일하게 되어 스트레스가 더 심해졌다는 우스갯소리가 있다.
[출처 : 미국에서 저자 촬영]

이미 일부 학자의 경우, 근로자의 스트레스를 상담하는 것은 산업복지 영역에서 활동하는 사회복지사가 관여할 가능성이 큰 분야라고 지적한 바 있다(Masi, 1982). 실제로 직무 스트레스가 증가함에 따라, 근로자의 복리를 위해 스트레스를 관리하는 프로그램을 제공하는 사업장이 많아지고 있다. 또한 일부 사업장에서는 스트레스를 효과적으로 다루는 방법을 가르치는 교육 과정을 열고 있다. 그리고 직무 스트레스와 이에 따른 장애 때문에 법적 소송이 생기는 경우가 많아짐에 따라서, 근로자의 직무 스트레스와 관련해 사회복지사가 할 일이 더 복잡해지고 있다(DiNitto & McNeece, 1997).

그러므로 산업복지에서는 근로자가 겪는 직무 스트레스에 대해 관심을 가질 필요가 있다.

Point

• 직무 스트레스는 근로자 · 기업 · 사회에 부정적 영향을 미치고, 법 · 소송과 관련될 수 있다. 따라서 산업복지에서는 직무 스트레스에 대해 관심을 가질 필요가 있다.

2. 직무 스트레스의 정의

1) 스트레스의 정의

'직무 스트레스'는 '직무'와 '스트레스'가 합쳐져서 이루어진 용어이다. 따라서 직무 스트레스에 대해 정의하기 위해서는, 먼저 스트레스에 대해 정의할 필요가 있다.

일반 사전과 기관과 학자는 스트레스에 대해 정의해 왔다. 그동안 스트레스에 대해 정의한 것을 몇 가지 제시하면 다음과 같다(Business Dictionary, 2021d; Barker, 2003; National Institute of Mental Health, 2020).

① 비즈니스 사전(Business Dictionary)의 경우, 스트레스는 다음과 같은 두 가지 측면에서 정의될 수 있다고 보고 있다.

㉠ 스트레스를 원인(cause)의 측면에서 정의할 수 있다. 이 경우, 스트레스는 신체나 정서에 실제로 부담을 주거나 또는 부담을 준다고 느끼게 하는 정신적 · 신체적 · 사회적 힘이나 압력을 말한다.

㉡ 스트레스를 결과(effect)의 측면에서 정의할 수 있다. 이 경우, 스트레스는 스트레스를 유발하는 요인 때문에 겪는 어려움에 대해 개인이 대처하려고 노력하는 중에 생기는 생리적 결과를 말한다.

② 미국의 전국사회복지사협회의 경우, 스트레스는 유기체(인간)가 정상적으로 기능하는 것을 방해하여, 내부적으로 어떤 긴장과 갈등이 나타나

게 하는 영향이라고 보고 있다.

③ 미국의 국립 정신건강 연구원의 경우, 스트레스는 뇌와 신체가 어떤 요구에 대해 반응하는 방식이라고 보고 있다.

정리하건대, 스트레스는 인간이 정상적으로 기능하는 것을 방해하는 외부 자극이나 어려움에 대해 신체가 보이는 반응이라고 볼 수 있다.

2) 직무 스트레스의 정의

간단히 보아서, 직무 스트레스는 근로자가 하는 업무와 관련되어 겪는 스트레스를 말한다. 따라서 스트레스에 대한 일반적 정의를 근로자의 직무 영역에 적용한 것이 직무 스트레스라고 볼 수 있다. 그리고 앞에서 스트레스에 대해 정의한 것을 적용할 경우, 직무 스트레스는 근로자가 업무를 정상적으로 하는 것을 방해하는 외부 자극이나 어려움에 대해 신체가 보이는 반응이라고 볼 수 있다.

하지만 직무 스트레스의 정의는 이보다 더 복잡할 수 있다. 따라서 직무 스트레스는 아직도 모호한 용어일 수 있다. 그동안 직무 스트레스에 대해 정의한 것을 몇 가지 제시하면 다음과 같다(World Health Organization, 2021; Canadian Centre for Occupational Health and Safety, 2021; Rice, 1999).

① 세계보건기구의 경우, 직무 스트레스는 자신의 지식과 능력으로는 할 수 없는 요구와 압력을 겪을 때에 인간에게 나타날 수 있는 반응이라고 정의하고 있다.

② 캐나다의 직업건강·안전 센터의 경우, 직무 스트레스는 업무에서 근로자에게 요구하는 것과 근로자가 이런 요구를 이루기 위해 통제할 수 있는 정도가 서로 맞지 않을 때에 나타날 수 있는 좋지 않은 신체적·정서적 반응이라고 정의하고 있다.

③ 라이스(Rice)의 경우, 직무 스트레스는 직무와 관련해 근로자가 처리할 수 있는 능력에 벗어나게 요구하는 것이라고 정의하고 있다.

정리하건대, 직무 스트레스는 업무에서 요구되는 것과 근로자의 처리·통제 능력 사이에 갈등이 있을 때에 나타나는 반응이라고 볼 수 있다.

Point

- 일반적으로 스트레스는 인간이 정상적으로 기능하는 것을 방해하는 외부 자극이나 어려움에 대해 신체가 보이는 반응이다.
- 일반적으로 직무 스트레스는 업무에서 요구되는 것과 근로자의 처리·통제 능력 사이에 갈등이 있을 때에 나타나는 반응이다.

3. 직무 스트레스의 현황

앞에서 이미 설명한 바와 같이, 모든 근로자는 직무 스트레스를 겪고 있다. 실제로 선진국에서 근로자를 대상으로 조사한 결과, 근로자는 사업장에서 일하면서 직무 스트레스를 많이 경험하는 것으로 나타나고 있다. 그리고 오늘날에는 직무 스트레스를 겪는 사례가 증가하고 있는 것으로 알려져 있다(Alonso, Esteban, Gonzalez-Marin, Alfaro & Useche, 2020; American Institute of Stress, 2021).

한편 직무 스트레스는 근로자의 모든 층이 경험하는 현상이 되고 있다. 우선, 단순 사무직 근로자는 사업장에서 하는 업무에서 자율성이 적기 때문에, 스트레스를 겪는 경향이 있다. 또한 생산직 근로자는 사업장에서 하는 업무가 너무 단순하거나 업무가 너무 빨리 진행되기 때문에, 스트레스를 겪는 경우가 많다. 그러나 직무 스트레스는 낮은 수준의 업무를 하는 근로자만이 겪는 현상은 아니다. 예를 들어, 우리나라의 대표적인 연구단지에서 근무하는 연구원들 중에서, 연구 업무와 관련해 스트레스를 심각하게 겪는 연구원의 비율이 매우 높은 것으로 밝혀진 바 있다(노병일, 1996; Masi, 1982).

또한 직무 스트레스는 다양한 범위의 근무 환경에서 나타나고 있다(World Health Organization, 2021b).

우리나라의 대표적 연구단지인 대덕 연구단지의 연구소들 : 높은 수준의 연구 업무를 하는 전문 연구원도 직무 스트레스에서 자유로울 수 없다. [출처 : 저자 촬영]

또한 고위 경영자도 스트레스를 많이 겪는 경향이 있다.[1] 특히, 중요한 결정을 내려야 할 경우, 고위 경영자는 스트레스를 더 많이 겪게 된다. 따라서 사업장의 윗선에 있는 고위 경영자도 마음이 편하지 않기는 마찬가지이고, 이에 따라 고위 경영자도 직무 스트레스를 겪고 있다(Masi, 1982; Far Eastern Economic Review, 2000).

그러므로 현대 사회에서는 사업장과 관련된 모든 사람은, 사업장에서의 지위나 직책에 상관없이 직무 스트레스를 경험하는 경향이 있다.

Point

- 사업장과 관련된 모든 사람은 직무 스트레스를 경험한다.

1) 고위 경영자를 근로자라고 볼 수는 없지만, 고위 경영자의 정신건강 문제는 조직의 하부 구조에 있는 근로자에게도 영향을 미치고 있다. 따라서 경영진의 직무 스트레스도 산업복지와 관련되고 있다.

4. 직무 스트레스의 기능

1) 스트레스의 긍정적 기능과 부정적 기능

일반적으로 스트레스는 나쁜 것이라고 인식하는 경우가 많다. 그러나 스트레스가 긍정적으로 기능하는 경우도 있다. 즉, 어떤 스트레스는 인간이 살아가는 데 좋은 기능을 하고 있다(Canadian Centre for Occupational Health and Safety, 2021b).

이런 측면에서 세일(Seyle)은 스트레스를 디스트레스(distress)와 유스트레스(eustress)로 구분하고 있다(Rice, 1999). 디스트레스는 부정적 기능을 하는 스트레스를 말한다. 따라서 디스트레스는 해를 주거나 불쾌한 스트레스이다. 스트레스를 디스트레스로 볼 경우, 스트레스는 걱정스러운 상태, 불안한 상태, 안정되지 않은 상태와 같은 의미를 지니고 있다. 디스트레스를 겪으면, 부정적이고 고통스럽고 피해야 할 것 같은 심리적 상태를 경험하게 된다.

이에 비해서, 유스트레스는 긍정적 기능을 하는 스트레스를 말한다. 따라서 유스트레스는 유쾌하고 만족스러운 경험에서 나오는 스트레스이다. 예를 들어, 무대에서 공연할 경우에 느끼는 스트레스는 유스트레스이다. 유스트레스를 겪으면, 인지적 능력과 행동적 능력이 뛰어나게 되는 경우가 많다. 왜냐하면 유스트레스는 하나의 도전을 나타내기 때문이다.

그러므로 스트레스는 상황에 따라서 부정적 기능을 하기도 하고 긍정적 기능을 하기도 한다(National Institute of Mental Health, 2020).

2) 직무 스트레스의 긍정적 기능과 부정적 기능

일반적으로 직무 스트레스는 부정적으로 기능하는 경우가 많다. 하지만 앞의 유스트레스에서 보듯이, 모든 스트레스가 다 부정적으로만 기능하는 것은 아니다. 왜냐하면 어떤 경우에는 근로자가 겪어야 하는 도전이나 어려움이 동기를 계속해서 유발하기 때문이다. 따라서 적절한 직무 스트레스는 근로자에게 긍정적인 기능을 할 수도 있다(Worksafe Western Australia, 1996). 예를 들어,

일부 학자는 직무 스트레스가 인간의 생명을 연장한다고 주장하고 있다. 이런 학자의 경우, 미국의 대통령은 부통령이나 패배한 대통령 후보자보다 평균적으로 더 오래 살았다는 자료를 제시하면서 이런 주장을 뒷받침하고 있다(Masi, 1982).

그러나 스트레스를 극복할 수 있는 인간의 능력에는 한계가 있기 때문에, 심한 직무 스트레스는 근로자에게 부정적으로 기능하게 된다(Worksafe Western Australia, 1996). 그러므로 스트레스의 경우와 마찬가지로, 직무 스트레스도 상황에 따라서 부정적 기능을 하기도 하고 긍정적 기능을 하기도 한다.

Point

- 스트레스는 상황에 따라서 부정적 기능(디스트레스)을 하기도 하고 긍정적 기능(유스트레스)을 하기도 한다. 마찬가지로 직무 스트레스도 상황에 따라서 부정적 기능을 하기도 하고 긍정적 기능을 하기도 한다.

5. 사업장 내부에서 스트레스를 보여주는 상황

사업장에서 근로자들이 직무 스트레스를 겪으면, 이에 따른 상황이 새로 나타나는 경우가 많다. 일반적으로 사업장에서 어떤 상황이 이전에는 없다가 새로 나타나는 경우, 사업장은 스트레스와 관련된 문제를 겪고 있다고 볼 수 있다. 사업장이 스트레스 문제와 관련되었을 것으로 보이는 상황을 몇 가지 영역으로 나누어 살펴보면 다음과 같다.

1) 업무 성과 영역

사업장의 경우, 업무 성과와 관련된 영역에서 스트레스를 알아차릴 수 있다. 예를 들어, 업무 성과와 관련된 영역의 경우, 다음과 같은 상황이 나타나는 것을 보고서 사업장에 스트레스와 관련된 문제가 있음을 알 수 있다(Worksafe Western Australia, 1996).

① 사업장에서 분명한 이유가 없이 생산성이 낮아지고 있다.
② 사업장에서 불량 제품이 나오는 비율이 높아지고 있다.
③ 사업장에서 작업이 제대로 돌아가지 않고 있고, 또한 작업 일정을 맞추지 못하고 있다.
④ 사업장에서 마감일이 지켜지지 않고 있다.
⑤ 사업장에서 결정을 내리는 기준이 좋지 않거나 존재하지 않는다.

2) 사기 영역

사업장의 경우, 근로자의 사기와 관련된 영역에서 스트레스를 알아차릴 수 있다. 예를 들어, 근로자의 사기와 관련된 영역의 경우, 다음과 같은 상황이 나타나는 것을 보고서 사업장에 스트레스와 관련된 문제가 있음을 알 수 있다(Worksafe Western Australia, 1996).

① 사업장에서 근로자가 일하려는 의지가 줄어들고 있고, 또한 근로자가 조직에 덜 관여하고 있다.
② 사업장에서 근로자가 일하는 시간을 증가시켜도 생산성이 향상되지 않고 있다.
③ 사업장 내부에서 근로자가 기계를 파괴하거나 생산을 방해하는 사례가 발생하고 있다.

3) 인간관계 영역

사업장의 경우, 인간관계와 관련된 영역에서 스트레스를 알아차릴 수 있다. 예를 들어, 인간관계와 관련된 영역의 경우, 다음과 같은 상황이 나타나는 것을 보고서 사업장에 스트레스와 관련된 문제가 있음을 알 수 있다(Worksafe Western Australia, 1996).

① 사업장에서 근로자들 사이에 단결하기가 어려워지고 있다.
② 사업장에서 동료 근로자들 사이에 갈등하는 경우가 더 많아지고 있고, 또한 결정을 내리기가 더 어려워지고 있다.

③ 사업장에서 업무 지시를 더 자세히 구체적으로 내려달라고 요구하고 있다.

④ 사업장에서 근로자와 고용주 사이의 관계가 더 나빠지고 있다.

4) 질병 결근 영역

사업장의 경우, 질병 때문에 생긴 결근과 관련된 영역에서 스트레스를 알아차릴 수 있다. 예를 들어, 질병 결근과 관련된 영역의 경우, 다음과 같은 상황이 나타나는 것을 보고서 사업장에 스트레스와 관련된 문제가 있음을 알 수 있다(Worksafe Western Australia, 1996).

① 모호한 성격의 질병이 근로자에게 더 많이 나타나고 있다.

② 사업장에서 근로자가 일하다가 휴식하는 시간이 더 많아지고 있다.

③ 근로자가 사업장에 지각하는 횟수와 사업장에서 조퇴하는 횟수가 더 많아지고 있다.

Point

• 근로자들이 직무 스트레스를 겪으면, 이에 따른 상황이 사업장에 새로 나타나는 경우가 많다. 이런 상황은 업무 성과, 사기, 인간관계, 질병 결근 영역에서 나타날 수 있다.

6. 직무 스트레스를 유발하는 요인

1) 일반적 유발 요인

직무 스트레스를 유발하는 일반적 요인에는 여러 가지가 있다. 일반적으로 사업장에서 근로자에게 직무 스트레스를 유발하는 요인을 몇 가지 제시하면 다음과 같다(DiNitto & McNeece, 1997; Sleek, 1999; American Institute of Stress, 2008; World Health Organization, 2021b).

① 근로자가 지리적으로 이동하는 것이 있다. 지리적 이동은 군대와 같은 조직에서 자주 나타나고 있다.

② 근로자가 자신이 지니고 있는 능력이나 교육 수준에 비해 너무 높은 위치에서 근무하는 것이 있다.
③ 근로자가 자신의 능력에 비해 낮은 위치에서 근무하는 것이 있다.
④ 근로자가 할 업무가 너무 많아 모두 다룰 수 없는 것이 있다.
⑤ 근로자가 하는 업무의 목적이 분명하지 않아서, 근로자가 맡은 역할이 모호해지는 것이 있다.
⑥ 근로자가 사업장에서 맡은 역할이 서로 갈등을 일으키는 것이 있다.
⑦ 근로자가 사업장에서 압력을 받고 두려움을 느끼는 것이 있다.
⑧ 근로자가 동료나 상사로부터 지지를 제대로 받지 못하는 것이 있다.

그리고 일반적으로 볼 경우, 일자리에서 요구하는 바가 많지만 상황을 제대로 통제할 수 없을 때에 직무 스트레스가 나타날 수 있다(Canadian Centre for Occupational Health and Safety, 2021b).[2)]

2) 실업(고용 불안정)과 관련된 유발 요인

고용이 불안정한 것은 많은 근로자에게 스트레스를 유발하는 중요한 요인이 되고 있다. 오늘날의 근로자는 과거에 비해 더 열심히 일하는 경우가 많지만, 실업 상태에 놓일 것을 불안해하는 경우도 많다(노병일, 2011). 근로자가 자신이 맡은 업무를 '대체로' 잘 하고 있거나 '매우' 잘 하고 있는 경우에도, 근로자는 실업이나 직장을 그만두는 것에 대해 크게 걱정할 수 있다.

무엇보다도, 경제 상황이 좋지 않을 때에는 근로자가 직장을 그만둘 가능성이 더 커지게 된다. 따라서 경제 상황이 좋지 않은 시기에는 근로자가 고용과 관련된 스트레스를 더 겪을 가능성이 크다. 더구나 현대에 들어서 기업이 구조를 자주 바꿈에 따라서, 근로자는 직장을 그만두는 것에 대한 두려움을 더 가지는 경우가 많다(Sleek, 1999; McGuire, 1999; World Health Organization, 2020b).

2) 이것은 직무 스트레스에 대한 정의 속에 이미 포함되어 있다.

취업 행사장에 모인 사람들 : 근로자는 직장을 그만두는 것에 대해 두려워하기 때문에, 직무 스트레스를 경험할 수 있다.
[출처 : 저자 촬영]

그리고 사업장의 중요 부분을 관리하는 경영자도 실업이나 고용 불안정에 대해 두려움을 느끼고 있다. 따라서 경영자도 고용에 대한 불안으로 스트레스를 받을 수 있다. 경영자가 겪는 스트레스는 일반 근로자에게 직무 스트레스를 유발할 수 있다.

3) 영역에 따른 유발 요인

근로자에게 직무 스트레스를 유발하는 요인은 영역에 따라 차이가 날 수 있다. 라이스(Rice, 1999)의 경우, 직무 스트레스를 유발하는 주요한 요인을 영역별로 다음과 같이 정리한 바 있다. 여기에는 앞에서 제시한 요인이 거의 다 포함되어 있다.

① 근무 환경과 관련된 요인이 있다. 이런 요인을 몇 가지 제시하면 다음과 같다.

㉠ 업무가 양적으로 많다.

㉡ 업무가 질적으로 많다.

㉢ 조립 라인에서 근무하고 있다.

㉣ 업무 내용이 사물이 아니라 사람에 대한 결정이 많다.

㉤ 업무가 신체적으로 위험하다.

㉥ 업무가 교대 근무를 하면서 이루어지고 있다.

㉦ 업무가 기술과 관련되고 있다.

② 역할 갈등과 관련된 요인이 있다. 이런 요인을 몇 가지 제시하면 다음과 같다.

㉠ 역할이 모호하다.

㉡ 성에 대해 편견이 있고, 남성·여성의 역할에 대해 편견이 있다.

㉢ 성희롱을 겪을 가능성이 있다.

③ 인적 측면과 관련된 요인이 있다. 이런 요인을 몇 가지 제시하면 다음과 같다.

㉠ 지지해 주는 제도가 사업장이나 사회에 잘 갖추어져 있지 않다.

㉡ 인간관계가 경쟁적이다.

㉢ 질투를 느끼고 있다.

㉣ 분노를 느끼고 있다.

㉤ 경영자가 근로자에 대해 관심이 없다.

④ 고용 및 승진과 관련된 요인이 있다. 이런 요인을 몇 가지 제시하면 다음과 같다.

㉠ 승진이 너무 느리다.

㉡ 승진이 너무 빠르다.

㉢ 고용이 불안정하다.

㉣ 원하는 것을 이루지 못하고 있다.

⑤ 조직 구조와 관련된 요인이 있다. 이런 요인을 몇 가지 제시하면 다음과 같다.

㉠ 조직이 융통성이 없고 인간적이지 않다.

㉡ 조직이 집단적으로 투쟁하고 있다.

㉢ 감독이나 훈련이 적절하지 못하다.

㉣ 결정을 내리는 데 참여하지 못하고 있다.

⑥ 가정과 직장 사이의 관계와 관련된 요인이 있다. 이런 요인을 몇 가지 제시하면 다음과 같다.

㉠ 가정(직장) 문제가 직장(가정)에 영향을 미치고 있다.

㉡ 배우자가 지지를 않고 있다.

㉢ 부부 사이에 갈등이 있다.

㉣ 가정 일과 직장 일을 조화롭게 하지 못하고 있다.

4) 고려할 점

직무 스트레스를 유발하는 요인은 다양하다. 그리고 직무 스트레스는 한 가지 요인 때문에 나타날 수도 있고, 여러 가지 요인이 합쳐진 것 때문에 나타날 수도 있다. 또한 직무 스트레스를 유발하는 요인은 한번만 짧게 나타날 수도 있고, 계속해서 오랫동안 나타날 수도 있다.

그러나 근로자는 개인적 성격 등에서 차이가 있기 때문에, 직무 스트레스를 유발하는 요인을 구체적으로 끄집어내는 것은 쉬운 일이 아니다. 예를 들어, 어떤 근로자에게는 스트레스를 유발할 수 있는 요인이, 다른 근로자에게는 도전할 수 있는 기회를 제공하는 요인이 될 수도 있다(Canadian Centre for Occupational Health and Safety, 2021b; National Institute of Mental Health, 2020; Worksafe Western Australia, 1996).

Point

- 직무 스트레스를 유발하는 일반적 요인에는 여러 가지가 있다.
- 고용 불안정은 근로자에게 스트레스를 유발하는 중요한 요인이다.
- 직무 스트레스를 유발하는 요인은 영역에 따라 차이가 난다.

7. 직무 스트레스의 영향

근로자의 직무 스트레스는 여러 수준에서 영향을 미치고 있다. 일반적으로 근로자의 직무 스트레스는 근로자 자신, 사업장, 사회에 영향을 미치고 있다.

1) 근로자 개인에게 미치는 영향

근로자의 직무 스트레스는 근로자 개인에게 긍정적으로 영향을 미칠 수도 있다. 하지만 근로자가 경험하는 직무 스트레스는 근로자 개인에게 부정적으로 영향을 미치는 경우가 많다(World Health Organization, 2021b; National Institute of Mental Health, 2020). 일반적으로 직무 스트레스는 근로자의 신체적 · 심리적 · 행동적 측면에 영향을 미치고 있다.

(1) 신체적 측면

직무 스트레스는 근로자의 신체에 부정적으로 영향을 미치는 경우가 많다. 여러 연구에 따르면, 직무 스트레스는 근로자에게 불편한 상태와 질병을 유발하고 있다. 따라서 근로자가 직무 스트레스를 겪을 경우, 근로자 개인의 신체적 건강이 좋지 않게 될 가능성이 커지게 된다. 일반적으로 근로자가 스트레스를 겪게 되면 피가 빨리 순환하고, 호흡이 빨라지고, 아드레날린(adrenalin)이[3] 혈관 속에 들어가는 증상이 나타나게 된다. 이때에 스트레스를 겪는 근로자가 균형을 유지하지 못할 경우, 근로자에게 신체적 질병이 나타나게 된다. 그리고 근로자의 신체적 건강과 관계된 문제는 어떤 특정한 병이 생겨서 나타나기보다는, 근로자가 조용히 그리고 서서히 건강을 잃음에 따라 나타날 수도 있다(Alonso et al., 2020; Rice, 1999; Masi, 1982).

일반적으로 스트레스는 신체적 측면과 관련해 다음과 같은 증상을 유발하는 것으로 알려져 있다(Arnold, Cooper & Robertson, 1995).

① 음식을 먹고 싶지 않다.

3) 아드레날린은 호르몬의 한 종류이다(Wikipedia, 2021a).

② 소화가 안 되거나 가슴이 아픈 경우가 많아지고 있다.
③ 변비가 있거나 설사를 한다.
④ 잠을 제대로 자지 못하고 있다.
⑤ 늘 피곤하다.
⑥ 특별한 이유 없이 땀을 흘리고 있다.
⑦ 손톱을 문다.
⑧ 골치가 아프다.
⑨ 메스꺼워 한다.
⑩ 숨이 가쁘다.
⑪ 자주 울거나 울고 싶어 한다.
⑫ 성 행위를 할 수 없거나, 성 행위에서 즐거움을 느끼지 못하고 있다.
⑬ 혈압이 높다.

그리고 근로자가 직무 스트레스를 심하게 겪을 경우, 근로자는 장애를 겪거나 일하지 못하게 될 수도 있다. 또한 근로자의 직무 스트레스가 증가할 경우, 근로자가 심장마비를 겪을 가능성이 커지게 된다. 따라서 직무 스트레스가 매우 심각할 경우, 근로자는 사망할 수도 있다(American Institute of Stress, 2021; Alonso et al., 2020).

(2) 심리적 측면

직무 스트레스는 근로자의 심리(정서)에 부정적으로 영향을 미칠 가능성이 크다. 따라서 직무 스트레스를 겪는 근로자는 심리적으로 어려움을 겪을 가능성이 커지게 된다. 예를 들어, 직무 스트레스는 사업장에서 근로자가 더 우울해지고 소진을[4] 겪는 것과 관련되고 있다. 무엇보다도 직무 스트레스는 근로자가 사업장에서 정서적으로 매우 어려움을 겪는 것과 밀접하게 관련되고 있다(노병일 · 윤석연, 2019; Alonso et al., 2020; Bilsker, 2006).

4) 일반적으로 소진은 근로자가 사업장에서 의미 있게 영향을 미치면서 계속 관여하는 능력이 심각하게 줄어드는 것을 말한다 (Schaufeli, Michael & Maslach, 2009).

직무 스트레스를 겪는 근로자에게 가장 나타날 것으로 예상되는 증상은 직무 불만족(job dissatisfaction)이다. 근로자가 자신의 직무에 대해 만족하지 못할 경우, 근로자는 다음과 같은 방향으로 나아갈 가능성이 크다(Rice, 1999; Job Stress Help, 1999; DiNitto & McNeece, 1997).

① 직장에 다니려는 생각을 덜 한다.

② 직장에 다니는 동안에도 일을 잘 하려는 생각을 덜 한다.

③ 직장을 계속해서 다닐 생각을 덜 한다.

그리고 직무 스트레스를 겪을 경우, 불안하거나 긴장하거나 분노하는 증상이 자주 나타날 수 있다.

(3) 행동적 측면

직무 스트레스는 근로자의 행동에 부정적으로 영향을 미칠 가능성이 크다. 근로자가 신체적 건강과 관련해 어려움을 겪고 정서적으로 어려움을 겪으면, 근로자의 행동도 변하게 된다. 근로자의 행동이 변하는 것은 근로자가 일하는 사업장의 생산성에 부정적으로 영향을 미치게 되고, 또한 근로자가 사업장 밖에서 생활하는 방식에도 부정적으로 영향을 미치게 된다(Rice, 1999).

일반적으로 스트레스는 행동적 측면과 관련해 다음과 같은 증상을 유발하는 것으로 알려져 있다(Arnold, Cooper & Robertson, 1995).

① 사람에게 늘 짜증을 내고 있다.

② 결정을 내리는 데 어려움을 겪고 있다.

③ 못생겼다고 생각하고 있다.

④ 다른 사람에 대해 흥미를 잃고 있다.

⑤ 진짜 감정을 보여주지 못하고 있다.

⑥ 다른 사람이 자신을 매우 싫어한다고 생각하고 있다.

⑦ 유머 감각을 잃고 있다.

⑧ 믿을 사람이 아무도 없다고 생각하고 있다.

⑨ 집중하는 데 어려움을 겪고 있다.

⑩ 현재 하고 있는 일을 끝낼 수 없게 된다.
⑪ 개방된 공간이나 고립된 공간을 매우 두려워하고 있고, 또한 혼자 있기를 매우 두려워하고 있다.

그러나 직무 스트레스가 근로자에게 영향을 미치는 정도는 근로자 개인의 성격, 직무 스트레스가 발생한 상황, 직무 스트레스 요인을 경험하는 기간, 직무 스트레스가 심각한 정도에 따라 차이가 나고 있다. 예를 들어, 근로자가 직무 스트레스를 겪는 기간이 길수록, 앞에서 제시한 증상이 더 심각해질 가능성이 크다.

2) 사업장에 미치는 영향

근로자가 겪는 직무 스트레스는 사업장에도 부정적으로 영향을 미칠 가능성이 크다. 예를 들어, 근로자가 직무 스트레스를 겪을 경우, 근로자의 업무성과와 생산성이 낮아질 가능성이 크다. 그 결과, 근로자의 직무 스트레스는 근로자가 일하는 사업장에 경제적으로 큰 손실을 끼칠 수 있다. 실제로 미국의 경우, 근로자의 직무 스트레스는 근로자가 근무하는 사업장에 금전적으로 크게 손해를 끼치는 것으로 조사된 바 있다(Gianakos, 2002; Rice, 1999; World Health Organization, 2021b).

특히 근로자의 직무 스트레스는 사업장에서 직무와 관련해 발생하는 사고의 원인이 되는 것으로 알려져 있다. 이런 사고 때문에 사업장(기업)은 금전적으로 비용을 부담하게 된다. 예를 들어 미국의 경우, 근로자가 사업장에서 겪는 스트레스 때문에 근로자는 산업재해와 심장마비를 겪게 되고, 그 결과로 사업장에 금전적으로 매우 큰 손실을 입히는 것으로 조사된 바 있다(American Institute of Stress, 2021).

3) 사회에 미치는 영향

근로자가 사업장에서 겪는 직무 스트레스는 사회에 비용을 부담시킬 수 있다. 예를 들어, 근로자가 직무 스트레스 때문에 자신의 감정을 조절하지 못할 경우, 근로자는 사회에서 사람들과 교류하는 과정에서 폭력을 휘두를 수 있다. 그 결과, 이런 상황 때문에 사회는 비용을 부담하게 된다. 실제로 미국의 경우, 근로자의 직무 스트레스 때문에 생긴 사회적 비용은 적지 않은 것으로 조사된 바 있다(Arnold, Cooper & Robertson, 1995).

4) 고려할 점

직무 스트레스가 미치는 부정적인 영향들 중의 일부는 근로자의 다른 활동에도 영향을 미칠 수 있다. 이런 활동의 예로 운전하는 것이 있다. 즉, 직무 스트레스는 근로자가 운전하는 것에도 부정적으로 영향을 미칠 수 있다(Alonso et al., 2020).

그리고 근로자의 직무 스트레스가 미치는 영향은 직무 스트레스를 유발하는 영역에 따라 차이가 날 수 있다. 라이스(Rice, 1999)의 경우, 직무 스트레스가 미칠 수 있는 영향을 영역별로 다음과 같이 정리한 바 있다. 여기에는 앞에서 제시한 영향이 거의 다 포함되어 있다.

① 근무 환경과 관련된 직무 스트레스가 미치는 영향이 있다. 이런 예를 구체적으로 제시하면 다음과 같다.

㉠ 신체적으로 피로하고 정신적으로 피로하다.

㉡ 업무에 지쳐 있다.

㉢ 더 불안해하고 있고, 더 긴장하고 있다.

작업하고 있는 근로자 : 근무 환경과 관련된 직무 스트레스는 근로자의 여러 측면에 영향을 미친다.
[출처 : 독일에서 장철수 님 제공]

② 역할 갈등과 관련된 직무 스트레스가 미치는 영향이 있다. 이런 예를 구체적으로 제시하면 다음과 같다.

㉠ 더 불안해하고 있고, 더 긴장하고 있다.

㉡ 업무 성과가 낮아지고 있다.

③ 인적 측면과 관련된 직무 스트레스가 미치는 영향이 있다. 이런 예를 구체적으로 제시하면 다음과 같다.

㉠ 더 긴장하고 있다.

㉡ 혈압이 높아지고 있다.

㉢ 업무에 대해 만족하지 못하고 있다.

㉣ 생산성이 낮아지고 있다.

④ 고용 및 승진과 관련된 직무 스트레스가 미치는 영향이 있다. 이런 예를 구체적으로 제시하면 다음과 같다.

㉠ 자신감을 갖지 못하고 있다.

㉡ 더 초조하고 더 분노하고 있다.

㉢ 업무에 대해 만족하지 못하고 있다.

⑤ 조직 구조와 관련된 직무 스트레스가 미치는 영향이 있다. 이런 예를 구체적으로 제시하면 다음과 같다.

㉠ 무엇을 하려는 의지가 줄고 있고, 생산성이 낮아지고 있다.

㉡ 업무에 대해 만족하지 못하고 있다.

⑥ 가정과 직장 사이의 관계와 관련된 직무 스트레스가 미치는 영향이 있다. 이런 예를 구체적으로 제시하면 다음과 같다.

㉠ 정신적으로 더 갈등하고 있고, 피로를 더 느끼고 있다.

㉡ 무엇을 하려는 의지가 줄고 있고, 생산성이 낮아지고 있다.

㉢ 부부 사이에 갈등이 커지고 있다.

Point

- 직무 스트레스는 근로자의 신체적·심리적·행동적 측면에 영향을 미친다.
- 직무 스트레스는 사업장과 사회에 비용을 부담시킬 수 있다.
- 직무 스트레스가 미치는 영향은 직무 스트레스를 유발하는 영역에 따라 차이가 난다.

8. 직무 스트레스의 관리

1) 개입 수준

근로자가 겪는 직무 스트레스에 대처하기 위해서는 개입하여야 한다. 일반적으로 직무 스트레스를 관리하기 위해 개입하는 수준을 다음과 같이 구분할 수 있다(Arnold, Cooper & Robertson, 1995).

① 1차 수준의 개입이 있다. 이것은 사업장 조직에서 스트레스를 유발하는 요인을 줄이는 것을 말한다.

② 2차 수준의 개입이 있다. 이것은 근로자에게 스트레스를 관리하는 교육을 실시하는 것을 말한다.

③ 3차 수준의 개입이 있다. 이것은 근로자가 더 나은 건강 상태를 유지하게 하고 사업장에서 근로자에게 상담 서비스를 제공하는 것을 말한다.

대부분의 사업장에서는 2차 수준의 개입이나 3차 수준의 개입을 하고 있다.

2) 개입 방식

근로자의 직무 스트레스를 관리하기 위해 개입하는 방식에는 여러 가지가 있을 수 있다. 그러나 사업장에서 근로자의 직무 스트레스를 관리하기 위해 개입하는 방식을 크게 개인 중심의 접근 방식과 조직 중심의 접근 방식으로 구분할 수 있다. 근로자가 사업장에서 겪는 직무 스트레스를 해결하기 위해서는, 사업장에서 개인 중심의 접근 방식과 조직 중심의 접근 방식이 모두 필요하다(Rice, 1999; Arnold, Cooper & Robertson, 1995; Kirk & Brown, 2003).

(1) 개인 중심의 접근 방식

개인 중심의 접근 방식은 개인을 중심으로 개입하는 접근 방식이다, 구체적으로 개인 중심의 접근 방식은 사업장에서 근로자에게 스트레스를 유발하는 요인을 근로자가 잘 다룰 수 있도록 도와주는 방식을 말한다. 개인 중심의 접근 방식의 경우, 근로자의 행동을 바꾸고 근로자의 생활 방식을 개선하고 근로자가 스트레스를 관리할 수 있는 능력을 향상시킴으로써, 근로자가 환경에 적응하는 능력을 키워주고자 한다.

개인 중심의 접근 방식의 경우, 근로자가 근무하는 사업장 조직과 환경은 변하지 않을 테니까, 근로자가 사업장 조직과 환경에 더 잘 적응할 수 있게 해주는 방법을 배워야 한다고 가정하고 있다. 따라서 개인 중심의 접근방식을 일시적 방법 또는 예방접종 치료 방법(band-aid or inoculation treatment)이라고 부르는 경우가 많다. 개인 중심의 접근 방식은 근로자 지원 프로그램(EAP)의 형태로 나타나는 경우가 많다.

(2) 조직 중심의 접근 방식

조직 중심의 접근 방식은 조직을 중심으로 개입하는 접근 방식이다. 구체적으로 조직 중심의 접근 방식은 사업장에서 근로자에게 스트레스를 유발하는 뿌리를 제거하려고 시도하는 방식을 말한다.

조직 중심의 접근 방식이 등장한 이유는, 근로자 개인이 직무 스트레스를 관리하고 해결하는 기술을 활용하는 것은 한계가 있다고 보기 때문이다. 조직 중심의 접근 방식에 따르면, 개인 중심의 접근 방식은 사업장 조직에서는 변화가 없는 상태에서 사업장에서 직무 스트레스를 겪는 근로자가 현재의 위기에서 다음의 위기까지 버티는 것만을 도와주는 것일 뿐이다.

그동안 사업장에서는 근로자가 직무 스트레스를 관리하거나 줄이는 방법을 가르치는 측면만을 강조해 온 경우가 많았다. 즉, 그동안 사업장에서는 근로자 개인의 수준에만 주목한 경우가 많았다. 근로자 지원 프로그램에서도 근로자가 사업장에서 직무 스트레스를 겪는 것은 근로자 자신에게 문제가 있기 때문이라고 가정한 경우가 많았다. 그 결과, 근로자 지원 프로그램에서는 사업장 조직 내에서 직무 스트레스를 유발하는 요인에 대해서는 별로 주목하지 않아 왔다. 이런 상황 때문에 조직 중심의 접근 방식도 필요하다.

3) 개인 수준에서 스트레스를 관리하기 위한 지침

근로자가 자신의 직무 스트레스를 잘 관리할 경우, 직무 스트레스가 근로자의 건강에 부정적으로 미치는 영향을 줄일 수 있다. 이런 맥락에서, 직무 스트레스를 개인적 수준에서 관리하는 방법이나 기술에 대해서는 여러 가지 방안이 제시되어 왔다. 근로자 개인의 수준에서 직무 스트레스를 관리하는 데 도움이 되는 일반적 지침을 몇 가지 제시하면 다음과 같다(Rice, 1999; National Institute of Mental Health, 2020).

① 근로자가 신체적으로 좋은 건강 상태를 유지하도록 한다. 예를 들어, 영양이 있는 음식물을 적절하게 먹고 마시도록 하고, 적절하게 운동하도록 한다.

② 근로자가 자신의 장점과 단점, 자신이 성공한 것과 실패한 것 모두를 있는 그대로 받아들이도록 한다. 그리고 근로자가 모든 면에서 다 능력이 있을 필요는 없다는 점을 인식하도록 한다.

③ 근로자가 자신이 매우 솔직하게 말할 수 있는 믿을 만하고 친한 친구를 만들도록 한다. 만약 근로자에게 힘이 되는 사회적 지지망이 없다면, 근로자가 자신에게 크게 도움이 되는 사회적 지지망을 형성하도록 한다. 이 경우, 사회적 지지망의 크기보다는 사회적 지지망의 질에 주목하도록 한다.

④ 직무 스트레스를 유발하는 요인을 다루기 위해서, 근로자가 긍정적이고 건설적으로 행동하도록 한다. 예를 들어, 근로자 지원 프로그램에 참여하거나 또는 별도 기관에서 직무 스트레스를 다루는 새로운 방법을 배우도록 한다.

⑤ 근로자가 사업장 이외의 영역에서 다른 사람들과 교류하도록 한다. 이것은 근로자가 사업장에서 친구를 사귀지 말라는 의미가 아니라, 사업장과는 관련이 없는 별개의 사회 활동을 하도록 권장하는 것을 의미하고 있다.

⑥ 근로자가 사업장 밖에서 창조적 활동에 참여하도록 한다. 예를 들어, 개인적으로 성장하는 데 도움이 되는 취미 생활을 하도록 한다.

⑦ 근로자가 자기 자신만의 시간을 갖도록 한다. 근로자가 얼마 동안 조용히 홀로 지내는 것은 이기적인 것이 아니다. 근로자는 조용히 홀로 지내는 시간을 명상하거나 문제를 해결하는 데 활용할 수 있다.

⑧ 근로자가 의미 있는 일을 하도록 한다.

⑨ 근로자가 자신이 겪는 직무 스트레스를 해결하는 데 과학적 방법을 활용하도록 한다.

4) 직무 스트레스의 처리 단계

직무 스트레스를 한순간에 처리하는 것은 어려운 경우가 많다. 따라서 직무 스트레스는 여러 단계를 거치면서 처리되는 경향이 있다.

아놀드 등(Arnold, Cooper & Robertson, 1995)의 경우, 근로자가 사업장에서 겪는 직무 스트레스를 다루는 단계를 다섯 단계로 제시하고 있다.

(1) 첫째 단계

첫째 단계는 근로자에게 직무 스트레스와 관련된 문제가 존재한다는 것을 알아채고 인정하는 단계이다. 근로자가 직무 스트레스와 관련해 문제를 가지고 있다는 것을 인정하는 것은, 그 문제를 해결하는 데 중요하다. 이 경우, 근로자와 사업장 조직은 직무 스트레스가 사업장에서 나타나는 특징이라는 점을 인정하여야 하고, 또한 근로자는 자신의 지위에 상관없이 직무 스트레스를 겪게 된다는 점을 인정하여야 한다. 더욱이 근로자와 사업장 조직은 근로자가 스트레스를 겪는 이유가 반드시 근로자가 능력이 없기 때문이 아님을 인식하여야 한다.

첫째 단계에서 중요한 것을 구체적으로 제시하면 다음과 같다.

① 근로자 개인이 직무 스트레스의 증상을 빨리 알아챈다.

② 사업장 조직이 스트레스를 겪고 있는 근로자를 처벌하기보다는 공개적으로 지지하는 분위기를 만들어 준다.

이 경우, 근로자가 직장을 그만두는 비율, 근로자의 질병에 대한 자료, 근로자의 결근에 대한 자료, 불량품이 나타나는 비율, 사업장에서 사고가 발생하는 비율, 보험 청구와 관련된 자료, 근로자의 지각에 대한 자료, 근로자가 직무에 만족하는 정도 등에 주목함으로써, 사업장은 근로자가 겪는 직무 스트레스를 파악할 수 있다. 또한 근로자의 상사와 경영자가 부하 근로자의 스트레스에 더 잘 반응하게 하기 위해, 직무 스트레스를 보여주는 상황을 파악하는 방법과 스트레스를 상담하는 기본적인 기법을 근로자의 상사와 경영자에게 교육할 수 있다.

(2) 둘째 단계와 셋째 단계

둘째 단계는 근로자에게 직무 스트레스를 유발하는 요인을 파악하는 단계이다. 그리고 셋째 단계는 이렇게 파악된 직무 스트레스가 근로자에게 좋은 방향으로 해결될 수 있는 방안을 찾아보는 단계이다.

여기서 둘째 단계와 셋째 단계는 함께 설명하는 것이 좋을 수 있다. 왜냐하면 둘째 단계와 셋째 단계는 근로자에게 직무 스트레스를 유발하는 요인을 파악한 후에, 이 요인을 제거하고 변화를 시도하는 단계이기 때문이다.

둘째 단계와 셋째 단계는 근로자 개인의 수준과 사업장 조직의 수준 모두와 관련되고 있다. 우선, 근로자 개인 수준의 경우, 근로자는 사업장에서 스트레스를 경험하는 것과 관련해 나름대로 스트레스 일지(stress diary)를 일정 기간(예컨대, 한 달) 동안 작성해 봄으로써, 근로자 자신이 사업장과 관련해 겪는 스트레스를 파악할 수 있다. 즉, 사업장에서 일하는 근로자는 자신에게 어려움을 유발한 사건, 어려움을 유발한 상황, 이와 관련된 인물을 스트레스 일지에 매일 적음으로써, 근로자 자신에게 스트레스를 유발하는 요인의 형태와 개인에게 문제가 되는 영역을 알아낼 수 있다. 이 경우, 근로자가 그 상황에 대처한 내용, 그 대처가 장기적·단기적으로 성공하였는지 여부, 나중에 생각하니 더 나은 방법으로 대처할 수는 없었는지 여부도 함께 적어두면, 근로자가 스트레스를 관리하는 데 도움이 될 수 있다.

이런 정보에 토대를 두어, 근로자는 자신에게 스트레스를 유발하는 뿌리를 제거하거나 조정하기 위한 행동 계획을 수립할 수 있다. 예를 들어, 근로자의 상사가 사업장에서 근로자를 좋지 않게 대할 경우, 근로자는 근로자의 상사와 직접 부딪쳐 보거나 또는 사업장의 다른 부서에 자기가 갈 자리가 있는지 알아볼 수 있다. 그러나 만약 근로자에게 이런 것이 불가능할 경우, 근로자는 이런 상황을 현실로 인정하고 이런 상황에 대처하는 방법을 배워야 한다.

그리고 사업장 조직 수준의 경우, 사업장 조직은 사업장에서 일하는 근로자를 대상으로 스트레스를 조사해서 근로자의 신체적 건강과 정신건강을 평가할 수 있다. 이렇게 할 경우, 사업장 조직 전체나 사업장에 있는 부서와 집단에서 근로자에게 스트레스를 유발하는 요인을 파악할 수 있다. 이 경우, 사업장에서 근로자에게 스트레스를 유발하는 요인이 다르면, 사업장 조직 수준에서 근로자의 직무 스트레스를 해결하는 방법도 다르게 된다.

(3) 넷째 단계

넷째 단계는 사업장에서 근로자에게 직무 스트레스를 유발하는 요인을 변화시킬 수 있다고 판단될 경우, 근로자가 사업장에서 겪는 문제를 대처할 수 있는 방법을 구체적으로 찾는 단계이다. 어느 경우에는 근로자 개인이나 사업장 조직도 제거할 수 없거나 변화시킬 수 없는 스트레스 요인이 있다. 이 경우, 근로자와 사업장 조직은 이런 스트레스 요인을 현실적으로 인정하고 이에 대처할 필요가 있다. 이런 상황에서는, 앞에서 제시한 2차 수준의 개입과 3차 수준의 개입이 근로자에게 큰 도움이 될 수 있다.

그리고 사업장에 영향을 주는 스트레스는 근로자의 근무 환경 때문에 나타날 수도 있지만, 사업장의 외부에 있는 요인 때문에 나타날 수도 있다. 예를 들어, 근로자가 겪는 재정적 어려움, 근로자의 배우자나 자녀의 죽음, 근로자 부부 사이의 갈등과 같은 개인 문제는 근로자에게 스트레스를 유발할 수 있는데, 이런 근로자는 사업장에서도 이런 개인 문제 때문에 스트레스를 받는 경우가 많다. 이때에는 3차 수준의 개입(예컨대, 상담 서비스를 제공하는 것)이[5] 직무와 관련되지 않은 스트레스를 다루는 데 매우 효과적일 수 있다.

(4) 다섯째 단계

다섯째 단계는 근로자가 직무 스트레스를 관리한 결과를 검토하는 단계이다. 즉, 다섯째 단계는 근로자의 직무 스트레스를 관리하기 위한 프로그램을 실시해 본 결과를 평가하는 단계이다.

Point

- 직무 스트레스를 관리하기 위한 개입 수준은 1차 수준(사업장에서 스트레스를 유발하는 요인을 줄이는 것), 2차 수준(근로자에게 스트레스 관리 교육을 실시하는 것), 3차 수준(근로자가 더 나은 건강 상태를 유지하게 하고 사업장에서 근로자에게 상담 서비스를 제공하는 것)으로 구분할 수 있다.
- 사업장에서 근로자의 직무 스트레스를 관리하기 위해 개입하는 방식을 개인 중심의 접근 방식(개인을 중심으로 개입)과 조직 중심의 접근 방식(조직을 중심으로 개입)으로 구분할 수 있다.
- 직무 스트레스는 여러 단계를 거치면서 처리되는 경우가 많다.

5) 3차 수준의 개입에 대해서는 앞에서 이미 설명한 바 있다.

9. 사회복지사의 역할

1) 상담, 예방 교육, 욕구조사 등과 관련된 역할

산업복지 영역에서 활동하는 사회복지사는 직무 스트레스를 겪는 근로자를 여러 가지 방법을 활용해 도와줄 수 있다. 사회복지사가 근로자의 직무 스트레스를 관리하는 것과 관련해 할 수 있는 역할을 몇 가지 제시하면 다음과 같다(Masi, 1982; Worksafe Western Australia, 1996).

① 근로자와 상담한다. 예를 들어, 사회복지사는 사업장에서 겪는 직무 스트레스 때문에 심장병, 고혈압, 불면증 등을 경험하는 근로자에게 상담 서비스를 제공할 수 있다.

② 근로자의 스트레스를 관리하고 예방한다. 예를 들어, 사회복지사는 다음과 같이 할 수 있다.

㉠ 스트레스 교육을 통해 근로자가 스트레스에 대해 알게 해줌으로써, 근로자가 자기 스스로 스트레스를 잘 관리하게 한다.

㉡ 근로자의 상사들을 대상으로 교육함으로써, 근로자의 상사가 부하 근로자가 가진 문제를 효과적으로 다루게 한다.

③ 근로자가 가진 욕구를 반영한다. 예를 들어, 사회복지사는 근로자를 대상으로 정기적으로 설문조사를 실시해서 근로자가 원하는 것을 파악해 반영할 수 있다.

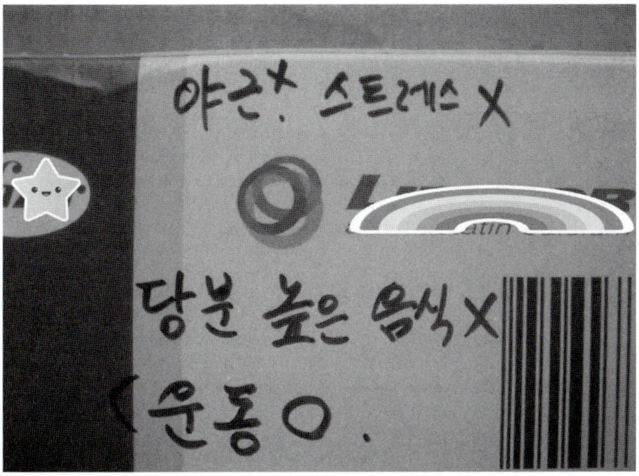

약사가 근로자에게 혈압 약을 주면서 스트레스를 받지 말라고 적은 메모 : 사회복지사는 직무 스트레스 때문에 고혈압 등을 경험하는 근로자에게 상담 서비스를 제공할 수 있다.
[출처 : 저자 촬영]

2) 사업장에 자문하는 역할

(1) 일반적 자문

산업복지 영역에서 활동하는 사회복지사의 경우, 근로자의 직무 스트레스를 관리하기 위해 사업장에서 할 수 있는 일을 자문하거나 조언할 수 있다. 무엇보다도, 사회복지사는 근로자가 일하는 사업장이 편하고 생산적인 방향으로 나아가도록 사업장에 자문할 수 있다(Masi, 1982; Worksafe Western Australia, 1996). 예를 들어, 근로자의 직무 스트레스를 줄이기 위해서, 사회복지사는 다음과 관련해 사업장에 자문할 수 있다.

① 사업장에 체육 시설을 설치한다.

② 근로자에게 정기적으로 휴가를 제공한다.

③ 사업장에 상담실을 운영한다.

(2) 직무 만족과 관련된 자문

일반적으로 근로자가 자신의 직무에 대해 만족하는 정도가 낮으면 근로자의 스트레스가 증가하는 경향이 있다(Sousa, Araujo, Lua & Gomes, 2019). 따라서 산업복지 영역에서 활동하는 사회복지사의 경우, 근로자가 자신의 직무에 대해 더 만족하게 하는 방안과 관련해 나름의 역할을 할 수 있다.

근로자가 직무에 더 만족하게 하는 방안에는 여러 가지가 있을 수 있다. 그러나 이 경우, 가장 먼저 하여야 할 일은 근로자가 무엇에 대해서 불만을 가지고 있는지를 정확히 파악하는 것이다. 왜냐하면 그렇게 하여야만 근로자가 불만을 가지고 있는 영역을 변화시켜서 불만을 줄일 수 있기 때문이다. 근로자가 불만을 가지고 있는 영역은, 근로자가 일하고 있는 직종에 따라 다를 수 있다. 예를 들어, 위험한 일을 하는 근로자는 안전에 대해 가장 관심을 가질 수 있고, 조립 라인의 근로자는 반복적인 일에 대해 가장 불만을 가질 수 있고, 임금이 너무 적은 근로자는 임금에 대해 가장 불만을 가질 수 있다(Zastrow, 2008).

그리고 사회복지사는 근로자가 직무에 더 만족하게 하는 방안을 찾아서 경영자에게 자문할 수 있다. 예를 들어, 근로자의 직무 만족을 높이기 위해, 사회복지사는 다음과 같은 것이 이루어지도록 경영자에게 자문할 수 있다(Zastrow, 2008).

① 근로자가 자신의 업무를 도전적이고 흥미롭게 하도록 한다.
② 근로자가 승진이나 업무 측면에서 더 잘 나갈 수 있는 기회를 제공한다. 특히 근로자의 승진이나 교육과 관련해, 기회가 평등하게 주어지는 정책을 실시한다.
③ 근로자에게 사업장에서 교육을 받을 기회를 제공한다. 예를 들어, 스트레스를 많이 겪는 업무를 맡고 있는 근로자에게 스트레스를 관리하는 프로그램을 사업장에서 실시한다.
④ 근로자에게 임금과 복지 혜택을 더 많이 준다.
⑤ 근로자를 결정을 내리는 과정에 참여시킨다.

⑥ 근로자가 여가 활동과 같은 것에 참여하게 함으로써, 더 신나고 힘이 나게 한다.

⑦ 근로자가 더 즐거운 환경에서 일할 수 있도록 하기 위해 사업장의 시설을 개선한다.

⑧ 이윤 나누기(profit-sharing) 프로그램을 통해서 근로자에게 이윤을 더 제공한다.

⑨ 근로자가 사업장에 크게 기여한 것에 대해 보상한다.

⑩ 근로자의 고용이 더 안정되게 한다.

⑪ 근로자가 사업장에서 자기 일정에 대해 어느 정도 통제할 수 있게 한다. 예를 들어, 근로자가 근무할 수 있는 시간을 융통성이 있게 정하는 제도(flexitime)를 실시한다.

⑫ 근로자가 일하는 환경에서 사고가 발생하지 않게 한다.

⑬ 근로자를 위해 좋은 복지 시설을 갖춘다.

Point

- 사회복지사는 직무 스트레스를 겪는 근로자를 여러 방법으로 도와줄 수 있다.
- 사회복지사는 근로자의 직무 스트레스를 관리하기 위해 사업장에서 할 수 있는 일을 자문·조언할 수 있고, 근로자가 직무에 대해 더 만족하게 하는 방안과 관련해 역할을 할 수 있다.

PART 03

특정한 집단을 위한 산업복지

CHAPTER

07 여성 근로자의 복지

차례

1. 여성과 산업복지

과거에는 사회에서 남성이 하는 역할과 여성이 하는 역할 사이에 크게 차이가 있었다. 이와 관련된 모델이 '남성 가장 모델(male breadwinner model)'이다. 남성 가장 모델의 경우, 남성은 가장으로서 소득을 얻고, 여성과 가족 구성원은 이런 소득으로 생활한다고 가정하고 있다(노병일, 2018b). 따라서 과거에는 여성은 가정 영역에서 주로 활동하도록 되어 있었다. 즉, 역사적으로 볼 때, 남성은 유급 일자리에서 많이 일하고 있었지만, 여성은 유급 일자리에서 두드러지게 일하고 있지 않았다(Katz, 2003).

그러다가 상황이 바뀌어서, 여성도 유급 일자리에서 일하는 경우가 많은 방향으로 나아가게 되었다. 선진국의 경우, 여성이 유급 일자리에서 일하게 된 주요한 계기는 산업혁명이었다. 그리고 선진국에서는 산업혁명을 이룩한 이후에 여성은 유급 일자리에서 더 일하게 되었다. 여성이 유급 일자리에서 더 일하게 된 상황을 몇 가지 제시하면 다음과 같다(Andersen, 2000; Cohen & Hanagan, 1994).

① 생산하는 양이 많아지고 상업이 활발해짐에 따라서, 경영하는 것이 예전에 비해 더 복잡해졌다. 그 결과, 사무직이 크게 증가하였다. 타자기가 발명되어 사무실 업무가 기계화되기 이전까지만 해도, 남성이 속기(速記)나[1] 회계와[2] 같은 업무를 주로 맡았는데, 이런 업무는 권위가 있는 업무이었다. 하지만 타자기를 발명함에 따라서 상황이 크게 변하였다. 무엇보다도, 타자기가 등장함에 따라서 사무직에 여성을 많이 고용하게 되었다.

② 고용주의 입장에서 볼 때, 여성이 사업장에서 일하는 것은 값싸고 풍부한 인적 자원을 이용해 돈을 절약할 수 있는 기회가 되었다. 이에 따라 고용주는 여성을 고용하게 되었다.

③ 선진국의 경우, 초기에 여성이 유급 일자리에 참여한 배경에는 일할 사람이 부족한 것과 크게 관련이 있었다. 즉, 일할 사람이 부족한 문제를 해결하기 위해 고용주가 관심을 가진 집단들 가운데 하나가 여성이었다.[3] 예를 들어, 미국의 피츠버그(Pittsburgh)에서는 1800년대 말과 1900년대 초에 기계 설비를 매우 잘 갖추었기 때문에, 피츠버그의 산업계는 일할 사람이 부족한 문제를 해결하기 위해 새로운 근로자 집단에게 의존하기 시작하였다. 이때에는 성실하게 일하는 근로자가 부족한 것이 특히 문제이었다. 이 경우, 일할 사람이 부족한 상황에 대처할 새로운 근로자 집단의 하나가 여성 근로자이었다. 이 당시에 전기를 많이 사용하는 산업에서 여성 근로자를 많이 활용하였다. 또한 일부 특수한 분야에서도 일할 사람이 부족하기 때문에 새로운 근로자가 필요하게 되었고, 그 결과로 여성을 고용하였다. 예를 들어, 19세기 말에 대중 교육이 확대되고 있었는데, 이 당시에 여성은 인내가 요구되는 직종, 보살핌이 필요한 직종, 아동 교육을 필요로 하는 직종에서 잘 할 수 있는 것으로 인식되었다. 따라서 이런 분야에서 여성을 많이 고용하였다.

1) 속기는 빨리 적는 것을 말한다.

2) 회계는 "나가고 들어오는 돈을 따져서" 셈하는 것을 말한다(한컴사전, 2021).

3) 또 하나의 집단은 이주민이다.

그 후, 여성이 사업장에서 일하는 사례는 꾸준히 증가해 왔다. 이것은 제2차 세계대전 이후의 경우에 특히 그렇다(Alcock, 1997).

그러다가 경제가 크게 발달함에 따라서, 여성이 유급 일자리에서 일하는 비율이 높아지고 있다(Eikhof, 2012). 그 결과, 사업장의 성 구조가 바뀌고 있다. 즉, 과거에는 사업장에서 남성이 주로 일하고 있었으나, 현대에 들어서는 사업장에서 여성이 일하는 사례가 증가하고 있다.

그리고 많은 국가에서는 여성이 일하는 것을 권장하는 방향으로 나아가고 있다. 특히 일부 국가에서는, 더 많은 여성이 유급 일자리에서 일할 수 있게 해주고 있다.

한편 그동안 여성 근로자의 수가 증가함에 따라서, 여성 근로자의 복지에 대해 자연스레 관심을 가지게 되었다. 사실, 여성 근로자를 위한 복지는 고용주나 노동조합이 여성 근로자의 욕구에 관심을 가지게 된 것으로부터 시작되었다고 볼 수 있다. 즉, 여성 근로자는 여성으로서의 고유한 욕구를 가지기 때문에, 고용주나 노동조합은 여성 근로자를 위한 복지에 관심을 가지게 되었다. 예를 들어 20세기 초에, 미국의 피츠버그에 위치한 어느 회사에서는 체육관, 레크리에이션을 위한 방, 취미 생활을 위한 작업실, 도서실을 제공하였다. 이 회사에서는 많은 여성 근로자가 일하고 있었는데, 위와 같은 복지 공간은 여성이 근로자로서 가지는 특별한 욕구에 주목하였기 때문에 인기가 있었다(Cohen & Hanagan, 1994).

그 후 현대에 들어서 여성 근로자의 복지에 관심이 커져서, 여성 근로자에 대한 대우도 나아지고 있다. 특히 여러 법에서는 다음과 같은 방향으로 나아가고 있다(Eikhof, 2012).

① 고용과 관련된 영역에서 성에 따라 차별하는 것을 금지한다.
② 여러 가지 권리를 인정한다. 이런 권리의 예로 파트타임으로 일할 권리, 융통성이 있는 근무 조건으로 일할 권리, 모성휴가를 가질 권리가 있다.

그러나 유급 일자리에서 일하고 있는 여성 근로자가 과거에 비해 더 평등한 대우를 받게 된 과정은 매우 오랜 기간에 걸쳐 서서히 진행되어 왔고, 또한 현재에도 이런 대우가 완벽하게 평등한 것은 아니다. 즉, 여성이 경제 영역에서 활동하는 비중이 커졌음에도 불구하고, 여성 근로자의 근무 환경은 남성 근로자의 근무 환경에 비해서 여전히 좋지 않은 편이고, 여성 근로자는 사업장에서 아직도 불리한 위치에 있는 경우가 많다. 그 결과, 고용 영역에서 남성과 여성 사이에 평등은 아직도 완전히 이루어지지 않고 있다(노병일, 2018b; Andersen, 2000; Alcock, 1997; Eikhof, 2012).

여성이 어려움을 겪은 역사를 그린 유화 작품(『여성 수난사』) : 현대 사회에서도 여성 근로자는 사업장에서 불리한 위치에 있는 경우가 많다.
[출처 : 전영신 님(작가) 제공]

이런 탓에, 여성이 유급 일자리에서 더 많이 활동하게 해주기 위해서는, 산업복지 영역에서 여성 근로자에 대해 더 많은 조치를 취할 필요가 있다. 그러므로 앞으로 산업복지에서는 여성 근로자의 복지에 대해 더 많이 관심을 가질 필요가 있다.

Point

• 오늘날에도 고용 영역에서 성 평등은 완전히 이루어지지 않고 있기 때문에, 산업복지에서는 여성 근로자의 복지에 더 관심을 가질 필요가 있다.

2. 여성 근로자의 고용 상황

1) 고 용

남성에 비해서, 여성은 유급 일자리에서 일하는 비율이 더 낮다. 실제로 전 세계적으로 볼 때, 여성이 유급 일자리에서 일하는 비율은 남성이 유급 일자리에서 일하는 비율보다 더 낮은 경우가 많다. 또한 전 세계적으로 볼 때, 남성에 비해서 여성은 실업 상태에 놓일 가능성이 더 크다. 다만, 여성이 유급 일자리에서 일하는 비율은 국가에 따라 차이가 나고 있다(노병일, 2018a; Catalyst, 2020; UN Women, 2017).

2) 근무 직종과[4] 형태

(1) 성별 격리

그동안 경제 상황이 크게 변화함에 따라서, 성에 따른 직업 분포도 변하고 있다. 그러나 아직도 남성과 여성은 서로 다른 직종에 몰려 일하는 경향이 있다. 그 결과, 오늘날에도 이른바 '성별 격리(gender segregation)' 현상이 여전히 나타나고 있다. 성별 격리는 남성과 여성이 서로 다른 직종에서 일하고 있는 형태를 가리킨다. 따라서 성별 격리는 여성 근로자가 근무하는 직종(또는 부서)은 근무자 대부분이 여성으로 구성되어 있는 것과 관련이 있다. 정규직으로 유급 일자리에서 일하는 여성 근로자의 직종조차도 남성 근로자의 직종과 다른 경우가 많다(Eitzen, Zinn & Smith, 2011; Alcock, 1997; Andersen, 2000; Watson, 2008).

4) 일반적으로 직종은 개인이 하는 업무의 종류를 말한다.

기업 건물의 입구에서 안내를 하는 여성 근로자 : 성별 격리는 여성 근로자가 근무하는 직종은 대부분이 여성으로 구성된 것과 관련이 있다.
[출처 : 독일에서 장철수 님 제공, 해당 근로자에게 동의를 얻고 사진을 촬영하였음]

사실, 경제가 발달함에 따라 서비스 직종과 사무직 직종에서 근로자가 더 많이 필요하게 되었는데, 이런 직종을 여성 근로자가 맡는 경우가 많았다. 그리고 전통적으로 남성이 일하는 영역이라고 생각되는 직종에서 일하는 여성 근로자의 수도 꾸준히 증가하고 있다. 하지만 전통적으로 여성이 일하는 영역이라고 생각되는 직종에서 일하는 남성 근로자의 수는 아직도 크게 증가하고 있지 않다. 그 결과, 여성이 유급 일자리에서 일하는 사례가 크게 증가하고 있음에도 불구하고, 직종이 성에 따라 차이가 나는 현상은 훨씬 덜 변하고 있다. 즉, 남성은 '남성의 일'을 하는 경향이 있고, 여성은 '여성의 일'을 하는 경향이 있다(Watson, 2008).

특히 여성은 이른바 '핑크 칼라(pink-collar)' 직종에서 일하는 경우가 많다. 핑크 칼라 직종은 웨이트리스(waitress), 출납원(cashier), 상점 점원과 같이 기술 수준이 낮은 일자리뿐만 아니라, 교사나 사회복지사와 같은 전문직 일자리도 포함하고 있다(Brandwein, 2011).

남성과 여성이 직종과 직업에서 서로 차이가 나는 이유는 구조적인 걸림돌과 성차별 때문인 경우가 많다(UN Women, 2017).

(2) 파트타임 근무

남성 근로자에 비해서 여성 근로자는 사업장에서 파트타임 방식으로 일하는 경우가 많다. 무엇보다도 여성은 어린 아동이나 나이 든 부모를 돌보는 일을 주로 맡기 때문에, 파트타임 일자리에서 일하는 경우가 많다(Eikhof, 2012; Harris, 2017).

여성이 파트타임 방식으로 유급 일자리에서 일하는 사례는 앞으로 더 많아질 것으로 보인다. 그러나 파트타임 방식의 일자리는 다음과 같은 특징을 지니는 경우가 많다.

① 임금이 적다.

② 법적으로 주장할 수 있는 권리가 약하고, 법적으로 보호되는 정도가 낮다.

그러므로 사업장에서 파트타임 방식으로 일하는 여성 근로자에 대한 복지는 취약할 수밖에 없다.

한편 여성은 자동화의 영향을 받을 가능성이 가장 큰 산업에서 일하는 경우가 많다(Catalyst, 2020; Suneson, 2019). 그러나 이런 산업은 파트타임 근무와 관련되는 경우가 많다,

3) 임 금

여러 학자가 남성 근로자와 여성 근로자 사이에 임금 차이가 크다는 사실에 주목하고 난 이후에도, 남성 근로자와 여성 근로자 사이의 임금 차이는 크게 줄어들고 있지 않다. 그리고 여성 근로자가 남성 근로자와 비슷한 직종에서 일하고 또한 서로 교육 수준이 같은 경우에조차도, 여성 근로자가 받는 임금은 남성 근로자가 받는 임금보다 적은 경향이 있다. 또한 남성 근로자의 임금은 여성 근로자의 임금보다 더 빠르게 증가하는 경우도 많다. 이런 점은 남성 근로자와 여성 근로자 사이의 임금 차이가 더 커질 수 있음을 보여주고 있다(Catalyst, 2020; Harris, 2017; Suneson, 2019; UN Women, 2017).

무엇보다도 남성 근로자에 비해서, 여성 근로자는 임금이 적은 직종에서 일하는 경우가 아직도 많다. 이와 관련해, 일부 학자는 여성이 많이 일하는 업무를 '5C'라고 표현한 바 있다. 여기서 5C는 청소 업무(cleaning), 돌봄 업무(caring), 사무 업무(clerical work), 출납 업무(cashiering), 음식 제공 업무(catering)를 말한다(Harris, 2017; Eikhof, 2012; UN Women, 2017). 이런 업무는 임금이 적은 경우가 많다.

남성 근로자와 여성 근로자 사이의 임금 불평등을 설명하는 이론

남성 근로자와 여성 근로자 사이에 임금이 불평등한 이유를 체계적으로 살펴보는 대표적인 이론으로 인적 자본 이론(human capital theory)과 이중 노동시장 이론(dual labor market theory)을 꼽을 수 있다. 인적 자본 이론은 근로자의 임금이 차이가 나는 이유는 근로자의 인적 자본에서 차이가 나기 때문이라고 보는 견해를 말한다. 이 경우, 인적 자본의 예로 교육 수준, 결혼하였는지 여부, 이전에 한 경험, 훈련 정도가 있다.

그리고 이중 노동시장 이론은 노동시장(일자리 시장)이 1차 영역(primary sector/internal market)과 2차 영역(secondary sector/internal market)으로 구분되어 있다고 보는 견해를 말한다. 1차 영역에서 일하는 근로자는 임금, 승진, 근무 환경, 고용 안정성의 측면에서 유리하다. 그러나 2차 영역에서 일하는 근로자는 임금, 승진, 근무 환경, 고용 안정성의 측면에서 불리하다. 그런데 일반적으로 여성은 2차 영역에서 일하는 경향이 있다. 그 결과, 이중 노동시장 이론에 따르면, 여성 근로자의 임금은 남성 근로자의 임금보다 더 적게 된다(노병일, 2018a).

남성 근로자에 비해 여성 근로자가 임금을 더 적게 받음에 따라서, 여성 근로자는 자신과 자녀의 복리와 관련해 크게 불리한 상태에 놓일 가능성이 크다. 왜냐하면 여성 근로자와 남성 근로자 사이의 임금 차이를 여성 근로자의 전체 생애에 걸쳐 계산해 보면, 그 액수는 매우 클 것이기 때문이다. 여성 근로자는 이런 자금을 여성 근로자 자신의 복리 수준을 높이는 데 유용하게 사용하거나, 여성 근로자 자신의 노년기를 대비하는 데 유용하게 사용할 수도 있었을 것이다(노병일, 2018a; UN Women, 2017; Eitzen, Zinn & Smith, 2011; Andersen, 2000; Perkins, 1992; Ginsburg, 1993).

여성 근로자 : 여성 근로자는 임금에서 불리하므로, 자신의 복리에서도 크게 불리할 수 있다.
[출처 : 중국에서 저자 촬영]

서비스직 여성 근로자

서비스직은 여성이 많이 참여하고 있는 직종이다. 서비스직에서 일하는 여성 근로자는 임금을 가장 적게 받는 근로자에 속하고 있다. 그러나 서비스직은 가장 빨리 확대되고 있는 직종이다. 서비스직에서 일하는 여성 근로자의 예로 패스트푸드점에서 일하는 여성, 식당에서 음식을 주문받고 배달하는 여성, 의료 영역에서 보조 역할을 하는 여성이 있다.

서비스직은 다음과 같은 상황에 있는 경우가 많다(Andersen, 2000).

① 서비스직에서는 성별 격리의 정도가 크다. 예를 들어, 식당 등의 주방에서 일하는 근로자와 카운터에서 일하는 근로자의 경우, 여성이 높은 비율을 차지하고 있다. 그러나 보호와 관련된 서비스직에서 일하는 근로자의 경우, 여성은 얼마 되지 않는다. 보호와 관련된 서비스직의 예로 경찰, 소방관, 경비원이 있다.

② 서비스직은 직장을 그만두는 비율이 높고, 파트타임 방식으로 근무하는 경우가 많다. 따라서 서비스직에서 일하는 여성 근로자는 승진할 수 있는 기회에서 불리하다.

③ 서비스직의 근무 환경은 질적 측면에서 여성에게 좋지 않을 가능성이 크다. 예를 들어, 서비스직에서 일하는 여성 근로자의 상사는 권위적인 남성인 경우가 적지 않다.

4) 승진과 퇴직

(1) 승진

파트타임으로 일할 경우에는 승진에서 불리하게 된다(Eikhof, 2012). 그런데 여성은 파트타임으로 근무하는 경우가 많기 때문에, 여성은 승진에서 불리할 수밖에 없다.

사실, 승진은 여성 근로자가 불리한 경험을 많이 하는 영역에 속하고 있다. 실제로 여성 근로자가 사업장에서 가장 좌절하게 되는 요인에 대해 여성들을 대상으로 조사한 결과, 승진과 관련된 걸림돌과 남성이 가지고 있는 성적 편견이라는 응답이 가장 많은 것으로 밝혀진 바 있다(Andersen, 2000).

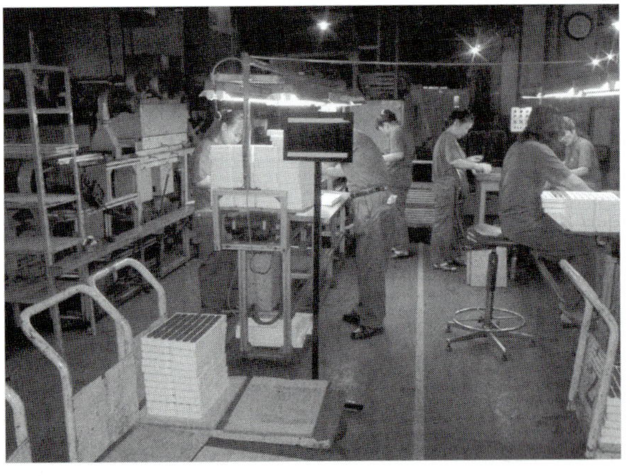

남성 근로자와 함께 일하고 있는 여성 근로자들 : 여성 근로자는 승진 등에서 불리한 경우가 많다.
[출처 : 노기형 님 제공]

이 중에서 사업장에서 여성 근로자가 승진하는 데 놓여 있는 걸림돌을 '유리 천장(glass ceiling)'이라고 부르고 있다. 유리 천장이라는 용어는, 미국의 신문인 『월스트리트 저널(Wall Street Journal)』이 1986년에 보도한 기사를 통해서 유명한 용어가 되었다. 유리 천장은 여성이 기업에서 윗자리로 나가려 할 때에 부딪히는 보이지 않는 걸림돌을 가리킨다.

유리 천장은 여성이 사업장에서 승진하는 과정에서 공식적인 걸림돌은 대부분 없어지고 있지만, 보이지 않는 걸림돌은 아직도 여전히 존재한다는 것을 나타내는 용어이다. 따라서 남성 근로자와 여성 근로자의 자격이 같을지라도, 남성 근로자와 여성 근로자가 동등하게 승진하는 것은 아니다. 예를 들어, 남성 근로자와 여성 근로자의 교육 수준과 경력 정도가 동일할지라도, 여성 근로자는 남성 근로자와 동등한 정도의 승진을 하지 못하는 경우가 많다.

그리고 남성에 비해서, 여성은 결정을 내리는 역할을 하는 영역에서 일하는 경우가 더 적다. 사실, 오늘날에 여성의 지위가 높아지고 있음에도 불구하고, 고위직에서 일하는 여성은 드문 편이다. 실제로 전 세계적으로 볼 때, 여성이 고위직에서 일하는 비율은 남성이 고위직에서 일하는 비율보다 훨씬 더 낮은 것으로 알려져 있다. 여성이 임신과 아동 양육 때문에 유급 일자리를 그만두는 경우가 많은 점은, 고위직에서 일하는 여성의 비율이 낮은 이유가 되고 있다(노병일, 2018a; Catalyst, 2020; Andersen, 2000; Glass Ceiling Commission, n.d.; Harris, 2017; Suneson, 2019; UN Women, 2017).

(2) 퇴직

일반 여성 근로자들 중에는, 사업장에서 일하는 것을 자발적으로 그만두는 여성이 있을 수 있다. 하지만 여성 근로자들 중에는 가족 구성원을 보살피는 문제나 자신의 건강 문제 때문에, 부득이 직장을 그만두는 여성도 적지 않다.

남성 근로자와 마찬가지로, 여성 근로자들 중에는 직장에서 퇴직하기를 꺼리는 경우가 많다. 하지만 여성 근로자는 노후에 대해 경제적으로 대비하기 전에 일찍 퇴직하여야 하는 경우가 많다(Perkins, 1992).

Point

- 여성은 유급 일자리에서 일하는 비율이 남성보다 낮다.
- 오늘날에도 성별 격리는 여전하다. 성별 격리는 남성과 여성이 서로 다른 직종에서 일하는 형태를 말한다.
- 여성 근로자는 파트타임 방식으로 일하는 경우가 많다.
- 남성 근로자와 여성 근로자 사이의 임금 차이는 크게 줄지 않고 있다.
- 승진은 여성 근로자가 불리한 경험을 많이 하는 영역이다. 유리 천장은 사업장에서 여성이 승진하고자 할 때 부딪히는 걸림돌이다.
- 여성 근로자는 노년기에 경제적으로 대비하기 전에 퇴직하는 경우가 많다.

3. 여성 근로자의 정신건강

1) 일반 여성 근로자의 정신건강

유급 일자리에서 일하는 여성의 수가 크게 증가함에 따라서, 여성 근로자가 사업장에서 일하면서 정신건강 문제(예컨대, 직무 스트레스와 우울)를 어느 정도 겪는지에 대해 관심이 커지고 있다. 사업장에서 일하는 여성 근로자의 경우, 직무와 관련해 스트레스를 겪을 수도 있고, 사업장에서의 일과 관련해 우울한 감정을 가질 수도 있고, 기타 정신건강 문제를 경험할 수도 있다.

실제로 여성 근로자는 스트레스와 관련된 질병에 걸리거나 정신건강과 관련해 어려운 상황에 놓일 가능성이 큰 것으로 알려져 있다. 예를 들어, 주부나 남성 근로자에 비해서, 여성 근로자는 다음과 같은 상태에 있는 것으로 나타난 바 있다(Arnold, Cooper & Robertson, 1995).

① 일상적으로 스트레스를 더 많이 겪고 있다.
② 부부 사이에 불만을 더 많이 가지고 있다.
③ 노년기에 대해 더 많이 걱정하고 있다.
④ 분노를 노골적으로 덜 드러내려고 하고 있다.

이런 상황은 여성 근로자의 정신건강에 부정적으로 영향을 미치고 있다. 그 결과, 여성 근로자는 정신건강 문제를 경험할 수 있다.

2) 기혼 여성 근로자의 정신건강

(1) 기혼 여성 근로자의 정신건강 문제

결혼해 자녀가 있는 여성 근로자의 수가 증가하고 있다. 그러나 결혼해서 가족이 있는 여성 근로자는, 스트레스와 관련된 질병에 걸리거나 정신건강과 관련해 어려움을 겪을 가능성이 있다.

일반적으로 자녀가 있는 여성이 유급 일자리에서 일하는 것은, 여성의 정신건강에 긍정적으로도 영향을 미치고 부정적으로도 영향을 미치는 것으로 알려져 있다. 우선, 자녀가 있는 여성이 유급 일자리에서 일하는 것은, 엄마로서의 역할을 하는 데 어려움을 유발할 수 있다. 하지만 자녀가 있는 여성이 유급 일자리에서 일하는 것은 여성에게 긍정적으로 작용할 수도 있다. 예를 들어, 결혼해 가족이 있는 상태에서 유급 일자리에서 일하는 여성 근로자는, 자신의 생활에 대해 더 크게 만족하는 것으로 알려진 바 있다. 그리고 자녀가 있는 여성이 유급 일자리에서 일할 경우, 여성이 가정에서 하는 일반적 역할이나 엄마 역할 때문에 받는 스트레스가 사업장에서 일하다 보면 줄어들 수도 있다(Wille, 1996).

그러나 자녀가 있는 여성 근로자가 스트레스를 더 받는다는 의견도 많다. 이런 예를 구체적으로 제시하면 다음과 같다(Arnold, Cooper & Robertson, 1995).

① 전문직에서 일하는 여성 근로자를 대상으로 정신건강에 대해 연구한 결과, 자녀가 있는 여성 근로자는 자녀가 없는 여성 근로자보다 경력과 관련해 어려움을 훨씬 더 겪는 것으로 나타난 바 있다.

② 자녀가 있는 여성 근로자는 결혼하지 않은 여성 근로자보다 스트레스를 더 많이 받는 것으로 나타난 바 있다.

무엇보다도, 자녀가 있는 여성 근로자는 근로자로서의 역할과 엄마로서의 역할 때문에 갈등을 일으키는 경우가 많다. 따라서 여성이 근로자로서의 역할과 엄마로서의 역할을 모두 하여야 한다는 점은 스트레스를 유발하는 요인이 될 수 있다. 이 경우, 어린 자녀를 가진 여성 근로자는 역할의 갈등(role conflict)보다는 역할이 너무 많기(role overload) 때문에 스트레스를 경험할 수 있다. 여성이 근로자로서 일하는 시간은 많아지고 있지만, 그렇다고 해서 남성 배우자가 자녀를 돌보는 일과 집안일을 반드시 더 많이 도와주는 것은 아니다. 따라서 여성 근로자는 하여야 하는 역할이 많기 때문에 생기는 스트레스를 크게 겪을 수 있다(Wille, 1996). 결국에 가서 이런 스트레스 때문에, 자녀가 있는 여성 근로자는 정신건강 문제를 겪을 가능성이 있다.

(2) 부부 갈등과 관련된 정신건강 문제

가정생활과 직장생활을 조화시켜야 하는 기혼 여성 근로자는 부부 사이에 적응하는 문제를 경험할 수 있다. 이런 문제가 잘 해결되지 않을 경우, 여성 근로자는 부부 갈등을 겪을 수 있다. 그리고 더 나아가, 결혼한 여성 근로자가 부부 사이에 잘 적응하지 못할 경우, 정신건강과 관련해 어려움을 크게 경험할 수 있다.

유급 일자리에서 일하고 있는 여성 배우자는 자신에게 요구되는 것을 처리하기에 필요한 시간과 에너지를 충분하게 가지고 있지 않은 경우가 많다. 이에 따라, 맞벌이 부부는 부부 갈등 문제를 겪을 수 있다. 그리고 이런 점은 여성 근로자에게 스트레스를 유발하는 중요한 요인이 될 수 있다(Arnold, Cooper & Robertson, 1995).

Point

- 일반 여성 근로자는 정신건강 영역에서 어려운 상황에 놓일 가능성이 크다.
- 자녀가 있는 여성 근로자가 유급 일자리에서 일하는 것은, 여성의 정신건강에 긍정적으로도 영향을 미치고 부정적으로도 영향을 미칠 수 있다. 기혼 여성 근로자는 부부 갈등 문제를 경험할 수 있다.

4. 여성 근로자에 대한 성희롱과 언어 학대

1) 성희롱

(1) 성희롱의 정의

성희롱(sexual harassment)에 대한 정의에는 여러 가지가 있다. 예를 들어 왓슨(Watson, 2008)에 따르면, 성희롱은 언어, 몸짓, 접촉을 통해 개인이나 여러 사람에게 성적(性的) 관심을 원치 않는 데도 모욕적으로 표현하는 것이다. 그러나 일반적으로 성희롱은 권력관계가 동등하지 않은 상황에서, 개인이 원하지 않는 성적 요구를 강요하는 것을 말한다. 그리고 단순하게 볼 때, 성희롱은 성적 성격을 지니는 원치 않는 행동을 말한다(Auster, 1996; Andersen, 2000; United Nations, n.d.).

성희롱 중에서, 사업장에서 발생하는 성희롱을 '직장 내 성희롱'이라고 부르고 있다. 우리나라의 '남녀고용평등과 일 · 가정 양립 지원에 관한 법률'의 경우, '직장 내 성희롱'은 "사업주 · 상급자 또는 근로자가 직장 내의 지위를 이용하거나 업무와 관련하여 다른 근로자에게 성적 언동[5] 등으로 성적 굴욕감 또는 혐오감을 느끼게 하거나 성적 언동 또는 그 밖의 요구 등에 따르지 아니하였다는 이유로 근로조건 및 고용에서 불이익을 주는 것"이라고 보고 있다(국가법령정보센터, 2021).

본질적으로 볼 때, 성희롱은 권력을 잘못 사용하고 있는 것이다. 사업장에서 남성 근로자라고 해서 성희롱을 경험하지 말라는 법은 없지만, 일반적으로 여성 근로자는 성희롱을 더 많이 경험하고 있다. 여성 근로자에 대한 성희롱은, 많은 사업장에서 남성 상사나 남성 근로자가 여성 근로자에게 권력을 휘두르는 것과 관련되어 있다. 실제로 일부 연구에서, 여성 근로자에 대한 성희롱은 직위와 나이에 따른 권력관계에서 발생하는 것으로 밝혀지고 있다(김정혜 · 소라미 · 윤지영, 2011).

그러므로 성희롱은 성에 대한 태도와 밀접하게 관련되어 있다. 여성에 비해 남성은 성희롱에 대해서 더 관대하다. 그리고 남성에 비해서 여성은 성적인 말, 성적인 표현, 데이트 신청과 같은 것을 성희롱으로 더 잘 보는 경향이 있다(Andersen, 2000).

(2) 성희롱에 대한 인식의 변화

과거에는 성희롱에 대해 잘못된 인식을 가지는 경우가 많았다. 그러나 오늘날에는 성희롱에 대한 인식이 크게 바뀌고 있다. 그리고 이런 새로운 인식은 법에 반영되는 경우가 많다. 예를 들어 미국의 경우, 1964년에 개정된 시민권법(Civil Rights Bill)에서 성희롱을 법에 어긋나는 차별로 처음으로 규정하였

5) 언동은 "말하는 것과 행동하는 것"을 말한다(한컴사전, 2021).

다. 그리고 1986년에 미국 대법원은 성희롱이 차별을 금지하는 연방법에 어긋난다고 판결한 바 있다. 또한 미국 대법원의 경우, 근로자는 자신이 심리적으로 피해를 입었다는 사실을 증명하지 않고서도, 자신이 성희롱을 겪었다고 주장할 수 있다고 판결한 바 있다(Auster, 1996; Andersen, 2000).

우리나라의 '남녀고용평등과 일·가정 양립 지원에 관한 법률'에서는 직장(사업장) 내에서 성희롱을 금지하고 있다. 즉, 고용주나 상사나 근로자는 직장(사업장) 내에서 성희롱을 하지 않도록 법에 정해져 있다. 그리고 이 법에서는 직장(사업장) 내 성희롱에 대해 예방 교육을 실시하도록 정하고 있다. 즉, 이 법에 따르면, 고용주는 "직장 내 성희롱을 예방하고 근로자가 안전한 근로환경에서 일할 수 있는 여건을 조성하기 위하여 직장 내 성희롱의 예방을 위한 교육을 매년 실시하여야 한다"(국가법령정보센터, 2021).

고용주의 경우, 사업장 내에서 벌어지는 성희롱이 여성 근로자가 근무하는 환경에 영향을 미치는 중요한 문제라는 점을 인식하고 있다. 이에 따라 고용주는 사업장에서의 성희롱을 대처하는 방안에 대해 관심을 더 기울이는 방향으로 나아가고 있다.

(3) 성희롱의 상황과 영향

(가) 성희롱의 상황

사업장에서 여성 근로자에게 성희롱을 하는 것은 인권에 어긋나는 행위이다. 그러나 사업장에서의 성희롱은 모든 작업 환경에서 발생하고 있다. 사업장에서 성희롱이 얼마나 발생하는지에 대해 정확한 통계를 구하기는 어렵다. 그러나 성희롱이 발생하는 사례는 많은 것으로 알려져 있다(UN Women, 2017; Andersen, 2000; World Health Organization, 2020a).

어느 기업의 사업장에서의 성희롱에 대한 상담·신고를 안내하는 현수막 : 성희롱은 모든 작업 환경에서 발생한다.
[출처 : 저자 촬영]

(나) 성희롱의 영향

성희롱은 여성 근로자의 나이, 소득, 사회적 지위에 상관없이 여성 근로자에게 부정적으로 영향을 미치고 있다. 무엇보다도 여성 근로자가 성희롱을 경험하는 것은, 여성 근로자의 정신건강에 크게 부정적으로 영향을 미치고 있다(UN Women, 2017; World Health Organization, 2021a). 예를 들어, 사업장에서 발생하는 성희롱은 여성 근로자가 자신을 가치 있는 근로자로 생각하는 정도에 크게 부정적으로 영향을 미칠 수 있다. 특히 여성 근로자를 사회적으로 지지해 주는 사람이나 조직이 부족한 경우, 성희롱을 경험한 근로자는 무력감, 죄책감, 불안, 가해자에 대한 동정을 느낄 수 있다. 또한 사업장에서 발생하는 성희롱은 증명하기 어렵기 때문에, 성희롱을 경험한 근로자는 스트레스를 받고 분노할 수 있다.

결국, 여성 근로자가 성희롱을 경험할 경우, 여성 근로자는 자신이 가진 능력을 제대로 발휘하지 못할 가능성이 크다. 이렇게 될 경우, 여성 근로자는 다음과 같은 상황에 놓일 수 있다(UN Women, 2017; World Health Organization, 2021a).

① 직장을 결근한다.

② 직장에서 승진하지 못한다.

③ 직장을 그만둔다.

그리고 사업장에서 발생하는 성희롱은 기업에게도 피해를 주고 있다. 사업장에서 발생하는 성희롱이 기업에게도 피해를 주는 이유를 구체적으로 제시하면 다음과 같다(World Health Organization, 2021a; Auster, 1996; Andersen, 2000).

① 사업장에서 성희롱을 경험한 근로자는 사업장을 떠날 수 있기 때문이다. 이렇게 되면 사업장은 유능한 근로자를 잃게 된다.

② 성희롱을 경험한 근로자는 사업장에 애착을 갖지 못하게 되고, 이에 따라 근로자의 생산성이 낮아질 수 있기 때문이다.

2) 언어 학대

일반적으로 여성 근로자에 비해서 남성 근로자는 사업장에서 노골적인 위협과 신체적 폭행을 더 경험할 수 있다. 그러나 남성 근로자에 비해서 여성 근로자는 사업장에서 언어 학대를 더 경험할 수 있다(Mayhew & Chappell, 2002). 이 경우, 노동의 성 분화(gender division of labor)와 관련된 관점에 근거해서, 위와 같이 남성과 여성 사이에 폭력의 유형이 다르게 나타나는 이유를 부분적으로 설명할 수 있다. 노동의 성 분화는 사람과 얼굴을 맞대는 접촉을 더 많이 하는 '보살핌(돌봄)' 직종에 여성이 몰려있는 것과 관련되고 있다.

여성 근로자가 사업장에서 일하면서 겪는 언어 학대는, 여성 근로자가 자신을 가치 있는 존재로 생각하는 정도에 부정적으로 영향을 미치게 된다. 그리고 결국에 가서, 이런 상황은 여성 근로자에게 심각한 정신건강 문제를 유발할 가능성이 크다.

3) 성희롱과 언어 학대에 대한 신고

성희롱과 언어 학대는 신고되지 않는 경우가 많다. 실제로 여성 근로자들 중에는, 자신이 성희롱이나 언어 학대를 겪고 있다는 사실을 알리거나 신고하지 않는 경우가 많은 것으로 알려져 있다(Kopp, 2018).

Point

- 성희롱은 권력관계가 동등하지 않은 상황에서, 개인이 원치 않는 성적 요구를 강요하는 것이다. 여성 근로자는 남성 근로자보다 성희롱을 더 경험한다.
- 여성 근로자에 대한 성희롱은 정신건강에 부정적으로 영향을 미치고, 기업에게도 피해를 준다.
- 여성 근로자에 대한 언어 학대는 여성 근로자에게 정신건강 문제를 유발할 수 있다.
- 성희롱과 언어 학대는 신고되지 않는 경우가 많다.

5. 여성 근로자를 위한 제도

여성 근로자의 복지를 위해서, 여성 근로자에게 여러 가지 제도를 실시할 수 있다. 여성 근로자에게 일반적으로 실시하거나 실시할 수 있는 제도를 몇 가지 살펴보면 다음과 같다.

1) 직장 보육 제도[6)]

어린 자녀가 있는 여성 근로자는 아동을 돌보는 문제를 겪게 된다. 여성 근로자가 아동을 돌보느라 겪는 문제를 해결하기 위한 방안의 하나는, 여성 근로자에게 보육 서비스를 제공하는 것이다. 실제로, 여성이 유급 일자리에서 일하는 데 있어 보육은 매우 중요한 요소가 되고 있다. 따라서 보육 서비스는 여성 근로자가 직장생활을 하면서 가족 구성원을 돌보는 일을 조화롭게 하는 데 도움을 주고 있다(노병일, 2020c; UN Women, 2017; Jaumotte, 2005).

이 경우, 여성 근로자의 보육 문제를 '적극적으로' 해결하는 방법의 하나는, 여성 근로자가 일하는 사업장에서 보육시설을 설치하여 보육 서비스를 직접 제공하는 것이다. 우리나라의 법에서도 사업장에서 보육시설을 설치할 수 있도록 되어 있다(노병일, 2020c; 국가법령정보센터, 2021).

우리나라에서는 1987년에 직장 보육 제도를 도입하였다(노병일, 2020c). 우리나라의 법에 따르면, 일정한 규모 이상의 사업장을 가진 고용주는 직장에 보

6) 보육은 남성 근로자와도 관련되고 있다. 그러나 일반적으로 보육은 여성 근로자가 맡는 경우가 많으므로, 여기에서는 여성 근로자를 중심으로 설명한다.

육시설(어린이집)을 실시하도록 되어 있다(국가법령정보센터, 2021).

일반적으로 직장 보육은 고용주가 지원하거나 관리하는 보육을 말한다. 기업은 직장 보육을 다음과 같은 입장에서 제공할 수 있다(Wikipedia, 2021c).

① 기업에서 근로자를 위한 복지 혜택으로 제공한다.

② 기업의 사회적 책임의 한 부분으로 제공한다.

어느 기업의 직장 보육시설(어린이집) : 보육 문제를 적극적으로 해결하는 방법의 하나는 사업장에 보육시설을 설치하는 것이다.
[출처 : 저자 촬영]

근로자가 직장에 다니는 동안에 근로자의 아동을 보살피는 시설이 부족하면, 근로자뿐만 아니라 사업장도 손해를 볼 가능성이 크다(Schmidt & Duenas, 2002). 따라서 사업장에 보육시설을 설치할 경우, 사업장은 기대하는 것 이상의 효과를 얻을 수 있게 된다.

실제로 직장 보육은 근로자와 기업에게 모두 유리하게 작용하고 있다. 이에 대해 구체적으로 제시하면 다음과 같다(Wikipedia, 2021c).

① 직장 보육은 아동이 있는 근로자에게 유리하게 작용하고 있다. 왜냐하면 직장 보육은 유급 일자리에서 일하는 부모가 직장생활과 가정생활을 조화롭게 꾸려나갈 수 있는 기회를 제공하기 때문이다.

② 직장 보육은 기업이나 고용주에게 유리하게 작용하고 있다. 왜냐하면 직장 보육은 기업에게 다음과 같이 영향을 미칠 수 있기 때문이다.
㉠ 근로자가 기업에 더 애착을 갖는다.
㉡ 근로자가 모성휴가를 사용하는 사례가 줄어든다.
㉢ 근로자가 현장에서 더 집중한다.

미국 회사의 긴급보육 센터

미국의 유명한 투자회사인 A 기업은 1993년에 사업장에 긴급보육 센터를 설치하였다. 긴급보육 센터를 설립한 목적은, 자신의 자녀에게 일상적인 보육 서비스를 제공할 수 없는 긴급한 상황에 놓여 있는 근로자에게 보육 서비스를 무료로 제공하는 것이었다.

예를 들어, 근로자의 자녀가 아프거나, 근로자의 자녀가 다니는 보육시설이 문을 닫았거나, 근로자의 자녀를 보살피는 사람이 개인 사정 때문에 못 온다고 할 때에 여성 근로자는 어쩔 줄 모르게 된다. A 기업이 사업장에 설치한 긴급보육 센터는 이런 문제를 해결해 주고자 하였다.

긴급보육 센터는 사업장에서 일하는 근로자가 자녀의 보육 문제 탓에 사업장을 나오지 못하는 상황을 미리 방지하는 데 도움이 되었다. 이에 따라서 긴급보육 센터는 근로자 개인에게 이득이 될 뿐만 아니라 사업장에게도 이득이 되었다(Schmidt & Duenas, 2002).

그리고 어린 자녀가 있는 여성 근로자가 일하는 사업장에 보육시설을 설치하기 어려울 경우, 사업장이 여성 근로자를 위해 할 수 있는 방안을 몇 가지 제시하면 다음과 같다(Auster, 1996).
① 여러 사업장이 공동으로 보육 서비스를 제공한다.
② 근로자에게 보육과 관련된 수당이나 바우처(voucher)를 제공한다.[7)]
③ 보육 서비스를 다른 곳에 의뢰한다.

2) 모성을 보호하는 제도

여성 근로자가 임신하고 출산할 경우, 여성 근로자는 신체적·정서적으로 여러 가지 어려움을 겪게 된다. 따라서 많은 사업장에서는 여성 근로자가 편하게 출산할 수 있도록 해주기 위해 여성 근로자에게 출산과 관련된 휴가를

7) 바우처는 특정한 물품이나 서비스를 구입하는 데에만 사용할 수 있다(노병일, 2018c). 따라서 보육과 관련된 바우처는 보육 서비스를 받는 데에만 사용할 수 있다.

제공하고 있다. 이런 휴가를 모성휴가(maternity leave)라고 부르고 있다.[8] 모성휴가는 출산한 자녀를 보살피는 문제와도 직접적으로 관련되고 있다. 이에 따라서 모성휴가는 여성 근로자가 어린 아동을 돌보는 문제를 해결하는 데에도 크게 도움을 주고 있다(노병일, 2016).

그리고 임신한 여성 근로자가 출산을 잘하고 나서 사업장에 유능한 근로자로 다시 돌아오도록 하기 위해서는, 여성 근로자의 고용을 보장해 주어야 한다. 따라서 여성 근로자에게는 모성휴가를 제공하는 것과 더불어 고용도 동시에 보호해 주어야 한다(노병일, 2016).

이런 탓에, 대부분의 국가에서는 이와 관련된 방안을 실시하고 있다. 예를 들어, 유럽연합(European Union)에 속한 대부분의 국가에서는, 여성 근로자의 모성을 보호하는 것과 관련해 다음과 같은 조치를 취하고 있다(Arnold, Cooper & Robertson, 1995).

① 여성 근로자가 임신한 동안에 여성 근로자를 해고할 수 없다.
② 여성 근로자에게 모성휴가를 유급으로 보장한다.
③ 여성 근로자가 유급 모성휴가를 마친 후에 사업장에서 다시 일할 수 있는 권리를 보장하거나, 여성 근로자가 정해진 기간의 무급 모성휴가를 마친 후에 사업장에서 다시 일할 수 있는 권리를 보장한다.

부성휴가 제도

과거에는 근로자의 아동을 돌보는 것과 관련된 휴가를 여성 근로자에게만 제공하였다. 그러나 최근에는 이런 휴가를 아동의 아버지인 남성 근로자에게도 제공하자는 움직임이 일어나기 시작하였다. 국제노동기구 역시, 아동을 돌보는 것과 관련된 휴가를 받을 수 있는 권리를 남성 근로자에게도 주어야 한다고 이미 오래전에 주장한 바 있다(International Labor Organization, 1984).

이에 따라 떠오른 방안의 하나가 아버지에게도 휴가를 주는 것이다. 그러므로 근로자의 아동을 돌보는 문제를 해결하는 방안으로 남성 근로자(아버지)에게 휴가를 제공하는 것이 있다. 이와 관련된 휴가를 부성휴가(paternity leave)라고 부르고 있다. 스웨덴(Sweden)의 경우, 어린 아동을 돌보게 하기 위해 아버지에게도 유급 휴가를 세계에서 최초로 제공한 바 있다(노병일, 2016).

8) 모성(maternity)은 여성이 임신하고 출산한 직후의 기간을 말한다(Oxford Dictionary, 2021).

부성휴가의 경우, 여성 배우자가 출산할 예정인 남성 근로자나 가정에 아동이 있는 남성 근로자가, 배우자의 출산을 돕고 태어난 아동을 돌보는 문제를 해결하는 데 크게 도움을 주고 있다. 그리고 자녀를 출산하거나 아동을 돌보기 위해 남성 근로자에게 부성휴가를 제공하는 것은, 남성 근로자가 일하는 사업장에게도 실질적으로 유리하게 작용하고 있다. 왜냐하면 부성휴가는 가정에서 어린 아동을 돌보느라 남성 근로자가 사업장에 결근하는 문제를 해결하는 데 크게 도움을 주기 때문이다(Arnold, Cooper & Robertson, 1995).

3) 융통성이 있는 근무 환경과 관련된 제도[9)]

여성 근로자는 가정에서 어린 자녀와 나이 든 노인을 보살펴야 하는 상황을 맞이할 수 있다. 이때에 나타나는 문제를 해결해 주기 위한 방안으로, 사업장에서 근로자의 근무 환경을 융통성이 있게 해주는 것이 있다. 근로자가 가족 구성원을 돌보는 문제를 해결하면, 근로자는 사업장에서 자기 업무에 더 집중할 수 있다. 따라서 사업장에서 근무 환경을 융통성이 있게 해주는 것은, 근로자에게 유리할 뿐만 아니라 사업장에게도 유리하게 작용하고 있다.

사업장에서 융통성이 있는 근무 환경이 특히 필요한 근로자는 여성 근로자이다. 융통성이 있는 근무 환경이 여성 근로자에게 특히 필요한 이유를 구체적으로 제시하면 다음과 같다.

① 남성과 여성의 역할이 더 평등한 방향으로 나아가고 있지만, 여성이 아동과 노인을 보살피는 일을 더 많이 맡는 경향은 아직도 크게 변하고 있지 않기 때문이다.

② 여성이 집안일을 훨씬 더 많이 맡고 있는 경향은 아직도 크게 변하고 있지 않기 때문이다.

사업장에서 융통성이 있는 근무 환경은 근무 시간과 관련되는 경우가 많다. 무엇보다도, 남성 배우자와 여성 배우자 모두가 유급 일자리에서 일하는 부부들 중에는, 아동을 학교나 보육시설에 아침에 데려다 주고 저녁이나 밤에 가정으로 데려와야 하는 부부가 많다. 또한 건강 상태가 좋지 않은 노인 부모를 보살피는 근로자들 중에는, 부모를 주간 보호시설에 아침에 모셔다

9) 이것은 근로자가 아동(자녀), 노인(부모), 장애인을 돌보는 것과 모두 관련되고 있다.

드리고 오후에 가정으로 다시 모셔 와야 하는 부부가 있을 수 있다.[10] 이 경우, 이런 근로자가 사업장에서 일하는 시간이 고정되어 있다면, 이런 근로자는 어린 아동을 돌보는 것이나 부모를 보살피는 것과 관련해 어려움을 겪을 수밖에 없다.

이때에 유용한 방안이 '근무 시간 자유선택 제도(flexitime)'이다. 근무 시간 자유선택 제도는 사업장에서 근로자가 하루 중에서 일하는 시간을 자유롭게 선택할 수 있는 제도를 말한다. 근무 시간 자유선택 제도는 실시하기가 가장 쉽고 또한 비용이 가장 적게 드는 방안으로 평가되고 있다. 사업장에서 근무 시간 자유선택 제도를 실시할 경우, 사업장에서 일하는 근로자는 어린 아동이나 부모를 훨씬 쉽게 학교나 보육시설이나 노인시설에 데려다(모셔다) 주고 나중에 가정에 데려(모셔) 올 수 있게 된다.

오늘날에는 정보통신 기술이 빠르게 발달하고 있다. 따라서 과거의 근로자에 비해서, 오늘날의 근로자는 근무 시간 자유선택 제도를 더 쉽고 편하게 실시할 수 있다(Arnold, Cooper & Robertson, 1995; Katz, 2003; Eikhof, 2012; UN Women, 2017). 예를 들어, 과거에는 근로자가 사업장에서 오전 9시부터 오후 5시(또는 6시)까지 근무하는 식이었다. 그러나 오늘날의 근로자는 집이나 기타 장소에서 저녁이나 밤에도 인터넷이나 전자 기기를 통해서 업무를 볼 수 있다.

Point

- 여성 근로자의 복지를 위한 제도로 직장 보육 제도, 모성을 보호하는 제도, 융통성이 있는 근무 환경과 관련된 제도가 있다.
- 근무 시간 자유선택 제도는 근로자가 하루 중에서 일하는 시간을 자유롭게 선택할 수 있는 제도이다.

10) 건강 상태가 좋지 않은 노인을 보살피는 상황은 결혼한 근로자나 결혼하지 않은 근로자 모두에게 해당되고 있다.

6. 사회복지사의 역할

1) 사회복지사의 역할

(1) 일반적 역할

오늘날에 사업장에서 여성 근로자의 상황이 더 좋아지는 방향으로 나아가고 있는 것은 사실이다. 하지만 여성 근로자는 여전히 취약한 상태에 있는 경우가 많다. 따라서 산업복지 영역에서 활동하는 사회복지사의 경우, 여성 근로자의 복지 수준을 높이기 위해 나름의 역할을 할 수 있다. 예를 들어, 사회복지사는 여성 근로자가 임금이나 승진과 같은 영역에서 불리한 것을 개선하는 데 여러 가지 방식으로 관여할 수 있다.

또한 사회복지사는 여성 근로자가 직장생활과 가정생활을 조화롭게 꾸려나가는 것과 관련해 도움을 줄 수 있다. 예를 들어, 사회복지사는 여성 근로자가 융통성이 있는 근무 시간이나 부모휴가와 같은 것을 더 잘 활용하도록 도와줄 수 있다.

야외에서 일하는 여성 근로자 : 사회복지사는 여성 근로자가 직장생활과 가정생활을 조화롭게 꾸려나가는 것과 관련해 도움을 줄 수 있다.
[출처 : 이탈리아에서 저자 촬영]

그리고 사회복지사는 여성 근로자가 사업장에서 일하는 것과 관련해 겪는 정신건강 문제를 해결하는 데 도움을 줄 수 있다. 예를 들어 사회복지사의 경우, 여성 근로자가 겪는 스트레스나 우울이나 기타 정신건강 문제를 유발하는 요인을 잘 파악함으로써, 여성 근로자가 정신건강 문제를 극복하는 데 도움을 줄 수 있다.

(2) 퇴직 준비와 관련된 역할

산업복지 영역에서 활동하는 사회복지사는 퇴직을 앞둔 여성 근로자에게 여러 가지 도움을 줄 수 있다. 사회복지사가 퇴직할 예정인 여성 근로자를 상대할 경우, 여성 근로자는 상대적으로 낮은 수준의 임금을 받는 것, 여성 근로자는 승진에서 상대적으로 불리한 것, 여성 근로자는 강제 퇴직의 가능성이 더 큰 것, 여성 근로자는 조기 퇴직의 가능성이 더 큰 것, 퇴직이 여성 근로자의 건강에 영향을 미치는 것과 같은 측면에 크게 주목하면서 나름의 역할을 할 수 있다.

한편 여성은 집에서 가족 구성원을 돌보고 기타 집안일을 하기 때문에, 여성 근로자는 일자리를 그만두어도 아무런 문제를 겪지 않을 것이라고 볼 수도 있다. 하지만 여성 근로자도 퇴직에 대해서 남성 근로자와 비슷하게 반응하는 것으로 밝혀진 바 있다. 따라서 사회복지사의 경우, 퇴직을 앞둔 여성 근로자를 대상으로 하는 퇴직 준비(preretirement planning) 프로그램을 사업장이나 기타 장소에서 제공할 수 있다. 남성 근로자에 비해서 여성 근로자는 자신의 퇴직에 대해 준비를 적게 하는 편이다. 그러므로 얼마 되지 않아 사업장을 떠날 예정인 여성 근로자에게 퇴직 준비 프로그램은 중요한 의미를 지니고 있다(Dex & Phillipson, 1986).

(3) 성희롱과 관련된 역할

산업복지 영역에서 활동하는 사회복지사의 경우, 사업장에서 발생하는 성희롱과 관련해 여러 가지 역할을 할 수 있다. 사회복지사가 사업장에서 발생하는 성희롱과 관련해 할 수 있는 역할을 구체적으로 제시하면 다음과 같다(Auster, 1996; Andersen, 2000).

① 사업장에서 성희롱을 예방하는 교육을 실시한다.

② 사업장에서 성희롱을 경험한 근로자를 상담하고, 해당 근로자에게 가장 적절한 대처 방법을 파악하여 도움을 준다. 이와 관련된 예를 구체적으로 살펴보면 다음과 같다.

㉠ 사업장에서 성희롱을 경험한 근로자가 느낄 수 있는 수치감을 극복하게 해준다.

㉡ 인간관계와 관련된 문제를 조정해 준다. 왜냐하면 사업장에서 성희롱을 경험한 근로자는 사람과의 관계에서 어려움을 겪을 가능성이 크기 때문이다.

2) 고려할 점

산업복지 영역에서 활동하는 사회복지사의 경우, 여성 근로자와 관련해 다음과 같은 측면에 주목할 필요가 있다(노병일 2020c; Jaumotte, 2005).

① 여성이 유급 일자리에서 일을 잘할 수 있는 환경을 만들어 주는 것이 중요하다. 왜냐하면 여성이 유급 일자리에서 일하는 데 걸림돌이 없고 또한 여성이 자기 경력을 개발할 수 있는 기회를 제공하는 일자리 시장(노동시장)이 존재할 경우, 여성이 유급 일자리에서 더 일하는 방향으로 나아가기 때문이다.

② 가족을 중요하게 여기는 것이 매우 중요하다. 왜냐하면 가족을 소홀히 다루는 정책은 유급 일자리에서 일하는 여성이 가진 욕구도 소홀히 다루기 때문이다.

③ 유급 일자리에서 일하는 것과 관련된 교육이 중요하다. 여성에게 이런 교육이 중요한 이유를 구체적으로 제시하면 다음과 같다.

㉠ 여성이 교육을 받으면, 기술 수준이 높아지기 때문이다.

㉡ 여성이 교육을 받으면, 목표를 더 크게 가지게 되고 또한 더 독립적인 상태가 되기 때문이다. 그리고 이 경우에 여성은 파트타임 직보다는 정규직을 더 찾게 되기 때문이다.

④ 보육이 중요하다. 왜냐하면 보육은 자녀가 있는 여성 근로자가 아동을 돌보는 문제를 크게 해결해 주기 때문이다.[11)]

사무를 보는 여성근로자 : 사회복지사는 여성이 유급 일자리에서 일을 잘할 수 있는 환경을 만들어 주는 데 주목할 필요가 있다.
[출처 : 저자 촬영, 해당 근로자에게 동의를 얻었음]

Point

• 사회복지사는 여성 근로자의 복지 수준을 높이고, 여성 근로자의 정신건강 문제를 해결하고, 퇴직 예정인 여성 근로자를 돕고, 성희롱을 예방하고 성희롱 피해자를 돕기 위해 나름의 역할을 할 수 있다.

---

11) 보육에 대해서는 앞에서 이미 설명한 바 있다.

CHAPTER

08 장애인 근로자의 복지

차례

1. 장애인과 산업복지

현대에 들어서 장애를 겪는 사람의 수가 늘어나고 있다. 그리고 장애인의 수가 증가함에 따라서, 장애인이 가진 욕구에 대해 관심이 커지고 있다. 장애인이 가진 욕구들 중에서 가장 중요한 욕구는, 장애인이 재활하여 사회생활과 경제생활을 독립적으로 하는 것일 것이다.

이와 관련해, 장애인이 유급 일자리에서 일하는 것은 장애인에게 특히 중요한 의미를 지니고 있다. 왜냐하면 유급 일자리에서 얻는 임금은 개인생활이나 가정생활에서 주요한 소득이 되고 있기 때문이다. 무엇보다도 유급 일자리에서 일해서 소득을 얻지 못하면 장애인 개인과 가족은 빈곤 상태에 놓일 가능성이 크기 때문에, 장애인이 일할 수 있는 기회를 갖는 것은 중요하다. 그리고 일하는 것은 건강에 유리하게 작용하고 있다. 따라서 장애인이 유급 일자리에서 일하는 것은 장애인의 건강 수준을 높이는 데 이바지하고 있다. 또한 사업장에서 일하는 것은 일반 사회에 통합되는 주요한 길이기 때문에, 장애인이 유급 일자리에서 일하는 것은 장애인의 사회 통합과도 밀접하게 관련되고 있다. 그러므로 장애인이 유급 일자리에서 일할 수 있는지 여부는, 장애인의 삶의 질에 매우 중요하게 영향을 미치고 있다(노병일, 2018a; National Health Service, 2018; Alcock, 1997; Barnes, 1996; International Labor Organization, 2020b).

오늘날, 장애인들 중에는 사업장에서 일하기를 원하는 장애인이 많다. 또한 장애인은 모든 일자리 영역과 모든 형태의 일자리에서 일을 할 수 있다. 그리고 유엔 장애인권리협약에 따르면, 모든 장애인은 일할 권리를 가지고 있다(International Labor Organization, 2020b; World Health Organization, 2021b).

그러나 장애인은 괜찮은 일자리에서 일할 권리를 누리지 못하는 경우가 많다. 실제로, 장애인이 일할 수 있는 상황은 좋은 편이 아니다. 왜냐하면 장애를 겪으면 고용 측면에서 불리해지는 경우가 많기 때문이다. 그리고 현재 일하고 있는 장애인 근로자는 사업장에서 일하면서 여러 가지 어려움을 경험하는 경우가 많다. 더구나 일자리를 가진 일반인조차도, 장애인이 되면 그 일자리에서 계속 일하기 어려운 경우가 적지 않다. 이런 탓에, 장애는 소득이 취약한 상태를 유발하는 요인이 되는 경우가 많다(노병일, 2018a; International Labor Organization, 2020a; Barnes & Baldwin, 1999).

그러므로 사회복지에서 장애인이 사업장에서 근로자로서 일할 수 있는 기회를 제공하는 데 관심을 가지는 것은 너무나 당연하다. 따라서 산업복지에서는 장애인의 고용을 막는 걸림돌을 없애는 데 관심을 가질 필요가 있다. 또한 산업복지에서는 사업장에서 이미 일하고 있는 장애인 근로자가 더 좋은 환경에서 일하도록 도와주는 데 관심을 가질 필요가 있다.

Point

- 장애인이 유급 일자리에서 일하는 것은 장애인의 삶의 질에 중요하게 영향을 미친다.
- 산업복지에서는 장애인의 고용을 막는 걸림돌을 없애고, 이미 일하고 있는 장애인 근로자가 더 좋은 환경에서 일하도록 돕는 데 관심을 가질 필요가 있다.

2. 장애인의 고용 상황

1) 일반적 상황

일반인에 비해서, 장애인은 유급 일자리에서 일하고 있는 비율이 더 낮다. 또한 장애인은 일반인보다 자발적인 실업 상태나 자발적이지 않은 실업 상태에 놓일 가능성이 훨씬 더 크다. 따라서 일반인에 비해 장애인은 일할 가능성이 더 적은 편이라고 볼 수 있다. 그리고 장애 정도가 더 심한 장애인이나 두 가지 이상의 장애 형태를 가진 장애인은 유급 일자리에서 일할 가능성이 더 적은 것으로 알려져 있다(International Labor Organization, 2020a; International Labor Organization, 2020b).

2) 장애인 고용에 걸림돌이 되는 요인

장애인이 유급 일자리에서 일하는 데 불리하게 작용하는 요인에는 여러 가지가 있을 수 있다. 이런 요인을 몇 가지 살펴보면 다음과 같다.

(1) 편견과 차별

장애인 주위의 사람들이 장애인에 대해 잘못된 편견을 가지고 장애인에 대해 차별하는 것은, 장애인이 유급 일자리에서 일하는 데 걸림돌이 될 수 있다. 우선, 고용주나 일반인은 장애인이 많은 종류의 일을 하는 데 적절하지 않다고 생각할 수 있고, 또한 장애인의 일할 수 있는 능력을 신뢰하지 않을 수 있다. 이와 같은 잘못된 편견은 장애인이 유급 일자리에서 일하는 데 불리하게 작용하고 있다(International Labor Organization, 2007; Alcock, 1997).

그리고 이런 편견은 장애인에 대한 차별로 이어지는 경우가 많다. 특히 고용주가 장애인에 대해 직접적으로 차별하기 때문에, 장애인은 유급 일자리에서 일하는 데 불리할 수 있다. 사실, 고용주가 장애를 가진 사람을 차별하기 때문에, 장애인은 사업장에서 일하면서 소득을 얻을 기회를 갖지 못하는 경우가 적지 않다(노병일, 2018a; 노병일, 2013; Alcock, 1997).

(2) 교육 · 훈련 기회의 부족

장애인이 교육이나 훈련을 받을 기회가 부족한 것은, 장애인이 유급 일자리에서 일하는 데 걸림돌이 될 수 있다. 실제로 장애인은 인적 자본이 취약하기 때문에, 유급 일자리에서 일하는 것과 관련해 불리할 수 있다. 그리고 장애인의 교육 수준이 상대적으로 낮은 것은 장애인이 유급 일자리에서 일하는 기회에 불리하게 작용할 뿐만 아니라, 장애인 근로자가 사업장에서 담당하는 업무, 임금 등에도 불리하게 작용할 가능성이 크다(노병일, 2018a).

일본 정신보건센터의 작업실 : 장애인이 교육 · 훈련을 받을 기회가 부족한 것은 유급 일자리에서 일하는 데 걸림돌이 될 수 있다.
[출처 : 일본에서 저자 촬영]

한편 사업장에서 필요한 기술이 빠르게 변하는 현대 사회에서는 최신의 관련 기술을 지속적으로 배우는 것이 필요한데, 일부 장애인에게는 이런 것이 어려울 수 있다. 이런 상황은 장애인이 유급 일자리에서 일하는 데 걸림돌이 될 수 있다.

(3) 물리적 환경의 불리

사업장의 물리적 환경이 좋지 않은 것은, 장애인이 유급 일자리에서 일하는 데 걸림돌이 될 수 있다. 특히 장애인은 물리적 환경에 접근하는 것과 관련해 어려움을 겪고 있다. 이런 물리적 환경은 교통편으로 이동하는 것, 주택에 오고가는 것, 사업장에 오고가는 것을 포함하고 있다. 실제로, 사업장의 물리적 환경이 장애인에게 불리하기 때문에, 장애인은 유급 일자리에서 일할 수 있는 기회를 갖지 못하는 경우가 많다. 예를 들어 영국의 경우, 일반 근로자에 비해서 장애인 근로자는 물리적으로 더 불리한 환경에서 근무하는 사례가 많은 것으로 조사된 바 있다(International Labor Organization, 2007; Alcock, 1997; Elwan, 1999).

또한 고용주가 장애인이 사업장에 참여할 수 있도록 사업장의 구조를 변경하지 않거나 또는 일하는 방식을 변경하지 않기 때문에, 장애인이 유급 일자리에서 일하는 데 불리한 경우도 적지 않다.

Point

- 일반인에 비해 장애인은 일할 가능성이 더 적다.
- 장애인 고용에 걸림돌이 되는 요인으로 편견과 차별, 교육·훈련 기회의 부족, 물리적 환경의 불리를 들 수 있다.

3. 장애인 근로자의 상황

1) 임 금

일반 근로자가 유급 일자리에서 일해서 얻는 임금에 비해, 장애인 근로자가 유급 일자리에서 일해서 얻는 임금은 매우 적은 편이다. 이에 따라 장애인의 생활 수준은 낮아질 수밖에 없다.

장애인 근로자의 임금 수준이 낮은 이유와 이에 대한 비판

그동안 여러 관점에서는 장애인 근로자의 임금 수준이 상대적으로 낮은 이유를 설명해 왔다. 그러나 이런 관점은 사실이 아닌 경우가 많다. 이런 관점과 이에 대한 비판을 구체적으로 제시하면 다음과 같다(Elwan, 1999; Oliver, 1996).

① 장애인 근로자의 근로 시간에 주목하는 관점이 있다. 이런 관점의 경우, 장애인 근로자는 사업장에서 일하는 시간이 상대적으로 적기 때문에, 장애인 근로자는 임금을 적게 받는다고 보고 있다. 그러나 이런 관점은 사실이 아니다. 장애인 근로자의 임금이 일반 근로자의 임금보다 더 적은 이유는, 장애인 근로자가 일을 덜 하기 때문이라기보다는, 장애인 근로자에 대한 임금이 더 적기 때문인 경우가 많다.

② 장애인 근로자의 생산성에 주목하는 관점이 있다. 이런 관점의 경우, 장애인의 소득이 적은 것은 어쩔 수 없다고 보고 있다. 이런 관점의 경우, 장애인이 유급 일자리에서 일한다 할지라도, 일반 근로자의 생산성에 비해 장애인 근로자의 생산성이 더 낮을 것이기 때문에, 장애인 근로자는 임금을 더 적게 받는다고 보고 있다. 그러나 이런 관점은 사실이 아니다. 이런 관점이 옳지 않은 이유를 몇 가지 살펴보면 다음과 같다.

㉠ 이런 관점은 일반 근로자의 생산성에 비해 장애인 근로자의 생산성이 반드시 낮은 것은 아니라는 점을 무시하고 있다. 실제로, 장애인 근로자의 생산성도 일반 근로자의 생산성에 뒤지지 않는 경우가 많다는 증거가 나타나고 있다.

㉡ 이런 관점은 사업장의 구조와 조직이 장애인을 포용하는 식으로 되어 있을 수도 있고, 장애인을 배제하는 식으로 되어 있을 수도 있다는 점을 무시하고 있다. 산업혁명 이후에 사업장에서 기계를 많이 사용하고 업무의 진행 속도가 빨라지게 되었는데, 이런 움직임은 유급 일자리에 장애인을 고용하는 데 불리하게 작용한 측면이 있다.

2) 직 종

일반적으로 장애인 근로자는 단순하고 급여가 적은 업무를 하는 경우가 많다. 또한 높은 수준의 지식과 기술을 필요로 하는 업무를 하는 장애인 근로자의 수는 적은 편이다(International Labor Organization, 2007). 이런 탓에, 장애인이 사업장에서 근로자로 일하는 직종은 지위가 낮고 임금이 적은 직종인 경우가 많다.

일자리를 찾기 위해 기술을 배우는 장애인 : 장애인 근로자는 급여가 적은 업무를 하는 경우가 많다.
[출처 : 저자 촬영]

그리고 일반 근로자에 비해서, 장애인 근로자는 자신의 교육 수준에 미치지 못하는 직종에서 일할 가능성이 더 크다. 이런 상황을 구체적으로 제시하면 다음과 같다(Elwan, 1999; Education and Employment Committee, 1999).

① 장애인 근로자들 중에서, 전문직이나 관리직에서 일하는 장애인의 수는 매우 적은 편이다.

② 장애인 근로자가 사업장에서 일하는 직종은 기술 수준이 낮은 직종인 경우가 많다. 따라서 장애인 근로자가 근무하는 직종은 장애인이 가진 능력보다 수준이 낮은(underemployment) 경우가 많다.

3) 승진과 퇴직

사업장에서 승진하는 것과 관련해, 장애인 근로자는 일반 근로자보다 더 불리한 경우가 많다. 그리고 사업장에서 퇴직하는 것과 관련해, 장애인 근로자는 일반 근로자보다 사업장에서 일하는 것을 더 빨리 중단하는 경우가 많다(Elwan, 1999).

4) 법적 보호

장애인이 차별을 겪지 않고 사업장에서 일할 수 있게 해주기 위해서, 국가는 사업장에서 일하는 전체 근로자 수의 일정 비율을 장애인으로 고용하도록 법으로 정하는 경우가 많다. 그러나 전체적으로 볼 때, 장애인 고용과 관련된 법이 제대로 지켜지지 않는 경우도 적지 않다.

Point

- 장애인 근로자가 유급 일자리에서 일해서 얻는 임금은 적은 편이다.
- 장애인 근로자는 지위가 낮고 임금이 적은 직종에서 일하는 경우가 많다.
- 장애인 근로자는 승진과 퇴직에서 불리한 경우가 많다.
- 장애인 고용과 관련된 법을 제대로 지키지 않는 경우도 적지 않다.

4. 사회복지사의 역할

장애인이 사업장에서 처음으로 일하거나 또는 장애인 근로자가 현재의 사업장에서 계속 일하게 해주기 위해서, 산업복지 영역에서 활동하는 사회복지사는 여러 가지 역할을 할 수 있다. 이와 관련된 중요한 역할로, 장애인이 유급 일자리에서 처음으로 일하도록 도와주는 역할과 현재 근무 중인 장애인 근로자를 도와주는 역할이 있다.

1) 장애인이 유급 일자리에서 처음 일하는 것과 관련된 역할

(1) 장애인에 대한 인식 개선과 관련된 역할

장애인에 대해 가지고 있는 편견은 장애인의 고용에 걸림돌이 되고 있다. 이때에 필요한 것은, 장애인에 대한 인식을 바꾸는 프로그램을 실시하는 것이다.

장애인에 대한 인식을 바꾸는 프로그램의 경우, 장애인에 대한 잘못된 인식을 없앰으로써, 장애인을 포함한 모든 사람이 일할 수 있는 기회를 공평하게 가지게 하는 데 도움을 주고 있다(노병일, 2018a; National Health Service, 2018).

그러므로 산업복지 영역에서 활동하는 사회복지사의 경우, 장애인에 대한 잘못된 인식을 없애는 데 있어 나름의 역할을 할 수 있다.

(2) 장애인의 업무 능력 향상과 관련된 역할

장애인이 유급 일자리에서 처음으로 일하기 위해서는, 장애인이 근로자로서 업무를 할 수 있는 능력을 갖추고 있어야 한다. 이 경우, 산업복지 영역에서 활동하는 사회복지사는 장애인이 유급 일자리에서 처음으로 일하는 것과 관련해 도움을 줄 수 있다.

인도 타지마할에서 일하는 장애인 직원 : 사회복지사는 장애인이 유급 일자리에서 처음으로 일하는 것과 관련해 도움을 줄 수 있다.
[출처 : 인도에서 저자 촬영]

(3) 경력 상담 및 지지 서비스와 관련된 역할

장애인은 자신이 교육 과정을 마친 후에 사업장에서 어려움이 없이 일할 수 있는 것을 가장 중요하게 생각하는 경우가 많다. 이를 위해서, 산업복지 영역에서 활동하는 사회복지사는 장애인에게 직업이나 경력과 관련해 상담 서비스를 제공할 수 있다. 또한 사회복지사는 일자리를 찾는 장애인을 격려하고 지지할 수 있다.

이와 관련해, 장애인이 사업장에서 일할 수 있는 기회를 갖게 해주기 위해 영국 의회는 다음과 같은 것을 제시한 바 있다(Education and Employment Committee, 1999).

① 해당 장애인에게 경력과 관련된 상담을 더 잘 제공한다.

② 교육 과정을 마친 새로운 젊은 장애인에게 지지 서비스를 제공한다.

(4) 정보통신 기술의 활용과 관련된 역할

사업장에서 장애인을 고용하는 것과 관련해, 정보통신 기술을 활용하는 것은 크게 도움이 될 수 있다. 이 중에서도 장애인이 정보통신 기술을 이용하고 사이버 공간에 접근할 수 있게 하는 것은 특히 중요하다. 그러나 장애인은 사이버 공간을 제대로 활용하지 못할 수 있다(Costlow, 2001).

정보통신 기술은 장애인이 유급 일자리에서 일할 수 있는 기회를 더 많이 가지는 데 특히 도움이 되고 있다. 그러므로 산업복지 영역에서 활동하는 사회복지사의 경우, 장애인의 고용을 위해 정보통신 기술을 활용하는 것과 관련해 나름의 역할을 할 수 있다.

2) 장애인 근로자를 위한 역할

(1) 개인 보조 서비스의 제공과 관련된 역할

장애인 근로자에게 개인 보조 서비스(personal assistance service)를 제공하는 역할은, 산업복지 영역에서 활동하는 사회복지사가 사업장에서 장애인 근로자를 상대로 활동할 때에 크게 관여하는 역할에 속하고 있다. 개인 보조 서비스는 신체적·감각적·정신적·인지적 장애를 가진 사람이 이런 장애가 없었더라면 스스로 할 수 있을 일을 하도록 도와주는 서비스를 말한다(Office of Disability Employment Policy, 2008).

모든 장애인은 유급 일자리에서 일하는지 여부에 상관없이 개인 보조 서비스가 필요하다. 그러나 사업장에서 일하는 장애인 근로자에게는 개인 보조 서비스가 특히 더 필요하다. 따라서 사회복지사는 사업장에서 개인 보조 서비스를 제공하는 데 관여할 수 있다.

사업장에서 제공하는 개인 보조 서비스의 예

사업장에서 제공하는 개인 보조 서비스를 몇 가지 제시하면 다음과 같다(Office of Disability Employment Policy, 2008).

① 움직이는 데 장애를 가진 근로자에게 다음과 같이 해준다.
  ㉠ 장애인 근로자의 손이 닿기 어려운 곳에 있는 서류들을 찾아준다.
  ㉡ 장애인 근로자가 사업장에서 이동하거나 출장을 가는 것을 도와준다.
② 인지 장애를 가진 근로자가 계획을 세우거나 결정을 내리는 것을 도와준다.
③ 시각 장애를 가진 근로자에게 우편물이나 문서를 읽어준다.
④ 청각 장애를 가진 근로자를 위해서, 직원회의에 수어 통역사를 참석시킨다.

사업장에서는 다양한 형태의 개인 보조 서비스를 제공할 수 있다. 그러나 각각의 장애인 근로자가 가지는 욕구는 서로 차이가 있다. 이런 탓에, 각각의 장애인 근로자에게는 나름의 독특한 개인 보조 서비스가 필요하다(Office of Disability Employment Policy, 2008). 그러므로 사회복지사의 경우, 사업장에서 일하는 장애인 근로자에게 맞는 개인 보조 서비스를 제공하는 것과 관련해 중요한 역할을 할 수 있다.

개인 보조 서비스를 제공한 사례

미국에서 장애인 근로자에게 개인 보조 서비스를 제공한 사례를 몇 가지 제시하면 다음과 같다(Office of Disability Employment Policy, 2008).

① 루게릭병(근위축성 측색 경화증, Lou Gehrig's disease)을 가진 정비 기사인 A씨는 조그만 공공 기관에서 일하고 있었다. A씨는 계단을 오르고 물건이나 장비를 나르는 것이 어려웠다. 이에 따라서, 이 기관에서는 A씨가 다른 기사와 함께 한 팀을 이루어서 일하게 해주었다. 그 결과, A씨와 함께 일하는 동료 기사가 장비를 쉽게 가지고 다닐 수 있었다. 그리고 이 기관에는 엘리베이터가 없었기 때문에, A씨에게는 1층에서만 작업하도록 해주었다.
② 하반신이 마비된 사무직 근로자인 B씨는 식품회사에서 일하고 있었다. 이 회사는 B씨에게 차량 보조원을 배치해 주었다. 이 차량 보조원은 B씨가 회사 내에서 이동하는 것을 도와주었고, 또한 B씨가 휠체어를 접어서 차에 넣는 것을 도와주었다.
③ 청각 장애를 가진 프로그램 분석가인 C씨는 보험회사에서 일하고 있었다. C씨는 회사에서 거의 대부분의 시간에 다른 사람과 대화하는 일을 하고 있었다. C씨는 팀으로 일하고 있었는데, 팀원들은 여러 가지 사업을 하면서 돌아가며 근무하고 있었다. 이에 따라서 이 회사는 C씨를 위해 수어 통역사를 고용해, C씨와 팀원들 사이에 의견을 쉽게 나눌 수 있도록 도와주었다.
④ 시각 장애를 가진 사례관리자인 D씨는 의료 서비스 회사에서 일하고 있었다. 이 회사는 D씨에게 기사를 딸려주었고, 이 기사는 D씨가 고객의 가정을 방문하는 것을 도와주었다.

(2) 구조적 걸림돌의 제거와 관련된 역할

사업장에는 장애인이 일하는 데 방해가 되는 걸림돌이 있기 마련이다. 산업복지 영역에서 활동하는 사회복지사의 경우, 장애인이 근로자로서 일하는 것과 관련해 사업장에 존재하는 구조적 걸림돌을 없애는 것과 관련해 나름의 역할을 할 수 있다. 즉, 장애인이 사업장에서 근로자로서 일할 수 있게 해주기 위해서, 사회복지사는 장애인에게 근무 환경을 조정해 주고 또한 장애인을 근무 형태나 근무 시간 등에서 배려해 주는 데 개입할 수 있다.

예를 들어, 미국의 한 통신회사는 미국 전역에 걸쳐서 '직무 조정 전문가(job accommodation specialist)'를 키운 바 있다. 이 경우, 직무 조정 전문가는 근로자의 상사와 상의해서, 보지 못하거나 듣지 못하거나 기타 장애 때문에 사업장에서 일하는 데 어려움을 겪는 근로자에게 근무 환경이나 작업 도구를 조정해 주는 일을 하고 있다(Auer & Fortuny, 2000). 사회복지사는 사업장의 이런 영역에서 나름의 역할을 할 수 있다.

장애인을 위한 편의시설이 없는 탓에, 손으로 들어서 휠체어를 나르게 되어 있는 공간: 사회복지사는 장애인이 사업장에서 근로자로서 일하는 데 걸림돌이 되는 것을 없애는 것과 관련해 역할을 할 수 있다.
[출처 : 스페인에서 저자 촬영]

(3) 고용주와 관련된 역할

장애인 고용과 관련해서는 고용주의 역할이 중요하다. 왜냐하면 고용주가 자신의 사업장에서 일하는 장애인 근로자가 계속해서 일하도록 도와주는 것이 중요하기 때문이다. 이를 위해서, 고용주는 장애인 근로자와 상의해서 작업 환경을 바꿔줄 필요가 있다. 이 경우, 작업 환경을 바꿔주는 것과 관련된 측면을 몇 가지 제시하면 다음과 같다(National Health Service, 2018).

① 장애인을 장애인에게 적절한 부서에 배치한다.
② 장애인이 일하는 작업 공간을 장애인이 편하게 일할 수 있게 바꾼다.
③ 장애인이 근무하는 곳에는 점자를 읽는 기구나 수어 통역사를 배치한다.

그리고 이와 관련해, 고용주가 장애인 근로자를 위해 할 수 있는 구체적인 조치를 몇 가지 제시하면 다음과 같다(UK Government, 2021).

① 업무를 다른 방식으로 할 수 있게 해준다. 이런 예로, 장애인 근로자가 회사의 책상이 아니라 자기 자신이 사용하던 책상을 사업장으로 가지고 와서 업무를 보게 해주는 것이 있다.
② 사업장의 시설을 장애인 근로자에게 편하게 바꿔준다. 이런 예로 다음과 같은 것이 있다.
   ㉠ 휠체어를 사용하는 근로자를 위해 경사로를 설치한다.
   ㉡ 청각 장애인을 위해 화재 경보를 그림으로 알려주는 시스템을 갖춘다.
③ 장애인 근로자가 일하는 장소를 장애인 근로자에게 편한 곳으로 정해준다. 이런 예로, 휠체어를 사용하는 근로자에게는 1층에서 작업하게 해주는 것이 있다.
④ 장애인 근로자의 장비를 장애인 근로자에게 편한 것으로 바꿔준다. 이런 예로, 손목을 사용하는 데 어려움을 겪는 장애인 근로자에게 특별한 키보드를 제공하는 것이 있다.
⑤ 장애인 근로자가 편하게 쉴 수 있는 휴게실을 제공한다.

산업복지 영역에서 활동하는 사회복지사의 경우, 고용주가 장애인 근로자에게 맞게 작업 환경을 바꿔주게 하는 것과 관련해 나름의 역할을 할 수 있다.

Point

- 사회복지사는 장애인이 유급 일자리에서 처음 일하도록 도와주는 역할과 현재 근무 중인 장애인 근로자를 도와주는 역할을 할 수 있다.

CHAPTER

09 노인 근로자의 복지

차례

1. 노인과 산업복지[1)]

오늘날에는 전 세계적으로 인간의 수명이 길어지고 있고, 이에 따라서 노인의 수도 크게 증가하고 있다. 그 결과, 인간의 삶에서 노년기에 적절한 수준의 소득을 확보하는 것이 더욱더 중요해지고 있다. 노년기에 적절한 수준의 소득을 확보하는 방법에는 여러 가지가 있을 수 있다. 이 중에서 노년기에 가장 의미 있게 소득을 확보하는 방법은, 노인이 유급 일자리에서 일하는 것이다.

노인이 유급 일자리에서 일할 경우, 노인은 소득을 확보하게 될 뿐만 아니라, 자신이 사회에서 가치 있는 존재라는 인식을 더 가지게 된다. 따라서 노년기에 유급 일자리에서 일하는 것은 노인의 정신건강과 밀접하게 관련되고 있다. 또

1) 본 장에서 '노인 근로자'라는 표현을 사용하기는 하지만, 본 장에서는 '노인'이라는 용어가 특정한 나이와 관련되는 식으로 사용하지 않는다. 따라서 본 장의 경우, 노인 근로자라고 해서 노인의 나이가 반드시 노인복지와 관련된 법에 나타난 특정한 나이(예컨대, 65세 이상)를 가리키는 것은 아니다. 즉, 본 장에서는 노인 근로자라는 용어는 젊은 근로자에 대비되는 용어로 주로 사용한다.

한 노인이 계속해서 유급 일자리에서 일하는 것은 노인이 현재의 신체적 건강을 유지하거나 또는 신체적 건강을 더 좋게 하는 데 도움을 주고 있다.

이런 탓에, 노인이 유급 일자리에서 계속해서 일하는 것은 노년기를 성공적으로 보내는 데 크게 도움이 되고 있다. 결과적으로 볼 때, 노년기에 고용은 노인의 삶의 질을 높이는 데 크게 이바지하고 있다(문명숙 · 노병일, 2020; 노병일, 2020a).

이런 측면을 고려하여, 많은 국가에서는 노인이 참여할 수 있는 일자리의 수를 늘리는 데 관심을 가지고 있다(Choi & Bum, 2019). 그러나 오늘날에 노인이 근로자로서 활동하는 기회를 갖는다는 것은 쉬운 일이 아니다. 특히 기업의 경우, 조기 퇴직과 관련된 제도를 통해서 노인 근로자를 사업장에서 내보내려는 시도는 많이 하고 있지만, 노인을 근로자로 새로 고용하거나 계속 고용하는 측면에는 관심을 크게 가지지 않는 편이다.

하지만 노인은 사회의 구성원으로서 가장 많은 경험을 가지고 있는 집단이다. 이런 경험은 젊은 근로자가 아무리 많은 비용을 들인다 해도 얻을 수 없는 귀한 자원이다. 따라서 산업복지에서는 노인이 가진 이런 귀중한 자원을 사업장에서 근로자로서 유용하게 활용할 수 있는 방안에 대해 관심을 가질 필요가 있다.

특히 오늘날에는 인간의 수명이 늘어나고 출산율이 낮아지기 때문에, 노인은 주요한 사회 구성원이 되고 있다. 그러므로 산업복지에서는 노인에게 일자리를 제공해서 노인이 의미 있고 중요한 일을 하도록 해주는 데 관심을 가질 필요가 있다.

그리고 산업복지에서는 노인이 사업장에서 계속해서 일할 수 있는 상황을 만드는 데 주목할 필요가 있다. 따라서 노인 근로자에 주목하는 산업복지는, 노인이 가진 귀한 자원을 사회에 이바지하는 데 사용할 수 있게 하는 '생산적' 복지의 측면을 지니고 있다.

역사적 유적을 수리하는 노인들 : 노인은 사회의 구성원으로서 가장 많은 경험을 가진 집단이다.
[출처 : 이탈리아에서 저자 촬영]

한편 산업복지는 사업장에서 일하다가 퇴직할 시기에 이른 노인 근로자가 잘 적응하는 것과 관련해 도움을 줄 수 있다. 노인 근로자가 퇴직에 대해 심리적으로 잘 적응하게 해주는 것은 산업복지의 중요한 영역이 될 수 있다. 왜냐하면 사회복지사는 인간이 살아가는 단계에서 나타나는 위기와 기회를 잘 알고 있기 때문이다. 그러므로 산업복지 영역에서 활동하는 사회복지사의 경우, 퇴직한 노인이나 퇴직할 예정인 노인 근로자가 자신의 노년기를 잘 헤쳐 나아가게 하는 데 도움을 줄 필요가 있다(Burmeister, 2005).

Point

- 산업복지에서는 노인이 가진 귀중한 자원을 사업장에서 근로자로서 유용하게 활용하는 방안에 관심을 가질 필요가 있다.
- 산업복지에서는 퇴직하였거나 퇴직 예정인 노인 근로자가 노년기를 잘 헤쳐나아가게 하는 데 도움을 줄 필요가 있다.

2. 노인 고용의 현황

오늘날에는 노인이 사업장에서 일하는 경우가 많아지고 있다. 노인이 유급 일자리에서 일하는 비율은 성에 따라 차이가 나고 있고, 또한 국가에 따라 차이가 나고 있다. 그러나 일반적으로 전체 근로자들 중에서 노인 근로자가 차지하는 비율은 높은 편이 아니다.

그리고 오늘날의 경우, 노인이 유급 일자리에서 일할 수 있는 방법은 예전보다 더 다양해지고 있다. 그러나 노인이 유급으로 일할 수 있는 자리는 정규직 일자리보다는 비정규직 일자리나 기타 형태의 일자리인 경우가 더 많다. 또한 노인이 아닌 근로자에 비해서, 노인 근로자는 자신의 능력에 미치지 못하는 일자리에서 일하는 경우가 더 많은 것으로 알려져 있다.

그리고 젊은 근로자에 비해서, 노인 근로자는 사업장에서 물러나게 될 가능성이 더 클 수 있다. 예를 들어, 고용주가 비용을 줄일 목적으로 젊은 근로자를 더 원할 경우, 나이가 든 근로자부터 사업장에서 나가게 할 가능성이 크다(Slauson, 2020; Anderson, 2020; Cooney, 1996). 특히 구조 조정이 자주 일어나는 시기에는, 노인 근로자는 가장 먼저 사업장에서 쫓겨나는 대상이 될 가능성이 크다.

그리고 나이가 든 근로자는, 일단 일자리를 잃게 되면 새로운 일자리를 구하기가 매우 어려울 수 있다. 특히 이런 노인이 정규직 일자리를 얻는 것은 더욱더 어려울 수 있다.

결국, 오늘날에 노인은 자신의 능력에 어울리는 일자리에서 일하거나, 현재의 고용 상태를 유지하거나, 마땅한 일자리를 찾는 데 어려움을 더 겪는 경우가 많다.

Point

- 노인은 자신의 능력에 어울리는 일자리에서 일하거나 현재의 고용 상태를 유지하거나 마땅한 일자리를 찾는 데 어려움을 더 겪는 경향이 있다.

3. 노인이 일하려는 이유와 노인이 바라는 일자리의 형태

1) 노인이 일하려는 이유

(1) 일반적 이유

과거에는 퇴직은 유급 일자리에서 일하는 생활이 끝나는 것을 의미하였다. 하지만 오늘날에는 인간의 수명이 길어짐에 따라서 퇴직의 의미가 변하고 있다. 그 결과, 많은 노인은 퇴직의 의미를 새롭게 해석하고 있는데, 이에 따라 나타나는 현상이 계속해서 유급 일자리에서 일하는 것이다(Slauson, 2020). 따라서 어떤 측면에서 보면, 현대 사회에서 퇴직의 의미가 변하는 것은 많은 노인이 유급 일자리에서 일하려고 하는 근본적인 이유가 될 수 있다.

(2) 구체적 이유

퇴직한 노인은 여러 가지 어려움을 겪을 수 있다. 퇴직한 노인이 겪는 어려움을 몇 가지 제시하면 다음과 같다(Slauson, 2020).

① 외로움을 느낄 수 있다.
② 예전의 일자리에서 그랬던 것처럼, 규칙적으로 생활하고 싶을 수 있다.
③ 일하면서 정신적으로 자극을 받기를 원할 수 있다.
④ 경제적 자원이 더 필요할 수 있다.

퇴직한 노인이 겪는 위와 같은 어려움을 모두 해결하는 가장 좋은 방법은 노인에게 유급 일자리를 제공하는 것이다. 따라서 위와 같은 사실에 근거해, 노인이 일하려고 하는 구체적인 이유를 몇 가지 제시하면 다음과 같다(Kurzman, 2011; Slauson, 2020).

① 경제적 자원을 확보하고자 하기 때문이다. 즉, 돈을 더 벌고자 하기 때문이다. 사실, 많은 노인은 경제적 자원을 확보할 필요가 있기 때문에 일하려 하고 있다.
② 새로운 사람을 만나고자 하기 때문이다.

③ 그동안 항상 꿈꾸어 왔으나 실제로는 할 기회가 없었던 새로운 경력을 찾고자 하기 때문이다.

택배 물품을 나르는 노인 : 노인은 경제적 자원을 확보하고자 하기 때문에 일하려고 할 수 있다.
[출처 : 저자 촬영]

2) 노인이 바라는 일자리의 형태

노인이 바라는 유급 일자리에는 여러 가지 형태가 있을 수 있다. 특히, 노인이 퇴직한 후에 바라는 일자리의 형태에는 여러 가지가 있을 수 있다. 일하고자 하는 노인이 가장 바라는 일자리의 형태는 노인이 추구하는 목표, 능력, 건강, 기타 요인에 따라서 차이가 나고 있다(Slauson, 2020).

일하고자 하는 노인이 바라는 유급 일자리의 형태를 몇 가지 제시하면 다음과 같다(Slauson, 2020).

① 이전에 하던 일과 관련된 일자리가 있다. 노인은 정규직으로 근무하지 않으면서 자신의 전문적 분야에서 계속해서 일하기를 원하는 경우가 많다. 이 경우, 노인은 계약직으로 근무하면서, 더 자유롭고 융통성 있는 삶을 즐기면서 계속해서 일할 수 있다.

② 지역사회와 관련된 일자리가 있다. 이런 일자리의 예로 운전과 관련된 일자리가 있다.

③ 사회적으로 교류하는 일자리가 있다. 정기적으로 사회적 교류를 하는 일자리는 노인이 건강한 생활을 유지하는 데 도움을 주고 있다. 실제로, 사람들과 자주 교류하는 일자리는 노인이 활발하게 지내는 데 도움을 줄 수 있고, 또한 행복을 더 느끼게 하는 데 도움을 줄 수 있다.

④ 다른 사람을 돕는 일자리가 있다. 인간이 노년기를 맞이하면, 그동안 자신이 받은 혜택을 사회에 돌려주기를 원할 수 있다. 교육 영역이나 서비스 영역에서 일한 노인의 경우, 자신이 귀중하게 살면서 경험한 것을 활용해서 다른 사람을 돕는 식으로 일할 수 있다.

⑤ 신체적으로 힘들지 않은 일자리가 있다. 다만, 신체적으로 어려움을 겪는 노인은 어떤 형태의 일을 하는 것이 어려울 수 있다. 그러나 이런 노인에게 편의시설을 잘 갖추어 줄 경우, 노인은 일을 잘 할 수 있다.

⑥ 활발하게 활동하는 일자리가 있다. 이 경우, 노인은 신체적으로 건강한 상태를 유지하여야 한다. 활발하게 활동하는 일자리는 노인이 돈도 벌면서 건강하게 지내는 데 도움을 주고 있다.

⑦ 자신이 좋아하는 취미를 살리는 일자리나, 평생을 살면서 가져온 열정을 새롭게 살릴 수 있는 일자리가 있다. 이런 일자리의 경우, 노인이 약간의 돈도 벌면서 이와 동시에 자신이 그동안 하고 싶었던 것을 해볼 수 있는 기회를 제공하고 있다.

⑧ 자신이 사장으로 일하는 일자리가 있다. 자신이 사업을 직접 해보기를 항상 원해왔던 노인에게, 퇴직은 자신의 경영 능력을 펼치는 기회가 될 수 있다. 사실, 자신의 사업을 시작하는 것은 퇴직한 사람이 사장 역할도 해보면서 돈도 버는 방법에 속하고 있다.

Point

- 현대 사회에서 퇴직의 의미가 변하는 것은 많은 노인이 유급 일자리에서 일하려는 근본적 이유가 될 수 있다. 노인이 일하려는 구체적 이유로 경제적 자원의 확보, 새로운 사람과의 만남, 새로운 경력의 경험이 있다.
- 일하려는 노인이 가장 바라는 일자리의 형태는 노인이 추구하는 목표, 능력, 건강, 기타 요인에 따라서 차이가 난다.

4. 노인 고용의 효과

1) 일반적 효과

유급 일자리에서 일하는 것은 특히 노인에게 매우 긍정적으로 영향을 미칠 수 있다. 실제로, 노인이 유급 일자리에서 일하는 것은 노인의 신체적 건강과 정신건강에 긍정적으로 영향을 미치는 것으로 알려져 있다. 예를 들어 그동안의 연구에 따르면, 유급 일자리에서 일하다가 퇴직한 사람은 우울하고, 심장과 관련된 문제를 겪고, 삶에서 목적을 찾지 못해 건강이 좋지 않은 경우가 많다(Bersin & Chamorro-Premuzic, 2019; Slauson, 2020). 이런 점은 노인이 유급 일자리에서 일하는 것은 건강에 긍정적으로 영향을 미친다는 사실을 잘 보여주고 있다.

2) 구체적 효과

노인이 유급 일자리에서 일하는 것은 구체적인 여러 영역에서 노인의 복리에 긍정적으로 영향을 미치고 있다. 유급 일자리에서 일하는 것이 노인에게 긍정적으로 영향을 미치는 측면을 구체적으로 몇 가지 제시하면 다음과 같다(Slauson, 2020; Bersin & Chamorro-Premuzic, 2019).

(1) 경제적 자원의 제공

말할 것도 없이, 노인이 유급 일자리에서 일할 경우의 주요한 장점은 보수를 받는다는 것이다. 따라서 노인이 유급 일자리에서 일하는 것은, 노인 자신이나 노인이 속한 가족이 경제적 자원을 늘리는 데 도움을 주고 있다.

노인이 퇴직 연령이 지나서도 일할 경우, 노인은 앞으로 남은 생애 기간 동안에 사용할 수 있는 경제적 자원을 확보할 수 있게 된다. 노인의 경제적 자원이 더 많아지는 상황은, 노년기의 삶에 크게 긍정적으로 영향을 미치게 된다.

(2) 정신적 능력의 향상

노인이 유급 일자리에서 일하는 것은, 노인의 정신적 능력을 향상시켜 주는 데 도움을 주고 있다. 따라서 노인이 유급 일자리에서 일하는 것은 노인의 정신건강에도 유리하게 작용하고 있다. 그 결과, 유급 일자리에서 일하는 노인은 좋은 정신건강 상태를 잘 유지할 수 있는 경우가 많다. 또한 노인이 계속해서 유급 일자리에서 일할 경우, 치매가 나타나는 나이가 더 늦어지는 것으로 알려져 있다.

(3) 사회적 복리 수준의 향상

노인이 유급 일자리에서 일하는 것은, 노인이 사회적으로 더 교류하고 관계를 형성하는 데 도움을 주고 있다. 사실, 외로움(고독)은 노인에게 점점 더 문제가 되고 있다. 이런 탓에, 일자리는 노인의 외로움을 줄여주는 것과 관련해 매우 중요할 역할을 할 수 있다. 노인이 퇴직한 후에 유급 일자리에서 일하는 것이 외로움을 줄여주는 이유를 구체적으로 제시하면 다음과 같다.

① 사회적으로 교류하고 지역사회에 관여할 수 있는 기회를 제공하기 때문이다.

② 동료 근로자와 관계를 맺을 수 있기 때문이다.

(4) 새로운 시도 기회의 제공

노인이 유급 일자리에서 일하는 것은, 노인이 새로운 것을 시도할 수 있는 기회를 제공하고 있다. 노인은 자신이 좋아했던 분야의 일을 퇴직한 후에 자기 사업으로 운영해 볼 수 있다. 이렇게 할 경우, 노인은 그동안 자신이 하고 싶었던 것도 하고 돈도 벌 수 있게 된다. 실제로, 퇴직한 후에 일하는 노인들 중에는 새로운 것을 해보기를 원하기 때문에 일하는 노인이 많은 것으로 알려져 있다.

(5) 복지 혜택의 제공

노인이 유급 일자리에서 일하는 것은, 노인이 복지와 관련된 혜택을 받는 데 도움을 주고 있다. 이런 복지 혜택의 예로 사업장에서 제공하는 민간 의료 보험이 있다.

(6) 전체적으로 더 즐거운 생활의 유지

노인이 유급 일자리에서 일하는 것은, 노인이 전체적으로 더 즐거운 삶을 유지하는 데 도움을 주고 있다. 퇴직한 후에 유급 일자리에서 일할 경우, 노인은 더 젊어진다고 느끼는 것으로 알려져 있다. 그리고 노인이 유급 일자리에서 일할 경우, 우울한 상태에 놓일 가능성이 크게 줄어드는 것으로 알려져 있다.

빙하지대의 관광지에서 항상 밝은 낯으로 일하는 노인 근로자와 방문자들 : 유급 일자리에서 일하는 것은 노인이 더 즐거운 삶을 유지하는 데 도움을 준다.
[출처 : 캐나다에서 촬영]

(7) 수명의 연장

앞에서 제시한 여러 가지 긍정적 상황은 노인의 전체적인 건강에 유리하게 작용하고 있다. 따라서 노인이 유급 일자리에서 일하는 것은, 노인이 더 오래 사는 데 도움을 주고 있다. 이런 탓에, 노인이 유급 일자리에서 일할 경우, 노인의 수명은 더 늘어날 수 있다. 실제로 어느 연구에서는, 65세 이후에 퇴직 연령을 1년만 늦출 경우, 건강한 노인이 사망할 가능성이 10%가 넘게 줄어들 수 있는 것으로 나타난 바 있다.

Point

• 노인이 유급 일자리에서 일하는 것은 구체적인 여러 영역에서 노인의 복리에 긍정적으로 영향을 미친다.

5. 노인 고용에 걸림돌이 되는 요인과 노인의 일할 수 있는 능력

1) 노인 고용에 걸림돌이 되는 요인

(1) 일반적 요인

노인이 유급 일자리에서 일하는 것에 걸림돌이 되는 요인에는 여러 가지가 있을 수 있다. 일반적으로 젊은 근로자에 비해서 노인 근로자는 다음과 같은 특성을 지닌다고 인식하는 경향이 있는데, 이런 점은 사업장에서 노인을 근로자로 고용하기를 꺼리게 만드는 요인이 될 수 있다(Zastrow, 2010).

① 생산성이 더 낮다.
② 함께 지내기가 더 어렵다.
③ 교육을 시키기가 더 어렵다.
④ 사고를 낼 가능성이 더 크다.
⑤ 결근을 더 많이 한다.
⑥ 더 서투르다.

그리고 사업장의 관리자나 젊은 근로자는 노인 근로자에 대해 부정적으로 인식할 수 있는데, 이런 점은 사업장에서 노인을 근로자로 고용하기를 꺼리게 만드는 요인이 될 수 있다. 예를 들어, 관리자나 젊은 근로자는 노인 근로자가 다음과 같은 특성을 지닌다고 보는 경향이 있는데, 이런 점은 사업장에서 노인을 근로자로 고용하기를 꺼리게 하는 요인이 될 수 있다(Roscigno, 2010; Bersin & Chamorro-Premuzic, 2019).

① 융통성이 없다.

② 느리다.
③ 체계적으로 일하지 못한다.
④ 다루기 어렵다.
⑤ 교육이나 훈련을 시키는 데 비용이 많이 든다.
⑥ 적응을 잘 하지 못한다.
⑦ 적극적으로 나서서 새로운 것을 시도하지 못한다.

결국, 사업장에 노인 근로자의 수가 적은 일반적인 이유는, 노인이나 노인의 근로 능력에 대해 부정적으로 인식하기 때문이다. 따라서 노인의 근로 능력에 대한 인식은 노인이 유급 일자리에서 일하는 것에 걸림돌이 되는 일반적 요인에 속하고 있다. 그 결과, 최신의 교육을 받은 젊은 근로자를 더 적은 임금을 주고 고용하는 것이 가능할 경우, 사업장에서 노인을 근로자로 고용하기를 꺼리는 것은 당연하다고 볼 수도 있다.

(2) 고용주의 인식과 관련된 요인

노인이 유급 일자리에서 일하는 기회를 갖는 것과 관련해 중요한 인물은 고용주이다. 그리고 이때에 특히 중요한 것은 고용주의 인식이다. 왜냐하면 고용주가 노인 근로자에 대해 인식하는 바는, 노인이 사업장에서 지속적으로 일할 수 있는지 여부를 결정하는 데 중요하게 영향을 미치기 때문이다.

고용주는 노인의 능력에 대해 긍정적으로 인식할 수 있다. 노인을 고용하는 데 관심이 많은 고용주는, 경험이 많고 성숙한 노인 근로자는 젊은 근로자가 가지지 않은 장점을 가지고 있다는 점을 잘 알고 있는 경우가 많다. 그리고 예전에 비해서, 오늘날에는 노인을 고용하는 데 크게 관심을 가진 고용주가 많다(Slauson, 2020). 이런 상황에서는 노인이 유급 일자리에서 일하는 기회가 더 많아질 수 있다.

그러나 현실은 그렇지 않은 경우도 많다. 사실, 고용주는 노인의 일하는 능력에 대해 매우 부정적으로 인식할 수도 있다. 이 경우에는 사업장에서 연령차별이 나타날 수밖에 없고, 이것은 고용주가 노인을 근로자로 고용하기를 꺼리는 상황으로 바로 이어질 가능성이 크다. 이런 상황에서는 사업장에서 일하는 노인 근로자의 수가 적을 수밖에 없다.

한편 미국 퇴직자협회(American Association of Retired Persons)가 후원한 연구에 따르면, 노인 근로자에 대한 견해를 크게 다음과 같이 두 가지로 구분할 수 있다(Sicker, 1997).

① 노인 근로자는 일에 대한 윤리 의식이 강하고 자신의 일을 신중하게 처리하므로, 안정되고 책임성이 있고 신뢰할 만하다고 보는 견해가 있다.

② 노인 근로자는 융통성이 없고 혁신적이지 못하고 기술적으로 뒤떨어지고 팀에서 함께 일하는 데 어울리지 않는다고 보는 견해가 있다.

위의 견해들 중에서 고용주가 어떤 견해를 가지느냐에 따라서, 사업장에서 노인을 근로자로 고용하는 정도가 달라질 가능성이 크다. 이것을 구체적으로 제시하면 다음과 같다(Sicker, 1997).

① 고용주가 첫 번째 견해를 가질 경우, 고용주는 임금이 적고 기술 수준이 낮은 일자리에 노인을 근로자로 고용하는 방향으로 나아갈 가능성이 크다. 이것은 노인 근로자가 가진 원숙함이 젊은 근로자를 사업장에 잘 적응시키는 역할을 하는 경우에 특히 그렇다.

② 고용주가 두 번째 견해를 가질 경우, 고용주는 상당한 수준의 전문적·기술적 기법이 필요한 일자리에는 노인을 근로자로 고용하거나 유지하기를 꺼리는 방향으로 나아갈 가능성이 크다.

결국, 고용주가 노인에 대해 가지는 인식은, 노인이 유급 일자리에서 일하는 정도를 결정하는 데 중요한 요인이 되고 있다.

(3) 근본적 요인

근본적으로 볼 경우, 노인이나 노인 근로자가 고용 영역에서 불리한 위치에 있는 이유는 고용 영역에서의 연령차별 때문이다. 예를 들어, 노인 근로자가 자신의 능력에 미치지 못하는 일자리에서 일하는 경우가 많은 근본적인 이유는 연령차별 때문이라고 볼 수 있다. 따라서 고용 영역에서의 연령차별은, 노인이나 노인 근로자가 유급 일자리에서 새로 일하거나 계속 일하는 데 걸림돌로 작용하는 근본적인 요인이 되고 있다(노병일, 2020a).

복지 기관에서 관리인으로 일하는 노인 : 노인이 고용 영역에서 불리한 위치에 있는 근본적인 이유는 연령차별 때문이다.
[출처 : 오스트리아에서 전영신 님 제공]

그러나 사업장에서 연령에 대해 편견을 가지고 차별하는 현상은 아직까지도 쉽게 없어지고 있지 않다. 이에 따라 오늘날의 경우, 고용 영역에서 연령에 대해 차별하는 것은 사업장에서 주요한 문제가 되고 있다. 이와 관련해 '회색 천장(gray ceiling)'이라는 용어도 등장하고 있다(Slauson, 2020). 회색 천장은 노인 근로자가 다시 유급 일자리에서 일하고자 할 때에 놓여 있는 걸림돌을 말한다.

연령차별이 미치는 영향

고용 영역에서의 연령차별은 여러 수준에서 부정적으로 영향을 미치고 있다. 고용 영역에서의 연령차별이 미치는 영향을 구체적으로 제시하면 다음과 같다(Slauson, 2020).

① 고용 영역에서의 연령차별은 노인 개인에게 부정적으로 영향을 미치고 있다. 무엇보다도, 고용 영역에서 연령에 대해 차별하는 것은 노인이 일자리를 찾는 데 부정적으로 영향을 미치고 있다. 또한 고용 영역에서의 연령차별 때문에, 노인은 자신이 원하는 일자리에서 일하지 못할 수도 있다.

② 고용 영역에서의 연령차별은 조직(사업장)에 부정적으로 영향을 미치고 있다. 예를 들어, 고용 영역에서의 연령차별 때문에, 조직의 생산성과 사기가 낮아질 수 있다.

2) 노인의 일할 수 있는 능력

앞에서의 설명에서 알 수 있듯이, 연령과 사업장에서 일하는 것이 서로 관련되는 정도는, 노인 근로자의 고용과 관련해 중요한 관심거리가 되고 있다. 노인과 관련된 여러 연구에서는, 일반 성인이 활동하는 데 최소로 필요한 신체적 능력과 심리적 능력을 대부분의 노인도 가지고 있는 것으로 나타나는 경우가 많다.

그러나 이 경우, 노인이 사업장에서 근로자로서 실제로 어떻게 하고 있는지에 대해서도 살펴볼 필요가 있다. 이와 관련해, 젊은 근로자에 비해서 노인 근로자는 다음과 같은 경우가 많은 것으로 나타난 바 있다(Slauson, 2020; Roscigno, 2010).

① 더 헌신적으로 일하고 있다.
② 일과 관련된 윤리 의식을 더 갖추고 있다.
③ 더 긍정적인 태도를 가지고 있다. 따라서 노인 근로자는 일자리에서 가장 적극적으로 관여하고 있다.
④ 직장을 그만두는 비율이 더 낮다.
⑤ 결근하는 사례가 더 적다.

노인 근로자가 위와 같은 장점을 가지기 때문에, 노인 근로자는 사업장에서 더 오랫동안 계속 근무할 가능성이 크다. 실제로 나이가 들어 고용된 근로자는 젊은 나이에 고용된 근로자보다 오랫동안 사업장에서 근무할 가능성이 더 큰 것으로 알려져 있다. 또한 그동안의 연구에 따르면, 평균적으로 볼 때 노인 근로자는 젊은 근로자보다 사업장에 더 관여하고 있다. 왜냐하면 유급 일자리에서 일하고자 하는 노인 근로자는 일하고자 하는 동기가 젊은 근로자보다 더 크기 때문이다(Slauson, 2020).

그리고 일부 학자의 경우, 나이가 든 것이 일하는 것과 어떤 관련이 있는지를 연구한 결과를 정리한 바 있다. 이런 결과를 몇 가지 제시하면 다음과 같다(Atchley, 2000).

① 다른 연령층의 근로자에 비해서, 노인 근로자는 사업장에서 하는 일에 더 만족하고 있다.

② 다른 연령층의 근로자에 비해서, 노인 근로자는 사업장에 더 충실하고 또한 사업장을 그만둘 가능성이 더 적다.

③ 노인 근로자가 건강할 경우, 젊은 근로자에 비해서 노인 근로자는 더 적게 결근하고 있다. 그러나 노인 근로자의 건강이 좋지 않을 경우, 젊은 근로자에 비해서 노인 근로자는 더 자주 결근하고 있다.

④ 젊은 근로자에 비해서, 노인 근로자는 사업장에서 산업재해를 겪을 가능성이 더 적다. 그러나 노인 근로자가 산업재해를 겪을 경우, 젊은 근로자에 비해서 노인 근로자는 회복하는 데 시간이 더 오래 걸리고 또한 장애를 겪을 가능성이 더 크다.

⑤ 노인 근로자는 계속해서 배우고 있다.

그리고 일부 젊은 근로자의 경우, 노인 근로자의 일할 수 있는 능력에 대해 긍정적으로 인식하고 있다. 예를 들어, 미국에서 조사한 바에 따르면, 젊은 근로자는 함께 일하는 노인 근로자가 다음과 같은 특성을 지니는 귀한 존재라고 보는 경우도 많다(Slauson, 2020).

① 독특한 경험과 생각을 가지고 있다.

② 사업장의 생산성을 더 높일 수 있다.

그러므로 노인의 일할 수 있는 능력에 대해 부정적인 편견을 가지는 것은 옳지 않다고 볼 수 있다. 그동안 선진국에서 노인 근로자를 고용한 기업의 실제 사례를 살펴볼 경우(Auer & Fortuny, 2000), 노인 근로자에 대해 가지는 부정적 인식은 잘못된 것임을 잘 알 수 있다.

일 년의 대부분을 전 세계로 출장을 다니는 노인 사업가가 외국의 사업파트너와 악수하는 장면 : 노인의 일할 수 있는 능력에 대해 부정적인 편견을 가지는 것은 옳지 않다.
[출처 : 독일에서 장철수 님 제공]

실제로 그동안의 연구에 따르면, 대부분의 사람은 30세가 지나면 신체적 능력은 줄어든다. 그러나 지식과 전문적 기술은 80세가 넘어서도 계속 늘어나고 있다. 지식과 전문적 기술은 일을 잘하는 정도를 보여주고 있다. 그리고 새로운 것을 배우는 데에는 나이가 문제가 될 수 없다(Bersin & Chamorro-Premuzic, 2019). 이런 탓에, 노인은 유급 일자리에서 일할 수 있는 능력을 충분히 가지고 있다. 그러므로 노인이 유급 일자리에서 일하는 데에는 문제가 없다.

Point

- 노인의 노동 능력에 대한 인식은 노인이 유급 일자리에서 일하는 것에 걸림돌이 된다. 고용주가 노인에 대해 가지는 인식은, 노인이 유급 일자리에서 일하는 정도를 결정하는 데 중요한 요인이 된다.
- 노인이 고용 영역에서 불리한 위치에 있는 이유는 고용 영역에서의 연령차별 때문이다.
- 회색 천장은 노인 근로자가 다시 유급 일자리에서 일하고자 할 때에 놓여 있는 걸림돌이다.
- 노인은 유급 일자리에서 일할 수 있는 능력을 충분히 가지고 있다.

6. 노인 근로자를 위한 제도와 프로그램

1) 노인을 고용하는 것과 관련된 제도

(1) 연령차별을 금지하는 제도

노인이 유급 일자리에 쉽게 고용되고 또한 노인 근로자가 유급 일자리에서 지속적으로 일할 수 있기 위해서는, 고용 영역에서 연령에 대해 차별하는 것을 금지하는 제도가 필요하다. 이와 관련해 좋은 방안의 하나는, 고용 영역에서 연령에 대해 차별하는 것을 금지하는 법을 만드는 것이다.

연령차별 때문에 노인이 유급 일자리에서 불리한 상황과 관련해, 실제로 일부 국가에서는 노인을 더 쉽게 고용하기 위해서 연령에 대해 차별하는 것을 금지하는 법을 만들고 있다. 이런 법은 노인이 근로자로 일하는 데 유리하게 작용하는 경우가 많다.

그러나 어느 경우에는 이런 법은 노인을 고용하는 데 불리하게 작용할 수도 있다. 예를 들어, 연령에 대해 차별하는 것을 금지하는 법은 유급 일자리에서 이미 일하고 있는 근로자가 더 안정되게 계속해서 일할 수 있게 하는 데 도움을 주고 있다. 하지만 이런 법은 실업 상태에 있는 노인이 고용될 기회를 줄이는 식으로 작용할 수도 있다. 왜냐하면 이런 법이 노인 근로자를 해고로부터 보호해주는 탓에, 고용주는 노인을 고용하는 것을 꺼릴 수도 있기 때문이다(Dex & Phillipson, 1986).

(2) 고용 할당 제도

노인이 유급 일자리에서 더 일할 수 있게 해주기 위해서는, 노인이 사업장에서 일할 수 있는 기회를 늘려야 한다. 따라서 노인을 사업장에서 안정적으로 고용하기 위해서, 국가는 노인을 전체 근로자들 중에서 일정한 비율 이상으로 고용하게 하는 프로그램을 강제로 실시할 수도 있다. 이것은 일종의 강제적인 고용 할당 제도라고 볼 수 있다. 고용 할당 제도는 일할 수 있는 노인이 유급 일자리에서 일하는 기회를 체계적으로 제공하는 제도라고 볼 수 있다.

이런 제도의 하나가 고용주 맨데이트(mandate)이다(노병일, 2020b). 고용주 맨데이트는 "정부의 재정 지원 없이 사회복지기관이 아닌 일반 기업들로 하여금 일정한 사회복지 서비스를 제공하도록 의무화하는 방법"이다(김태성·성경륭, 2000). 노인과 관련된 고용주 맨데이트의 예로 사업장이 노인을 일정한 비율만큼 근로자로 의무적으로 고용하게 하는 것이 있다.

우리나라의 경우, 과거에 어느 정당은 사업장에서 전체 근로자의 일정한 비율 이상을 노인으로 고용하게 하는 정책을 제시한 바 있다(안병도, 2002). 이런 것은 고용 할당 제도와 관련된다고 볼 수 있다.

앞으로 평균 수명이 크게 늘어나고 노인의 교육 수준이 크게 높아지므로, 나이 든 노인이 사업장에서 생산적 활동에 참여할 수 있게 하는 고용 할당 제도를 적극적으로 실시하는 데 더 주목할 필요가 있다.

2) 노인 고용을 유지하는 것과 관련된 프로그램

(1) 고용 유지 프로그램

노인 근로자에게는 자신이 사업장에서 계속 일할 수 있는 것이 무엇보다도 중요하다. 따라서 사업장에서는 나이가 들어가는 근로자가 계속해서 일할 수 있게 해주는 프로그램을 실시할 필요가 있다.

나이 든 근로자가 유급 일자리에서 계속 일하도록 해주기 위해, 사업장에서 실시할 수 있는 프로그램을 몇 가지 제시하면 다음과 같다(Perkins, 1992).[2)]

① 나이 든 근로자가 맡고 있는 업무를 조정해 다시 훈련시키는 프로그램이 있다.

② 단계적 퇴직 프로그램(phased retirement program)이 있다. 이 경우, 나이 든 근로자는 사업장에서 일하는 시간을 서서히 줄이거나, 휴가 기간을 더 길게 갖거나, 파트타임 직으로 일할 수 있다.

③ 나이 든 근로자가 젊은 신입 근로자에게 업무를 가르치는 프로그램이 있다.

2) 일부 프로그램에 대해서는 아래에서 더 자세히 설명한다.

④ 나이 든 근로자와 젊은 근로자가 업무를 나누어, 함께 팀으로 일하는 프로그램이 있다.

(2) 부분 퇴직 프로그램[3)]

일반적으로 부분 퇴직 프로그램은 근로자가 퇴직연금의 일부만 받으면서 같은 사업장에서 파트타임으로 계속해서 일하도록 하는 프로그램을 말한다. 사업장에서 부분 퇴직 프로그램을 실시할 경우, 노인 근로자는 적어도 부분적으로는 고용을 유지할 수 있다. 따라서 사업장에서는 부분적으로 퇴직하기를 원하는 근로자에게 부분 퇴직 프로그램을 실시할 필요가 있다.

(3) 교육 프로그램

노인 근로자를 위한 교육 프로그램에는 여러 가지가 있을 수 있다. 이런 프로그램의 예로 직무 교육 프로그램과 평생 교육 프로그램이 있다.

(가) 직무 교육 프로그램

사업장에서는 노인 근로자가 가지고 있는 경험과 전문 기술을 계속해서 효과적으로 활용할 수 있다. 그러나 노인 근로자가 가지고 있는 지식이나 기술은 최신 지식이나 기술을 제대로 반영하지 못할 수 있다. 이렇게 될 경우, 노인 근로자는 자기가 가지고 있는 지식이나 기술에 추가로 필요한 부분에 대해 교육을 받음으로써, 사업장에 계속 남아서 생산적으로 이바지할 수 있다. 이런 탓에, 사업장에서는 나이가 든 근로자에게 직무와 관련해 교육시키는 프로그램을 실시할 필요가 있다.

이와 관련해 현대 사회에서 특히 필요한 것은 정보통신 기술이다. 노인 근로자는 정보통신 기술을 활용하는 데 어려움을 겪을 가능성이 크다. 따라서 정보통신 기술이 빠르게 발달하는 것은 노인의 고용에 불리하게 작용할 가능성도 크다. 하지만 정보통신 기술을 활용하면 집이나 기타 편리한 장소에서 근무할 수 있기 때문에, 노인에게 정보통신 기술을 교육하는 것은 노인이 유

---

3) 부분 퇴직 프로그램은 위에서 설명한 '단계적 퇴직 프로그램'의 한 형태라고 볼 수 있다.

급 일자리에서 일할 수 있는 새로운 기회를 열어주는 셈이 된다. 그러므로 노인의 고용과 관련해, 노인 근로자에게 정보통신 기술을 교육하는 것에 대해 특히 주목할 필요가 있다(박시종, 2000; Ervin, 2000).

(나) 평생 교육 프로그램

현대 사회에서는 새로운 지식이 빠른 속도로 나타나기 때문에, 근로자가 새로운 지식을 잘 파악하고 적응하는 것은 중요하다. 이것은 노인 근로자에게 특히 해당되고 있다. 따라서 사업장의 안팎에서, 현재의 노인 근로자나 미래의 노인 근로자가 자신이 맡은 업무를 계속 잘 하는 데 도움을 주는 프로그램을 실시할 필요가 있다(노병일, 2020a).

이런 목적을 지닌 프로그램들 가운데 하나가 평생 교육(life-long learning) 프로그램이다. 평생 교육 프로그램은 노인이 근로자로서 사업장에서 일할 수 있는 기회를 가지는 데 크게 도움이 될 수 있다. 평생 교육 프로그램의 예로 사업장에서 일하고 있는 노인 근로자를 재교육시키는 프로그램이 있다.

일본 노인취업센터의 교육실 : 교육 프로그램은 노인이 일할 수 있는 기회를 가지는 데 크게 도움이 된다.
[출처 : 일본에서 저자 촬영]

한편 선진국의 모임인 경제협력개발기구(OECD)의 경우, 전체 인구에서 노인층이 차지하는 비율이 높아짐에 따라서 평생 교육 프로그램에 더 주목하여야 한다고 주장한 바 있다. 이렇게 주장하는 이유들 가운데 하나는, 노인 근로자가 평생 교육 프로그램에 참여하면 자신의 기술과 능력을 사업장에서 요구하는 바에 더 잘 적응시킬 수 있기 때문이다(Auer & Fortuny, 2000).

3) 퇴직 준비와 관련된 프로그램

(1) 퇴직 준비 프로그램의 배경과 의의

사업장 밖에서 자기 나름의 관심 분야를 새롭게 찾아보고 다양한 사람들과 교류하면서 인생을 조화롭게 살아온 근로자에게는, 퇴직하는 것은 자신의 인생에서 자유로운 시간을 갖는 기회라고 볼 수 있다(노병일, 2020a). 하지만 근로자가 사업장에서 일하다가 퇴직할 경우, 근로자는 여러 가지 새로운 상황을 경험할 수밖에 없다. 그리고 이에 따라서 근로자는 여러 가지 어려움을 겪을 가능성이 크다. 예를 들어 근로자가 퇴직할 경우, 근로자는 다음과 같은 상황에 놓일 가능성이 있다(Masi, 1982).

① 금전과 관련해 어려움을 겪는다.
② 주택과 관련해 어려움을 겪는다.
③ 부부 사이에 갈등을 겪는다.
④ 외로움을 느낀다.
⑤ 지위가 없어짐에 따라서 권위가 없어지는 것과 관련해 어려움을 겪는다.
⑥ 무엇을 할 것인지를 정하는 것과 관련해 어려움을 겪는다.
⑦ 건강이 좋지 않게 된다.

이런 탓에, 근로자가 일정한 나이가 되어서 퇴직하는 과정은 그 자체가 근로자에게 스트레스를 주는 과정이 될 수 있다.

그리고 노인 근로자는 퇴직한 후에 가정에서 적응하는 데 어려움을 겪을 수 있다. 이런 어려움을 잘 보여주는 것이 '은퇴 증후군'이나 '은퇴남편 증후군'이다(문지연, 2007).

은퇴남편 증후군 VS 은퇴 증후군

가정은 직장에서 은퇴한 이들의 안식처다. 오랜 기간 몸에 밴 직장생활을 마치는 것과 동시에 밀려오는 공허함과 허탈감을 채워주는 것은 가족이다.

그러나 이들이 은퇴 후, 가정에 섞이는 모습은 그리 순탄치만은 않다. 은퇴하고 나서도 가정으로 온전히 복귀하지 못하는 경우가 많다. 육아와 가사는 아내에게 떠맡기고 회사 일에만 매달렸던 50, 60세대 남편과 '남편의 부재'에 익숙한 아내가 매일 마주 보고 지내는 일은 여간 스트레스가 아니기 때문이다.

아내에게 매일 집에 있으며 잔소리를 늘어놓는 남편은 불편한 존재일 뿐이다. 지켜보자니 급기야 병이 생기는 경우도 허다하다. 이를 가리켜 '은퇴남편 증후군'이란 말이 생겼을 정도다.

가족으로부터 소외되고, 불안감, 상실감 등 은퇴 후유증을 극복하지 못하는 남편들도 많다. 이른바 '은퇴 증후군'에 시달리는 경우다.

[출처 : 문지연(2007)을 그대로 인용]

그러므로 노인 근로자에게는 사업장에서 퇴직을 준비할 수 있게 해주는 프로그램을 실시할 필요가 있다. 사실, 노인 근로자는 퇴직 준비 프로그램에 관심을 많이 가지고 있다. 그리고 이에 따라서 많은 선진국에서는 노인 근로자를 위한 퇴직 준비 프로그램을 실시하고 있다(노병일, 2020a).

한편 사업장에서 제공하는 퇴직 준비 프로그램은 여러 가지로 의의가 있다. 사업장에서 제공하는 퇴직 준비 프로그램이 지니는 의의를 구체적으로 제시하면 다음과 같다(Brown, 1982).

① 퇴직 준비 프로그램은 노인 근로자에게 정서적으로 도움을 주고 있다. 일반적으로 근로자가 경제 활동에 참여하다가 나이가 들어 퇴직할 경우, 역할과 지위가 없어지고 소득이 줄어들고 권위를 상실하고 남에게 도움을 줄 수 없다고 생각하게 된다.[4] 하지만 근로자가 나이가 들어 사업장에서 퇴직하는 것을 이렇게 부정적으로만 생각할 것은 아니다. 왜냐하면 노인 근로자가 정신적 능력을 유지할 수만 있다면, 노인 근로자가 퇴직하는 것은 인생의 끝이 아니라 오히려 새로운 인생을 시작하는 것이기 때문이다. 이런 상황에서, 퇴직 준비 프로그램은 노인 근로자가 퇴직 후에도 경제 활동이나 사회 활동에 참여하도록 정서적 지지와 자극을 주기 때문에, 퇴직 준비 프로그램은 노인 근로자에게 유용하다.

4) 이런 점의 일부는 앞에서 이미 설명한 바 있다.

② 퇴직 준비 프로그램은 사업장에서 일할 인적 자원을 확보하는 데 도움을 주고 있다. 나중에 사업장에서 인적 자원이 필요할 경우, 퇴직한 근로자를 자기 사업장의 욕구에 맞게 교육시켜서 사업장에서 인적 자원으로 활용할 수 있다. 특히 오늘날에는 노인의 교육 수준이 크게 향상되었기 때문에, 고급 기술이나 지식을 가진 노인 근로자를 퇴직 이후에도 사업장에 유용하게 활용할 수 있다. 이런 상황에서, 퇴직 준비 프로그램은 미래의 예비 인력을 교육시키기 때문에, 퇴직 준비 프로그램은 사업장(기업)에게 유용하다.

그리고 퇴직할 예정인 노인 근로자가 퇴직 준비 프로그램을 통해 여러 주제와 관련된 교육에 참여할 경우, 노인 근로자는 자신의 퇴직을 받아들일 준비를 더 잘 하게 된다. 또한 퇴직 준비 프로그램은 기업에 대한 인식을 개선하는 데 도움을 준다. 왜냐하면 퇴직 준비 프로그램은 기업이 퇴직한 근로자에 대해서도 관심을 가진다는 점을 보여주는 것일 수 있기 때문이다.

결국, 퇴직할 노인 근로자와 사업장(기업) 모두는 퇴직 준비 프로그램을 유리하게 활용할 수 있다.

(2) 퇴직 준비 프로그램의 내용

퇴직 준비 프로그램에서 중요한 부분은 퇴직 교육이다. 무엇보다도, 퇴직 준비 프로그램에서는 노인 근로자가 사업장을 떠날 경우에 겪을 여러 가지 어려움과 이에 대한 대처 방법을 알려주어야 한다. 예를 들어, 퇴직 교육 프로그램에서는 연금과 자산을 관리하는 방법에 대해 교육하여야 하고, 또한 신체적 건강과 정신건강을 잘 유지하는 방법에 대해 교육하여야 한다. 그리고 퇴직 준비 프로그램에서는 성인 교육 과정과 기타 교육 과정을 통해서 교육을 더 받을 수 있다는 점을 알려주어야 한다.

일반적으로 퇴직 준비 프로그램에서는 다음과 같은 점을 고려할 필요가 있다(Burmeister, 2005).

① 노인 근로자가 퇴직한 후에 할 수 있는 일에 대해 알려주어야 한다. 예를 들어, 노인 근로자는 퇴직한 후에 파트타임으로 일할 수도 있고, 비정규직으로 일할 수도 있고, 자원봉사 방식으로 일할 수도 있다는 점을 알려주어야 한다.

② 노인 근로자가 퇴직한 후에 거주할 공간, 여가 생활, 금전 관리에 대해 알려주어야 한다. 이 경우, 무엇보다도 노인 근로자가 재정적으로 안정되게 생활할 수 있는 방법에 대해 알려주어야 한다.

③ 퇴직할 예정인 노인 근로자가 자기 자신이 부닥칠 변화에 대해서 심각하게 생각하고, 자신과 가족이 이런 변화에 어떻게 적응할 것인지에 대해 심각하게 생각하는 기회를 제공하여야 한다. 어쩌면 노인 근로자가 이렇게 심각하게 생각하는 것은, 노인 근로자의 일생에서 처음일 수도 있다. 따라서 노인 근로자에게 이런 생각을 할 기회를 제공하는 것은 매우 중요하다.

④ 노인 근로자가 사람들과 새롭게 교류하는 방법과 지역사회에 있는 자원을 찾는 방법에 대해 알려주어야 한다.

그리고 근로자 지원 프로그램(EAP)에서는 근로자에게 퇴직 계획과 관련해 강연회나 강좌를 제공하거나 소개할 수 있다. 이 경우, 근로자 지원 프로그램에서는 여러 가지의 구체적인 퇴직 준비 프로그램을 근로자에게 설명할 수 있다.

또한 노인 근로자의 퇴직과 관련해, 근로자 지원 프로그램에서는 다음과 같은 서비스를 제공할 수 있다(Murphy, 2006).

① 노인 근로자가 퇴직한 후의 생활에 적응하는 것을 도와주기 위한 상담 서비스가 있다.

② 노인 근로자가 퇴직한 후에 어울릴 모임과 기타 자원을 찾는 것을 도와주기 위한 의뢰 서비스가 있다.

Point

- 노인이 유급 일자리에 쉽게 고용되고 유급 일자리에서 지속적으로 일할 수 있기 위해서는, 고용 영역에서 연령차별을 금지하는 제도가 필요하다.
- 고용 할당 제도는 노인이 유급 일자리에서 일하는 기회를 체계적으로 제공하는 프로그램인데, 앞으로 고용 할당 프로그램을 적극적으로 실시하는 데 더 주목할 필요가 있다.
- 사업장에서는 노인 근로자가 고용을 유지하는 프로그램이 필요한데, 이런 프로그램의 예가 부분 퇴직 프로그램이다.
- 사업장에서는 노인 근로자에게 직무 교육 프로그램이 필요하고, 사업장의 안팎에서는 노인 근로자에게 평생교육 프로그램이 필요하다.
- 노인 근로자에게는 사업장에서 퇴직을 준비할 수 있게 해주는 프로그램이 필요하다.

7. 노인 고용을 위해 노인과 사업장 수준에서 할 수 있는 방안

1) 노인 개인 수준에서의 방안

노인의 경우, 고용 영역에서의 연령차별에 대해 나름대로 노력할 필요가 있다. 이런 측면을 구체적으로 제시하면 다음과 같다(Slauson, 2020).

① 노인이 고용주에게 보여줄 수 있는 장점을 파악한다. 왜냐하면 노인이 유급 일자리를 구하기 위해서는, 자신이 투자할 만한 가치가 있다는 점을 고용주에게 증명할 필요가 있기 때문이다. 이런 탓에, 노인은 과거에 몇 년 동안 일한 경험을 너무 강조하지 말고, 자신이 사업장에 가치 있는 존재가 될 수 있는 측면을 강조할 필요가 있다

② 노인에 대한 편견에 대해 나름대로 대처한다. 이런 방법을 몇 가지 살펴보면 다음과 같다.

㉠ 자신이 나이가 들었다고 해서 특별한 대우를 요구하지 않는다.

㉡ 새로운 기술에 적응하기 위해서 항상 노력한다.

㉢ 자신보다 나이가 어린 근로자의 문화나 분위기 등에 대해 배우는 데 관심을 가진다.

2) 사업장 수준에서의 방안

노인을 근로자로 고용하고 또한 고용된 노인 근로자가 지속적으로 고용 상태를 유지하기 위해서, 사업장은 나름의 조치를 취할 필요가 있다. 이와 관련해 사업장(기업)이 취할 수 있는 조치를 몇 가지 제시하면 다음과 같다(Bersin & Chamorro-Premuzic, 2019).

① 노인 근로자에게 자신의 전문적 기술에 맞는 직책과 역할을 준다. 이 경우, 사업장은 노인 근로자에게 더 많은 급여를 주지 않고서도 이와 같이 할 수 있다.

② 노인 근로자에게 어울리는 근무 환경을 만들어준다. 이런 것의 예로 노인 근로자가 일하는 환경에는 조명을 더 밝게 해주고 글자를 더 크게 해주는 것이 있다.

③ 노인 근로자를 포함한 모든 근로자에게는 근무한 기간이 아니라 업무 내용과 업무가 어려운 정도에 따라 급여를 준다. 노인 근로자가 새로운 업무를 맡게 될 경우에는, 노인 근로자가 젊은 근로자보다 급여를 덜 받아도 문제가 되지 않을 수 있다. 사실은 이것이 공정한 것일 수도 있다.

④ 근로자를 채용하는 담당자에게 나이에 따라 차별하지 않게 한다. 여기에는 나이에 대해 겉으로 드러나지 않게 편견을 갖는 것을 없애는 것도 포함되고 있다.

⑤ 사업장의 젊은 관리자에게 노인 근로자에 대해 교육한다. 이 경우, 젊은 관리자가 노인 근로자를 도울 수 있는 방법도 교육한다.

Point

- 노인은 고용 영역에서의 연령차별에 대해 나름대로 노력할 필요가 있다.
- 노인을 근로자로 고용하고 고용된 노인 근로자가 지속적으로 고용 상태를 유지하기 위해서, 사업장은 나름의 조치를 취할 필요가 있다.

8. 사회복지사의 역할

1) 사회복지사의 역할

(1) 일자리를 찾는 노인과 관련된 역할

노인의 경우, 유급 일자리를 찾을 때 다소 두려워할 수 있다. 이것은 퇴직한 후에 유급 일자리에서 오랫동안 일하지 않은 노인의 경우에 특히 그렇다. 더욱이 노인이 퇴직한 후에 일하고자 할 경우, 자신과 함께 일하는 근로자가 자신보다 나이가 훨씬 더 적으면 노인은 적응하지 못할 것이라고 걱정할 수도 있다(Slauson, 2020).

그러므로 산업복지 영역에서 일하는 사회복지사의 경우, 노인은 근로자로 일하면서 사업장에 크게 이바지할 수 있다는 점을 노인에게 인식시켜 줄 수 있다.

전자회사 서비스 센터의 직원으로 일하는 노인 근로자 : 사회복지사는 노인에게 사업장에 크게 이바지할 수 있다는 점을 인식시켜 줄 수 있다.
[출처 : 저자 촬영]

(2) 프로그램과 관련된 역할

사업장에서는 노인 근로자를 위해 다양한 프로그램을 계획하거나 실시할 수 있다. 그러므로 산업복지 영역에서 일하는 사회복지사의 경우, 노인 근로자를 위한 여러 가지 프로그램을 계획하고 실시하는 과정에서 사업장의 관련 부서와 협력하면서 주도적인 역할을 할 수 있다.

앞에서 설명한 프로그램과 관련해, 사회복지사가 할 수 있는 역할을 몇 가지 제시하면 다음과 같다.

① 사업장에서 노인을 고용하는 것이나 노인 근로자를 교육하는 것과 관련해, 선진국이나 우리나라의 기업이 실시하고 있는 좋은 사례나 프로그램을 참고해, 사업장에 그대로 또는 응용하여 적용하는 데 도움을 준다.
② 노인 근로자를 계속 고용하기 위한 프로그램을 고용주가 사업장에서 운영하게 함으로써, 나이가 들어 일자리를 잃거나 퇴직할 근로자가 현재의 사업장에서 계속해서 일하게 하는 데 도움을 준다.
③ 퇴직 준비 프로그램이나 평생교육 프로그램의 내용을 계획하고 대상을 선정하는 데 관여한다.
④ 고용 할당 프로그램과 관련된 정책을 설계하고 실시하는 데 관여한다.

(3) 사업장의 환경을 개선하는 것과 관련된 역할

사업장의 환경이 노인에게 불편할 경우, 노인 근로자는 신체적으로 어려움을 겪을 수 있다. 그리고 근무 환경이 노인에게 불편한 사업장은 노인 근로자에게 정서적으로도 부정적으로 영향을 미칠 수 있다. 예를 들어, 노인에게 불편한 사업장에서 일하는 노인 근로자는, 자신이 약하고 무력하고 의존적이라고 인식할 가능성이 있다. 그리고 그 결과, 노인 근로자의 사기가 더 낮아지고, 생산성이 더 낮아지고, 생산 일정을 제 시간에 맞추지 못하는 사례가 더 늘어날 수 있다.

사업장이 노인 근로자에게 편한 환경을 갖추고 있을 경우, 사업장에서 일하는 모든 근로자도 더 안전해지고 모든 근로자의 생산성도 커지게 된다. 따라서 사업장의 환경을 노인에게 편하게 하는 것은, 사업장의 모든 근로자에게 긍정적으로 영향을 미치고 있다. 그러므로 산업복지 영역에서 활동하는 사회복지사의 경우, 사업장의 환경을 노인 근로자에게 더 편하게 만드는 데 관여할 수 있다.

(4) 고용주에 대해 홍보하는 것과 관련된 역할

고용주가 노인을 고용하는 것을 꺼리는 중요한 이유는, 고용주가 노인 근로자에 대해 부정적으로 인식하기 때문이다. 따라서 산업복지 영역에서 활동하는 사회복지사의 경우, 원숙하고 경험이 있는 노인 근로자가 사업장에서 일할 경우에 얻을 수 있는 장점을 고용주가 분명하게 알도록 해줄 수 있다. 이를 위해서, 사회복지사는 노인의 일할 수 있는 능력이나 노인이 가지는 장점을 고용주에게 홍보해, 고용주가 노인 근로자에 대해 가질지도 모르는 부정적 인식을 바꾸어줄 수 있다. 이런 홍보를 통해서, 사회복지사는 사업장에서 노인 근로자를 계속 고용하거나 다시 고용하거나 새로 고용할 경우에 나타날 장점을 고용주가 제대로 인식하게 할 수 있다.

그러므로 사회복지사의 경우, 고용주가 노인 근로자에 대해 가지는 인식을 개선하는 데 적극적으로 관여할 수 있다.

2) 고려할 점

산업복지 영역에서 활동하는 사회복지사의 경우, 노인 근로자와 관련해 사업장이나 국가에서 실시하는 여러 가지 제도에 대해 잘 알 필요가 있다. 이것은 퇴직 준비 프로그램을 담당하는 사회복지사의 경우에 특히 그렇다. 왜냐하면 이런 제도에 대한 정보는 근로자가 자신의 미래에 대해 합리적으로 결정을 내리는 데 크게 도움을 줄 수 있기 때문이다.

Point

- 사회복지사는 노인 근로자를 위한 프로그램을 실시하고, 사업장의 환경을 노인에게 편하게 만들고, 고용주가 노인에 대해 가지는 인식을 개선하는 것과 관련해 나름의 역할을 할 수 있다.

CHAPTER

10 이주(외국인) 근로자의 복지

차례

1. 이주 근로자와 산업복지

오늘날에는 근로자와 자본이 전 세계의 국경을 넘어 움직이고 있다. 이에 따라 많은 근로자들은 자신과 가족이 미래에 더 높은 수준의 생활을 할 수 있는 발판을 마련하기 위해, 다른 국가의 사업장으로 진출하고 있다. 예를 들어 외국의 경우, 동유럽의 사람들이 서유럽에 있는 국가로 이주해서 근로자 생활을 하고 있고, 남미의 사람들이 미국으로 이주해서 근로자 생활을 하고 있다.

그러므로 오늘날에는 산업이 발달한 여러 국가에서 많은 이주 근로자가 일하고 있다. 특히, 많은 국가에서는 일할 사람이 부족한 문제를 해결하기 위해서 이주 근로자를 고용하고 있다. 이에 따라 선진국의 사업장에서는 이주 근로자가 일하는 사례를 쉽게 찾아볼 수 있다(노병일, 2018a; Watson, 2008; Ethical Trading Initiative, 2020).[1)]

1) 이주 근로자에 대해 정확한 통계를 얻기는 어렵다. 이주 근로자에 대한 통계를 정확하게 파악하기 어려운 이유로 다음과 같은 점을 들 수 있다(Wolfe & Dodge, 2011). ① 이주 근로자가 거주하는 장소와 일하는 장소가 바뀌는 경우가 많기 때문이다. ② 이주 근로자는 체포되거나 자기 나라로 돌려보내질 것을 두려워하는 탓에, 자신의 인적 사항을 분명히 밝히지 않는 경우가 많기 때문이다.

오늘날의 경우, 우리나라의 사업장에서도 이주 근로자가 일하는 모습을 쉽게 찾아볼 수 있다. 우리나라에서는 일할 사람이 부족하기 때문에 이주 근로자를 받아들이고 있다. 예전에 우리나라는 풍부한 자원이라고는 노동력밖에 없는 국가이었다. 그러나 우리나라의 경우, 1980년대 이후에 국내 근로자가 이미지가 좋지 않은 업종이나 임금이 적은 업종에서 일하는 것을 꺼리는 현상이 나타나고 있다. 특히 1980년대 후반부터 우리나라 국민의 교육 수준과 소득 수준이 높아짐에 따라서, 이른바 3D 업종에서[2] 일하지 않으려는 현상이 보이고 있다. 이런 탓에, 3D 업종에서 일하려는 국내 근로자의 수는 크게 줄어들고 있다. 따라서 3D 업종과 관련된 사업장에서는 일할 근로자를 구하기가 어려워지고 있다. 그 결과, 3D 업종의 사업장에서 일하는 이주 근로자의 수가 증가하고 있다(류혜옥 · 이현철, 2012; 박혜림 외, 2012; Seo, 2013).

더욱이 최근 들어서, 우리나라에서 출산율이 낮고 노인층이 차지하는 비율이 높아짐에 따라서 젊은 근로자가 부족해지고 있다. 이런 상황은 우리나라의 경제가 장기적으로 성장하는 데 걸림돌로 작용하고 있다. 이에 따라서, 우리나라는 이런 문제를 해결하기 위해 이주 근로자를 받아들이는 방향으로 나아가고 있다(Kim & Kwon, 2012).[3] 그 결과, 우리나라의 사업장에서 이주 근로자는 점점 중요한 근로자가 되고 있다.

그러나 이주 근로자는 정당한 대우를 받지 못할 가능성이 크다. 사실, 전 세계적으로 볼 때, 이주 근로자가 정당하게 대우받지 못하는 것은 체계적으로 관심을 가져야 할 문제에 속하고 있다(Ethical Trading Initiative, 2021). 이런 상황은 우리나라에서도 마찬가지이다. 그러므로 산업복지에서는 이주 근로자의 복지에 대해 관심을 가질 필요가 있다.

2) 3D 업종은 일하기를 꺼리는 업종을 말한다. 여기서 3D는 Dirty(더러운), Difficult(힘든), Dangerous(위험한)를 의미하고 있다.

3) 우리나라 정부는 '다문화주의(multiculturalism)'라는 틀 속에서 이주자를 받아들이고 있다(Kim & Kwon, 2012). 다문화주의는 '다문화 사회(multicultural society)'가 되는 것을 거부하지 않는 것과 관련되고 있다.

Point

• 이주 근로자는 정당한 대우를 받지 못할 가능성이 크기 때문에, 산업복지에서는 이주 근로자의 복지에 대해 관심을 가질 필요가 있다.

2. 이주 근로자의 정의와 이주 근로자 복지의 의의

1) 이주 근로자의 정의

이주 근로자를 '외국인 근로자(foreign worker)'라고 부르기도 한다. 그러나 일반적으로 국제협약이나 시민 단체에서는 '이주 근로자'라는 용어를 더 사용하는 경향이 있다.

그동안 이주 근로자(외국인 근로자)에 대해 정의한 것을 몇 가지 제시하면 다음과 같다(국가법령정보센터, 2021; Simon, Kiss, Laszewska & Mayer, 2015; Office of the United Nations High Commissioner for Human Rights, 2014).

① '이주 근로자와 그 가족의 권리 보호에 대한 유엔 협약'의 경우, 이주 근로자는 자신의 국적이 아닌 국가에서 금전을 얻는 활동에 관여할 예정이거나 관여하고 있는 사람이라고 보고 있다.

② 국제노동기구의 경우, 이주 근로자는 취업할 목적으로 한 국가에서 다른 국가로 이주한 사람이라고 보고 있다.

③ 우리나라의 '외국인근로자의 고용 등에 관한 법률'의 경우, 외국인 근로자는 "대한민국의 국적을 가지지 아니한 사람으로서 국내에 소재하고 있는 사업 또는 사업장에서 임금을 목적으로 근로를 제공하고 있거나 제공하려는 사람"이라고 보고 있다.

정리하건대, 이주 근로자는 자신의 국적과는 다른 국가로 이주해서 금전을 얻을 목적으로 일하거나 일하려는 사람이라고 볼 수 있다.

2) 이주 근로자 복지의 의의

모든 근로자의 복지는 나름의 의의를 지니고 있다. 예를 들어, 여성 근로자 복지, 장애인 근로자 복지, 노인 근로자 복지는 여성이나 장애인이나 노인 근로자 개인과 가족의 복리 수준을 높여주고 있다. 이런 점은 이주 근로자 복지에도 그대로 적용되고 있다. 즉, 이주 근로자 복지는 이주 근로자 개인과 가족의 복리 수준을 높여주고 있다.

그러나 이주 근로자 복지에서는 이 외에 독특한 의의를 지니고 있다. 이주 근로자 복지가 지니는 독특한 의의를 몇 가지 살펴보면 다음과 같다.

(1) 사회 통합에의 기여

이주 근로자는 자신이 그동안 익숙한 문화와는 다른 문화적 환경에서 사는 경우가 많다. 이에 따라서 이주 근로자는 여러 가지 문제를 겪을 가능성이 크다. 그리고 이런 문제는 사회문제를 유발할 가능성이 크다(노병일, 2018a). 실제로 오늘날에 이주 근로자가 우리나라 사회에 잘 적응하지 못함에 따라서, 여러 가지 사회문제가 발생하고 있다(류혜옥 · 이현철, 2012).

이주 근로자와 관련해 발생하는 사회문제는 인종문제와 관련되는 경우가 많다(노병일, 2018a). 우리나라는 오랫동안 단일 민족으로 지내왔다. 따라서 단일 민족이라는 인식은, 우리나라에 거주하는 이주 근로자에 대해 인종 차별을 유발하는 요인으로 작용하고 있다. 실제로, 우리나라에서 이주 근로자를 도와주는 기관에서 조사한 결과, 우리나라의 사업장에서 이주 근로자의 문화를 차별하는 사례가 적지 않은 것으로 나타난 바 있다(Kim & Kwon, 2012; Cho, 2012). 이런 상황은 사회 통합에 걸림돌로 작용하고 있다.

그러므로 이주 근로자 복지는 사회를 통합하는 데 이바지하고 있다. 그리고 이런 점에서 이주 근로자 복지는 독특한 의의를 지니고 있다.

(2) 경제적 기여

이주 근로자는 우리나라의 경제에서 독특한 역할을 하고 있다. 다른 형태의 근로자의 비해서, 이주 근로자는 우리나라의 근로자가 사업장에서 하기를 꺼리는 업무를 맡는 경우가 많다. 그리고 이주 근로자는 중소기업에서 일하는 경우가 많다. 따라서 이주 근로자는 우리나라의 중소기업에서 특히 중요한 역할을 하고 있다고 볼 수 있다.

이주 근로자가 일하는 공장이 모여 있는 곳 : 이주 근로자는 중소기업에서 중요한 역할을 한다.
[출처 : 저자 촬영]

이런 탓에, 이주 근로자가 갑자기 우리나라를 떠날 경우, 우리나라에서는 중소기업을 제대로 유지하기 어려울 가능성이 크다. 실제로 전문가들 중에는, 우리나라의 경제가 잘 돌아가기 위해서는 이주 근로자를 활용할 수밖에 없다고 보는 전문가가 많다.

그러므로 이주 근로자 복지는 우리나라의 경제가 잘 돌아가게 하는 데 이바지하고 있다. 그리고 이런 점에서 이주 근로자 복지는 독특한 의의를 지니고 있다.

Point

- 이주 근로자는 자신의 국적과는 다른 국가로 이주해서 금전을 얻을 목적으로 일하거나 일하려는 사람이다.
- 이주 근로자 복지는 이주 근로자 개인·가족의 복리 수준을 높여주고, 사회를 통합하고, 경제가 잘 돌아가게 한다는 데 의의가 있다.

3. 이주 근로자의 상황

이주 근로자의 모국은 우리나라보다 경제 수준이 낮은 경우가 대부분이다. 따라서 고용주는 이주 근로자에 대한 편견을 가질 수 있다. 예를 들어 고용주의 입장에서는, 이주 근로자는 자유롭게 고용·해고될 수 있고, 다루기 쉽고, 불만을 드러내놓고 이야기하지 않는 근로자로 보일 수 있다. 이에 따라 이주 근로자는 정당하게 대우를 받지 못하는 경우가 많다. 실제로 우리나라에서 이주 근로자에 대한 대우는 좋은 편이 아닌 것으로 알려져 있다(노병일, 2018a; Watson, 2008; Cho, 2012).

이주 근로자의 상황을 몇 가지 영역으로 나누어 살펴보면 다음과 같다.

1) 고용 영역

임금만으로 볼 때, 이주 근로자는 자신이 태어난 국가에서 일할 때보다 유리한 상황에 있다. 예를 들어, 우리나라에서 일하는 이주 근로자는 자신이 태어난 국가에서 일할 때보다 더 많은 임금을 받고 있다. 그러나 이주 근로자의 임금은 국내 근로자의 임금보다 적은 경우가 많다. 실제로 우리나라의 경우, 국내 근로자와 이주 근로자 사이의 임금 차이는 큰 것으로 알려져 있다(주진우, 2018; Seo, 2013).

또한 이주 근로자는 취약한 업종에서 일하는 경우가 많다. 무엇보다도 이주 근로자는 3D 업종의 일자리에서 일하게 될 가능성이 훨씬 큰 것으로 알려져 있다(Ethical Trading Initiative, 2021).[4]

그리고 이주 근로자가 일하는 기업은 경제적으로 어려운 경우가 많다. 따라서 이주 근로자가 임금을 제대로 받지 못하는 경우도 있다. 특히 이런 기업이 망하거나 폐업하면, 이주 근로자는 임금을 제대로 받지 못할 수 있다. 실제로 일부 기업은 불법으로 체류하고 있는 이주 근로자의 약점을 이용하여, 일부러 임금을 제때 주지 않는 경우도 있다.

또한 이주 근로자는 사업장에서 오랜 시간 동안 일하는 경우가 많은 것으로 알려져 있다(주진우, 2018).

2) 의료 영역

이주 근로자는 정착하지 못한 상태에서 생활하고 근로 조건이 좋지 않기 때문에, 여러 가지 건강 문제를 겪을 가능성이 크다. 또한 이주 근로자는 의료 서비스를 제때 받지 못할 가능성이 크다. 이주 근로자가 의료 서비스를 제대로 받지 못하는 주요한 이유는, 이주 근로자가 해당 국가의 언어에서 불리하기 때문이다(Wolfe & Dodge, 2011).

그리고 이주 근로자는 정신건강 영역에서도 취약한 경우가 많다. 그동안의 연구에 따르면, 이주에 따른 스트레스는 정신건강에 크게 영향을 미치고 있다. 무엇보다도 이주자는 재정 문제, 직장을 구하는 문제, 언어 문제, 주거 문제, 차별 때문에 특히 스트레스를 받는 것으로 알려져 있다. 당연히 이런 상황은 이주 근로자에게도 그대로 해당되고 있다. 이주 근로자가 겪는 이런 스트레스는 이주 근로자의 정신건강에 부정적으로 영향을 미치고 있다. 예를 들어 그동안의 연구에서, 이주 근로자가 적응과 관련된 스트레스를 겪으면 심각한 정신건강 문제를 경험할 가능성이 있는 것으로 나타난 바 있다(류혜옥·이현철, 2012; Wong et al., 2008).

4) 3D 업종과 관련해서는 앞에서 이미 설명한 바 있다.

3) 주거 영역

기업은 이주 근로자에게 숙소를 제공하는 경우가 많다. 이런 숙소는 사업장 부근에 위치한 경우가 대부분이다(류혜옥 · 이현철, 2012). 그러나 이런 숙소의 질이 좋다고 보기는 어렵다.

그리고 이주 근로자는 별도의 공간에서 살며 생활할 수도 있다. 그러나 이때에도, 이주 근로자는 주거가 좋지 않은 환경에서 사는 경우가 많다. 특히 이주 근로자는 같은 주택에서 함께 사는 경우가 많다. 말할 것도 없이, 이주 근로자가 한 주택에서 여러 명이 사는 이유는 생활비를 줄이고자 하기 때문이다(Wolfe & Dodge, 2011).

4) 안전 영역

이주 근로자는 사업장에서 안전과 관련된 문제를 경험하는 경우가 많다. 이주 근로자가 일하는 기업들 중에는, 근무 환경이 좋지 못한 기업이 많다. 따라서 이주 근로자는 산업재해를 겪을 가능성이 상대적으로 더 크다. 실제로 유럽연합의 경우, 유럽연합에서 태어난 근로자에 비해서 이주 근로자는 일하는 동안에 사망하거나 다치는 사례가 훨씬 더 많은 것으로 알려져 있다. 그리고 우리나라의 경우, 전체 근로자에 비해서 이주 근로자는 산업재해를 상대적으로 더 자주 겪는 것으로 나타나고 있다.

이주 근로자에게 산업재해가 발생하였을 때, 이주 근로자는 행정적으로 산업재해보상보험의 혜택을 받을 수 있다. 하지만 일부 기업은 이주 근로자가 산업재해보상보험을 신청하는 것을 꺼리고 있다. 특히, 불법으로 체류하고 있는 이주 근로자를 고용한 기업의 경우, 이런 근로자를 고용한 것이 드러나는 것을 두려워하고 있다. 따라서 이런 기업의 이주 근로자는 산업재해보상보험을 신청하지 못하게 될 수도 있다(박혜림 외, 2012; 류혜옥 · 이현철, 2012; Ethical Trading Initiative, 2021).

5) 사회적 교류 영역

이주 근로자가 놓인 상황 때문에, 이주 근로자는 사회적으로 교류를 적게 할 가능성이 크다. 예를 들어 우리나라에서 일하는 이주 근로자는, 사업장과 숙소를 오고 가는 매우 단조로운 생활을 하는 경우가 많다. 따라서 이주 근로자의 인간관계는 자연스럽게 사업장을 중심으로 형성되는 경우가 많다.5) 그리고 이주 근로자가 친밀하게 관계를 맺을 수 있는 대상은 모국인 친구인 경우가 많다(류혜옥 · 이현철, 2012; Ethical Trading Initiative, 2021).

야외 행사에 참석한 이주 근로자들 : 이주 근로자는 사회적 교류를 적게 할 가능성이 크다.
[출처 : 저자 촬영]

6) 정 리

앞에서 살펴본 바와 같이, 이주 근로자는 고용 영역, 건강 영역, 주거 영역, 안전 영역, 사회적 교류 영역에서 취약한 경우가 많다. 따라서 이주 근로자의 생활은 힘든 경우가 많다.

5) 이 경우, 이주 근로자가 취업한 기간이 길어지면 인간관계도 넓어지고, 어느 때에는 이주 근로자가 각종 모임이나 단체에 참여하여 관계망을 넓히기도 한다. 그러나 이주 근로자가 사업장 밖에서 폭넓은 사회관계를 맺는 것은 쉽지 않다(류혜옥 · 이현철, 2012).

무엇보다도 이주 근로자는 정착되지 않은 상태에서 살기 때문에 생활 수준이 낮고, 이에 따라 다양한 형태의 스트레스를 많이 경험할 가능성이 크다. 그리고 이런 탓에, 이주 근로자는 건강이 좋지 않고, 또한 안정된 가족생활을 유지하는 데 어려움을 겪을 수 있다(노병일, 2018a; Ethical Trading Initiative, 2021; Wolfe & Dodge, 2011).

무엇보다도 이주 근로자는 인간적으로 제대로 대우받지 못할 가능성이 크다(노병일, 2018a). 특히 이주 근로자는 학대를 겪고 고용주에게 이용당할 가능성이 있다. 이렇게 되는 이유를 몇 가지 제시하면 다음과 같다(Ethical Trading Initiative, 2021).

① 이주 근로자는 자신이 사랑하는 사람과 떨어져서 생활하고 있고, 또한 자신을 지지하는 네트워크가 없거나 부족한 경우가 많기 때문이다.
② 이주 근로자는 자신이 현재 일하고 있는 국가의 법과 언어와 관습을 충분히 알지 못하는 경우가 많기 때문이다.
③ 이주 근로자는 해당 국가의 근로자가 누리는 권리를 똑같이 누리지 못하는 경우가 많기 때문이다.

앞에서와 같은 모든 상황은 이주 근로자의 삶의 질을 낮추는 요인으로 작용할 수 있다.

Point

- 이주 근로자는 고용, 의료, 주거, 안전, 사회적 교류의 영역에서 취약할 가능성이 크다.

4. 사회복지사의 역할

1) 사회복지사의 역할

(1) 기본적 역할

(가) 차별과 관련된 역할

이주 근로자가 겪는 어려움은 인종 차별과 관련되는 경우가 많다(노병일, 2018a). 따라서 이주 근로자가 더 나은 근무 환경에서 일하도록 해 주기 위해서는, 사업장에서 이주 근로자를 차별하지 않도록 하여야 한다. 그러므로 산업복지 영역에서 활동하는 사회복지사의 경우, 이주 근로자가 차별을 받지 않도록 하는 것과 관련해 나름의 역할을 할 수 있다.

(나) 다문화 사회 및 다양성과 관련된 역할

사업장의 안팎에서 이주 근로자에 대한 차별을 없애기 위해서는 '다문화 사회'를 받아들이는 환경을 갖추어야 한다. 많은 선진국은 이미 다문화 사회가 되었고, 우리나라도 다문화 사회가 되고 있다. 사실, 다문화주의는 우리나라에 주어진 엄연한 현실이 되고 있다(Cho, 2012). 그러므로 산업복지 영역에서 활동하는 사회복지사의 경우, 고용주와 경영자와 모든 근로자가 다문화 사회와 이에 따른 다양성에 대해 더 잘 인식하도록 도와줄 수 있다.

그러나 이 경우, 사회복지사는 기업의 고용주와 경영자부터 다문화 사회와 이에 따른 다양성을 잘 알도록 해줄 수 있다. 그리고 이와 관련해, 사회복지사는 기업의 고용주와 경영자부터 열려있고 포용적인 사업장을 만드는 데 관여하도록 도와줄 수 있다(Encyclopedia of Small Business, 2007).

더불어 사업장에서 다문화 사회에 제대로 대처하기 위해서, 사회복지사는 다른 인종과 문화를 존중하여야 하는 이유와 존중하는 방법을 모든 근로자에게 교육할 수 있다. 또한 이와 관련해, 사회복지사는 이주 근로자 때문에 생기는 문제를, 사업장의 구성원들이 자신에게 불리하게 작용하는 문제로 인식하지 않도록 교육할 필요가 있다. 따라서 사회복지사는 이주 근로자 때문에 나타나는 다양성을, 사업장에서 잘 활용하여야 할 귀중한 자원으로 인식하도록 교육할 수 있다(Cho, 2012; Encyclopedia of Small Business, 2007).

한편 사업장의 관리자들 중에는, 개인의 행동이나 성과에서 차이가 나는 이유가 근로자의 인종 때문이라고 생각하는 관리자도 있을 수 있다. 그러나 근로자들 사이에 나타나는 차이는, 근로자의 개성이나 태도나 능력에서의 차이 때문에 나타나는 경우가 많다. 따라서 사회복지사의 경우, 근로자 개인끼리 차이가 나는 것이 '문화적' 차이 때문에 생긴다고 가정하지 않도록 관리자를 교육할 수 있다(Encyclopedia of Small Business, 2007).

또한 사업장의 근로자층이 다양하게 되는 것에 적응하기 위해서는, 사업장의 환경을 이런 상황에 어울리게 맞추어야 한다. 융통성이 있는 사업장 환경은 이주 근로자에게 특히 유리하게 작용할 수 있다. 왜냐하면 이주 근로자가 문제에 접근하는 방식은 과거의 방식과 다를 가능성이 매우 크기 때문이다. 따라서 사회복지사의 경우, 사업장의 환경을 융통성이 있게 만드는 데 도움을 줄 수 있다.

(2) 영역별 역할

(가) 고용 영역

이주 근로자의 모국에 비해서, 이주 근로자가 일하는 국가에서의 근무 환경과 임금 수준은 더 좋을 수 있다. 하지만 국내의 근로자와 비교할 때, 이주 근로자의 근무 환경과 임금 수준은 불리한 경우가 많다. 이것은 여러 법에서 금지하고 있는 차별의 주요한 형태에 속하고 있다.

그러므로 산업복지 영역에서 활동하는 사회복지사의 경우, 채용, 임금, 근무 시간, 휴가 등과 관련해, 이주 근로자가 국내 근로자와 동등한 대우를 받는 것과 관련해 도움을 줄 수 있다.

(나) 의료 영역

이주 근로자는 의료 영역에서 어려움을 겪는 경우가 많다. 따라서 이주 근로자와 관련된 여러 법과 국제 협약에서는 이주 근로자의 건강에 주목하고 있다. 그러므로 산업복지 영역에서 활동하는 사회복지사의 경우, 이주 근로자가 좋은 건강을 유지하는 것과 관련해 도움을 줄 수 있다. 예를 들어, 이주 근로자의 건강을 위해서 사회복지사는 다음과 같이 할 수 있다(Simon et al., 2015).

① 이주 근로자가 건강에 대해 서로 이야기를 나눌 수 있는 기회를 더 많이 가지게 한다.

② 이주 근로자가 의료 서비스를 더 잘 이용할 수 있도록 해주기 위해서, 사업장이나 거주지 가까운 곳에서 의료 서비스를 제공한다.

특히 이주 근로자는 정신건강 영역에서 매우 취약할 수 있다. 따라서 이주 근로자가 심각한 정신건강 문제를 겪지 않도록 하기 위해서는, 정신건강과 관련된 증상을 조기에 발견하는 것이 중요하다. 그러므로 사회복지사의 경우, 이주 근로자가 자신의 정신건강 상태를 잘 이해할 수 있도록 도와주기 위해서, 이주 근로자에게 정신건강과 관련된 서비스를 제공할 수 있다.

이 경우, 이주 근로자가 좋은 정신건강을 유지하게 해주기 위해서, 사회복지사는 고용주 및 노동조합과 협력해 다음과 같이 할 수 있다(Wong et al., 2008).

① 정신건강 문제를 겪는 이주 근로자를 파악해, 이들을 격려하고 이들에게 조언한다.

② 정신건강 문제를 겪는 이주 근로자를 정신건강 전문가와 상담하도록 연결해 준다.

한편 모든 이주자가 그렇듯이, 이주 근로자는 문화 적응에 따른 스트레스를 경험하고 있다(노병일, 2018a). 그러므로 사회복지사의 경우, 이주 근로자가 겪는 정서적 어려움을 밖으로 드러낼 수 있는 기회를 가지는 것과 관련해 도움을 줄 수 있다.

(다) 주거 영역

이주 근로자는 주거가 취약한 경우가 많다. 그런데 기업은 이주 근로자에게 숙소를 제공하는 경우가 많다. 그러므로 산업복지 영역에서 활동하는 사회복지사의 경우, 이주 근로자의 주거와 관련해 다음과 같이 할 수 있다(노병일, 2018a).

① 기업은 이주 근로자에게 숙소를 제공할 수 있다. 이 경우, 사회복지사는 이주 근로자에게 좋은 주거 공간을 제공하는 것과 관련해 고용주나 담당 직원에게 조언할 수 있다.

② 기업은 이주 근로자에게 별도의 숙소나 주거 공간을 제공하지 않을 수 있다. 이 경우, 사회복지사는 이주 근로자가 적절한 주거 공간을 구하는 데 도움을 줄 수 있다.

이주 근로자가 거주하는 공간 : 사회복지사는 이주 근로자의 주거와 관련해 도움을 줄 수 있다.
[출처 : 저자 촬영]

(라) 안전 영역

이주 근로자는 사업장에서의 안전에 취약한 경우가 많다. 사업장에서의 안전과 관련된 문제는 이주 근로자의 생명 및 건강과 직접적으로 연관되고 있다. 그러므로 산업복지 영역에서 활동하는 사회복지사의 경우, 이주 근로자에게 안전과 관련된 문제가 발생하는 것을 예방하는 것과 관련해 도움을 줄 수 있다. 특히 사회복지사는 이주 근로자에게 산업재해가 발생하는 것을 예방하는 데 관여할 수 있다

(마) 사회적 교류 영역

이주 근로자는 사업장 내부와 외부에서 사회적으로 교류하는 데 어려움을 겪을 수 있다. 그러므로 산업복지 영역에서 활동하는 사회복지사의 경우, 이주 근로자가 사업장의 내부와 외부에서 직장 동료나 기타 외부 사람들과 교류할

수 있는 기회를 가지는 것과 관련해 도움을 줄 수 있다. 예를 들어, 사회복지사는 이주 근로자에게 사회적으로 교류할 수 있는 모임을 소개해 줄 수 있다.

특히 이벤트는 일반 근로자와 이주 근로자가 서로 교류할 수 있는 좋은 통로가 될 수 있다. 무엇보다도, 기업이 후원하는 이벤트는 서로 다른 문화적·인종적 배경을 가진 근로자들이 함께 모여서 서로를 알 수 있는 기회가 되고 있다(Encyclopedia of Small Business, 2007). 그러므로 사회복지사의 경우, 사회적으로 교류하는 이벤트를 실시하는 것을 도와줄 수 있다.

2) 고려할 점

(1) 이주 근로자의 언어와 문화의 이해 관련

사회복지사가 이주 근로자와 가족에게 효과적으로 서비스를 제공하는 작업은, 다른 취약층에게 서비스를 제공하는 작업보다 더 복잡하다. 왜냐하면 이주 근로자와 가족을 도와주기 위해서는 이들의 언어와 문화를 이해하여야 하기 때문이다.

그러므로 산업복지 영역에서 활동하는 사회복지사는 이주 근로자의 언어와 문화를 충분히 이해할 필요가 있다. 이렇게 할 경우, 사회복지사는 이주 근로자와 가족이 가진 욕구를 가장 잘 충족시켜 줄 수 있다(Wolfe & Dodge, 2011).

(2) 이주 근로자의 모임 참여 관련

이주 근로자는 사업장에서 일하는 근로자 이상의 역할을 할 수 있다. 따라서 산업복지 영역에서 활동하는 사회복지사의 경우, 이주 근로자가 사업장에서 기여할 수 있는 것을 적극적으로 찾아줄 필요가 있다. 이 경우, 사회복지사는 이주 근로자가 사업장의 주요 위원회나 모임에 참여하도록 도와줄 필요가 있다. 왜냐하면 사업장에서 중요한 위원회나 모임에 이주 근로자가 관여하게 하는 것은, 다음과 같은 이유 때문에 근로자와 사업장 모두에게 유리하기 때문이다(Encyclopedia of Small Business, 2007).

① 이주 근로자가 사업장에 기여할 수 있기 때문이다.

② 기업이 이주 근로자를 가치 있는 존재로 인식한다는 것을 보여주기 때문이다.

이주 근로자가 자신과 관련된 위원회와 모임에서 직책을 맡게 되면, 이주 근로자는 조직에 더 소속되어 있다고 느낄 수 있다. 그러나 이와는 반대로, 이주 근로자를 별 볼 일이 없는 위원회나 모임에만 가입시키는 것은, 서로 다른 근로자 집단들 사이에 마찰이 더 일어나게 하는 요인이 될 수 있다. 그러므로 이주 근로자를 위원회나 모임에 참여하도록 권장하는 데 있어, 사회복지사는 이와 같은 점에 특별히 주의할 필요가 있다.

(3) 이주 근로자의 차별 금지와 관련된 문서 관련

이주 근로자에 대한 차별을 없애기 위해서는, 이주 근로자를 차별하지 않는 장치를 제도로 만드는 것이 중요하다. 그러므로 산업복지 영역에서 활동하는 사회복지사의 경우, 이와 관련해 고용주와 관리자 등에게 조언할 필요가 있다. 이 경우, 사회복지사는 이런 장치를 문서로 만들어 놓아야 한다는 점을 강조할 필요가 있다. 즉, 근로자와 관련된 문서에는, 사업장에서 이주 근로자에 대해 편견을 가지거나 차별하는 행위를 분명하게 금지하는 내용이 포함되도록 할 필요가 있다(Encyclopedia of Small Business, 2007).

(4) 불법 이주 근로자 관련

이주 근로자들 중에서 가장 취약한 집단은 불법으로 일하는 이주 근로자이다. 이런 이주 근로자는 이민 당국에 신고될 것을 매우 두려워하기 때문에, 자신의 상태에 대해 불만을 털어놓을 수 없게 된다(Ethical Trading Initiative, 2021). 그러므로 산업복지 영역에서 활동하는 사회복지사의 경우, 불법 이주 근로자에 대해서도 관심을 가질 필요가 있다.

Point

- 사회복지사는 차별 금지, 다문화 사회와 다양성에 대한 인식 개선, 사회 통합 등과 관련된 역할을 할 수 있다.
- 사회복지사는 이주 근로자와 관련된 여러 영역에서 나름의 역할을 할 수 있다.

CHAPTER

11 고용이 불안정한 근로자의 복지

차례

1. 고용 불안정과 산업복지

현대에 들어서 고용 상황이 크게 불안정해지고 있다. 현대 사회에서 고용 불안정을 유발하는 요인에는 여러 가지가 있을 수 있다. 무엇보다도 현대 사회에서는 과학과 기술이 빠른 속도로 발달하고 있다. 특히 정보통신 기술이 빠르게 발달하고 있다. 또한 경제 활동이 더욱더 국경을 넘어 이루어지고 있다. 그리고 같은 양의 일을 더 적은 수의 근로자가 맡고 있다. 이런 여러 가지 경향은 고용 영역에 크게 영향을 미치고 있다(노병일, 2018a; Andersen, 2000).

이에 따라서 오늘날에는 실업과 비정규직 고용(non-standard employment)은 주위에서 자주 보는 현상이 되고 있다. 이 중에서 근로자 가족의 복리와 관련해 특히 문제가 되는 것은 실업(unemployment)이다.

일반적으로 실업은 일할 능력이 있어서 일자리를 적극적으로 찾고 있으나, 어떤 일자리도 찾을 수 없는 사람이 놓인 상태를 말한다. 따라서 실업은 고용이 되지 않은 상태를 가리킨다. 실업은 고용이 불안정한 상황을 가장 심각하게 보여주고 있다(Encyclopædia Britannica, 2021; Kalleberg, 2009).

개인이 안정된 고용 상태에 있을 경우, 개인과 가족의 물질적 복리 수준이 높아질 뿐만 아니라 정신적 복리 수준도 높아지게 된다. 따라서 개인이 실업 상태에 놓일 경우, 개인과 가족의 물질적 복리와 정신적 복리는 크게 낮아지게 된다. 그러므로 실업은 개인과 가족의 삶에 크게 부정적으로 영향을 미치는 사건이다. 이런 탓에, 국가는 경제 정책이나 노동 정책을 통해서 사회 구성원이 실업 상태에서 벗어나게 하는 데 크게 관심을 가지고 있다.

그러나 그동안 실시한 실업 대책에서는 일자리 찾기와 생계 도와주기와 같은 물질적 측면에 주목한 경우가 많았다. 우선 당장은 발등에 떨어진 불을 꺼야 하는 입장인 만큼, 그럴 수밖에 없어 보인다. 하지만 오랫동안 실업 상태에 놓이고 또한 경제 활동이 오랫동안 활발하지 않을 것 같은 상황에서는, 앞으로 실업 상태에 놓일 예정이거나 이미 실업 상태에 놓인 사람들의 마음은 크게 상처를 받기 마련이다. 그리고 이렇게 상처를 받은 마음은 실업자가 나중에 다시 일어설 수 있는 능력에 크게 부정적으로 영향을 미치게 된다. 만약 실업자가 다시 일어선다 하더라도, 예전에 실업자의 마음에 새겨진 상처 때문에 실업자의 의욕과 자신감은 크게 낮아질 수 있다. 그리고 실업은 실업자 개인의 정신건강뿐만 아니라, 가족, 지역, 남은 근로자의 정신건강에도 부정적으로 영향을 미칠 가능성이 크다(노병일 · 오영선, 1999; Norstrom, Waenerlund, Lindholm, Nygren, Sahlen & Brydsten, 2019; Pharr, Moonie & Bungum, 2012; Bjorklund, Soderlund, Nystrom & Haggstrom, 2015).

그러므로 장기적으로 볼 경우, 고용 영역에 관여하는 산업복지에서는 물질적 측면뿐만 아니라 비(非)물질적 측면(특히 정서적 측면)도 중요하게 다룰 필요가 있다(노병일, 2011; 노병일, 1999). 우리나라가 1997년의 경제 위기 때문에 겪은 실업 문제를 취재한 외국 잡지는 "[경제 위기의 현실 속에서] 한국인은 실업에 따른 심리적 어려움에 대해서 잘 대처하지 [못하고 있다]"고 표현한 바 있다(Lee, 1998). 이것은 실업과 관련해서 정신건강의 측면에도 주목하는 것이 중요하다는 점을 잘 보여주고 있다. 이에 따라 산업복지에서는 실업자가 겪는 물질적 어려움뿐만 아니라, 정서적 어려움에 대해서도 전문적으로 도와주는 데 관심을 가질 필요가 있다.

그리고 오늘날에는 사업장에서 비정규직으로 근무하는 근로자가 많다. 일반적으로 비정규직 고용은 고용주와 근로자 사이의 계약이 단기적이고 안정되지 않은 고용을 가리킨다. 비정규직 근로자의 상황은 실업자의 상황보다는 훨씬 낫지만, 비정규직 근로자도 고용 불안정에 따른 심리적 어려움을 크게 경험하고 있다(노병일 · 손정환, 2011; Watson, 2008).

그러므로 산업복지에서는 사업장에서 일하다가 실업 상태에 놓였거나 또는 놓일 예정인 근로자, 일자리를 구하려는 취약층, 비정규직 근로자를 도와주기 위해, 물질적 · 정서적 영역에서 전문적 서비스를 체계적으로 제공하는 데 관심을 가질 필요가 있다.

Point

- 산업복지는 실업 상태에 놓였거나 놓일 예정인 근로자, 일자리를 구하려는 취약층, 비정규직 근로자를 도와주기 위해, 전문적인 물질적 · 정서적 서비스를 제공하는 데 관심을 가질 필요가 있다.

2. 고용이 불안정한 사람의 상황

1) 실업자와 가족과 동료 근로자의 상황

실업은 실업자 개인과 가족의 삶의 거의 모든 영역에 매우 부정적으로 영향을 미치고 있다. 그리고 근로자의 실업은 사업장에 남아 있는 동료 근로자의 삶에도 부정적으로 영향을 미치고 있다. 그 결과, 실업자와 그 가족과 동료 근로자는 여러 가지 측면에서 매우 어려운 상황에 놓이게 된다.

(1) 실업자 개인의 상황

(가) 전체 상황

말할 것도 없이, 고용은 개인에게 여러 가지 측면에서 중요한 역할을 하고 있다. 따라서 고용 상태에 있던 사람이 실업 상태에 놓일 경우, 일자리를 그만두는 것 이외에도 여러 가지의 상실을 경험하게 된다. 예를 들어, 근로자가 일자리를 상실하여 실업 상태에 놓일 경우, 임금과 복지 혜택, 안정감, 사업장에서의 비공식적인 관계망, 생산할 능력이 있다는 의식, 삶에 대한 통제, 신뢰할 수 있는 능력, 자랑스러움과 명예, 가정에서의 역할, 자아존중감, 사회적 지위와 같은 것을 잃게 된다(Foster & Schore, 1990).

이런 탓에, 실업자는 여러 가지 어려움을 겪게 된다. 이 중에서도 장기 실업자는 경제적 어려움과 심리적 어려움을 심하게 겪을 가능성이 가장 크다(Kalleberg, 2009; Norstrom et al., 2019; Pharr, Moonie & Bungum, 2011).

『**월급 봉투**』(유화) : 실업 상태에 놓이면, 임금과 복지 혜택이 없어지는 것을 포함해 여러 가지 상실을 경험한다.
[출처 : 전영신(작가) 님 제공]

(나) 신체적 영역

근로자의 실업은 실업자 개인의 신체적 건강에 부정적으로 영향을 미칠 가능성이 크다. 이에 따라 실업자는 신체적으로 어려운 상황에 놓일 가능성이 크다. 실업자가 놓인 상황을 몇 가지 제시하면 다음과 같다(노병일, 2011; Arnold, Cooper & Robertson, 1995; Norstrom et al., 2019; Pharr, Moonie & Bungum, 2011; Foster & Schore, 1990; Bjorklund et al., 2015).

① 유급 일자리에서 일하는 사람보다 신체적 질병에 걸릴 가능성이 더 크다.
② 건강하지 않은 행동을 할 가능성이 크다. 이 경우, 건강하지 않은 행동의 예로 알코올이나 기타 약물을 더 많이 사용하는 것, 흡연을 더 많이 하는 것, 신체적 활동을 덜 하는 것이 있다.
③ 수명이 줄어들 가능성이 크다. 실업자의 수명이 짧아진다는 사실은 여러 연구에서 드러나고 있다. 특히 실업 상태에 놓이면, 심장질환과 알코올남용 때문에 사망할 가능성이 더 커질 수 있다.
④ 자살을 시도할 가능성이 크다.

유명한 문학 작품에 나타난 고용 불안정과 자살

근로자의 고용 불안정과 직무 스트레스에 따른 어려움은 급기야 자살을 유발하는 요인으로 작용할 수 있다. 『세일즈맨의 죽음』에서 주인공은 이미 예전부터 자살을 생각하고 있다. 주인공의 배우자가 자녀와 나누는 다음의 대화 속에서, 주인공의 자살 계획과 이것을 감싸면서 어쩌지 못하는 배우자의 비극적인 착함을 찾아볼 수 있다.

배우자 : 지난 달에… (힘들게) 얘들아, 이런 말은 차마 하지 못하겠구나. 아버지가 너희들에겐 정신 나간 사람으로 보일 줄 모르지만, 난 아버지가 다른 누구보다도 마음씨가 착하다는 것은 알지. (목이 메어, 눈물을 닦는다) 전기가 나가서 퓨즈를 찾으러 지하실에 내려갔었단다. 퓨즈상자 뒤에서 뭔가 떨어지길래 보니까 짧은 고무 호스였어 – 아주 짧은 것이었어.
둘째 아들 : 정말예요?
배우자 : 호스 끝에 뭔가 달렸는데, 금세 알아챘지. 히이터 밑의 가스파이프에 새로 꼭지를 끼워 놓았더구나.
둘째 아들 : (화내며) 그런 어리석은 짓을 하시다니.
첫째 아들 : 그래서 없애 버리셨어요?
배우자 : 창피해서 못했단다. 어떻게 아버지한테 말을 하니? 날마다 내려가서 고무파이프를 치워 버리지, 하지만 아버지가 돌아오시면 다시 갖다놓는단다. 치워 버리면 얼마나 창피하시겠니? 어찌해야 좋을지 모르지만, 그저 겨우 하루하루 넘기고 있을 뿐이란다. 아버지가 무슨 생각을 하고 계신지 난 다 안다.

결국, 『세일즈맨의 죽음』이라는 제목에서 이미 예고되었듯이, 나중에 주인공은 자살이라는 방법을 통해서, 이 세상과 맺었던 끈을 끊어버린다.

[출처 : 노병일(2011 : 63-64)을 그대로 인용]

(다) 정서적 영역

근로자의 실업은 실업자 개인의 정신건강에 부정적으로 영향을 미칠 가능성이 크다. 이에 따라 실업자는 정서적으로 어려운 상황에 놓일 가능성이 크다. 또한 실업 때문에 생기는 우울이나 불안은 정신건강에 부정적으로 영향을 미칠 가능성이 크다. 그리고 근로자가 실업 상태에 놓일 경우, 덜 행복해하고, 생활에 대해 덜 만족하고, 자신감이 줄어들 가능성이 크다.

이런 상황 때문에, 실업자는 정신건강 문제를 경험할 가능성이 크다. 사실, 유급 일자리에서 일하는 것은 정신건강 문제를 겪지 않게 해주는 요인인 것으로 알려져 있다. 이런 탓에, 실업은 정신건강 문제를 유발하는 요인으로 잘 알려져 있다. 이것은 오랫동안 실업 상태에 놓일 경우에 특히 그렇다(Smith, 2011; World Health Organization, 2021a; Norstrom et al., 2019).

그리고 실업자가 겪는 정서적 어려움은 신체적 영역에 다시 영향을 미칠 수 있다. 그 결과, 실업자에게 신체적 어려움이 더 커질 수 있다. 예를 들어, 근로자가 실업 상태에 놓이면 스트레스가 증가하고, 이에 따라 질병에 대항하는 힘이 줄어들게 된다. 이때에 특히 해당되는 질병의 예로 감기, 피로, 고혈압, 불면증이 있다(Cockerham, 1992; Foster & Schore, 1990; Pharr, Moonie & Bungum, 2012).

실업자의 정서적 반응

실업은 실업자 개인에게 심리적으로 영향을 미치고 있다. 이 경우, 실업은 실업자의 심리 상태에 한 번에 영향을 미치기보다는 단계적으로 영향을 미치고 있다.

단계 모델(stage model)은 개인이 실업 상태에 놓인 이후에 반응하는 것을 잘 설명하고 있다. 단계 모델의 경우, 실업 상태에 놓인 사람이 겪는 단계를 다음과 같이 네 단계로 제시하고 있다(Arnold, Cooper & Robertson, 1995).

① 충격 단계는 실업자가 처음에 겪는 단계이다. 충격 단계는 실업을 겪은 사람이 충격적으로 반응하는 단계를 말한다. 충격 단계에서 실업자는 놀라거나 분노하고, 심지어는 시간적 여유가 있다는 안도감을 느끼기도 한다.

② 다음 단계는 낙관 단계이다. 낙관 단계에서, 실업자는 자신이 직장을 새로 구할 수 있다고 믿으며 집안 주위의 일을 하는 데 시간을 보내는 경우가 많다.

③ 그 다음 단계는 비관 단계이다. 비관 단계는 실업자가 직장을 구하려고 해보지만 늘 실패하는 단계이다.

④ 마지막 단계는 체념 단계이다. 체념 단계에 이르면, 실업자는 희망이 없다고 느끼며 실업 상태에 놓인 것을 운명 탓으로 돌린다. 이에 따라 체념 단계에 있는 실업자는 새로운 직장을 구하려고 노력하지 않는다.

(2) 실업자 가족의 상황

실업은 근로자 개인에게뿐만 아니라 가족에게도 심각하게 영향을 미칠 가능성이 크다. 가장이 실업 상태에 놓일 경우, 가족 구성원의 역할과 기대는 무너져 버릴 가능성이 있다. 따라서 가장이 실업을 경험하는 것은, 실제로는 모든 가족 구성원이 실업을 경험하는 것과 마찬가지라고 볼 수도 있다. 근로자의 실업 때문에 가족이 겪는 상황을 몇 가지 영역으로 나누어 살펴보면 다음과 같다.

(가) 재정 영역

근로자가 실업 상태에 놓일 경우, 말할 것도 없이 근로자의 가족은 재정적으로 어려움을 크게 겪게 된다. 그리고 이에 따라서, 실업 상태에 놓이기 이전에는 자신의 생활과는 크게 상관이 없어 보였던 생활 사건들이, 이제는 실업자 가족에게 현실로 다가오면서 어려움을 경험하게 된다. 예를 들어, 실업 상태에 놓이면 당장 현금이 부족하기 때문에, 자녀가 교육을 받을 수 있는 기회가 줄어들 수 있고, 자기 집이 없어질 수 있고, 가족 구성원이 몸이 아파도 병원을 제때 가지 못할 수 있다(Foster & Schore, 1990).

그리고 근로자가 실업 상태에 놓일 경우, 근로자 가족이 빈곤 상태에 놓일 가능성이 커지게 된다. 이것은 실업 상태에 놓인 기간이 길어질수록 특히 그렇다. 이런 사실은 실업률이 높아지면 국가로부터 도움을 받는 빈곤층의 수가 증가하는 경향을 보이는 선진국의 사례에서도 잘 드러나고 있다(Gordon, 1994).

(나) 가정 영역

가장 역할을 하는 근로자가 실업 상태에 놓일 경우, 가정이 불안정해질 가능성이 커지게 된다. 왜냐하면 실업 상태에 놓여서 생기는 어려움 때문에, 실업자는 다음과 같이 될 가능성이 커지기 때문이다(Foster & Schore, 1990).

① 약물을 많이 사용하고 싶은 충동을 느낀다.

② 분노를 합리적이지 못한 방식으로 표현한다.

③ 가정에서 폭력을 휘두른다.

특히 실업자는 좌절감을 자기와 가까운 사람에게 터뜨리는 경향이 있고, 이에 따라 실업자는 가정에서 폭력을 휘두를 가능성이 크다. 실제로, 미국에서 실업자가 크게 늘어났던 시기에 가정에서 폭력이 많이 발생한 것으로 밝혀진 바 있다.

그리고 가장 역할을 하는 근로자가 실업 상태에 놓일 경우, 배우자의 지지가 줄어들 가능성이 커지게 된다. 그 결과, 실업 상태에 놓인 근로자 부부 사이의 관계가 예전에 비해 더 좋지 않게 될 가능성이 커지게 된다. 더욱이 가장의 실업 때문에 부부 싸움이 자주 발생할 수 있고, 그 결과로 부부관계가 위기에 다다를 수 있다. 이 경우, 부부가 이혼할 가능성이 더 커지게 되고, 때에 따라서는 가정이 크게 불안정해지는 막바지 상황까지 갈 수도 있다. 실제로 우리나라에서 경제가 위기를 맞던 1990년대 후반에, 실업 사태 때문에 가정에서 폭력을 휘두르는 사례와 가정이 크게 불안정해지는 사례가 증가한 것으로 나타난 바 있다(이훈구, 1998; 노병일, 2011; Foster & Shore, 1990; Young, 1989).

(다) 정신건강 영역

가장 역할을 하는 근로자가 실업 상태에 놓일 경우, 배우자와 가족 구성원이 스트레스를 경험할 가능성이 커지게 된다. 가장이 실업 상태에 놓일 경우, 실업에 따른 충격을 줄이기 위해서 처음에는 모든 가족 구성원이 서로 노력하게 된다. 하지만 이런 노력도 어느 정도의 시간이 지나면 막다른 골목에 부닥치게 된다. 이런 상황은 모든 가족 구성원에게 큰 스트레스를 주게 된다. 이 경우, 여성 배우자는 특히 스트레스를 크게 받을 수 있다. 남성 가장이 실업 상태에 놓인 탓에 남성(남편)은 집에 있고 여성(부인)이 일하는 식으로 가장의 역할이 바뀌는 경우, 부부 모두는 스트레스를 받게 된다. 또 부부가 모두 집에 있을 경우에도, 혼자 집에 있는 것에 익숙한 여성 배우자는 스트레스를 겪게 된다(Young, 1989).

(3) 동료 근로자의 상황

근로자의 실업은 동료 근로자에게 부정적으로 영향을 미칠 가능성이 크다. 일반적으로 함께 근무하던 근로자가 실업자가 되는 상황을 본 동료 근로자는 심리적으로 편치 않은 감정을 가질 가능성이 크다.

그리고 실업이 해고 때문에 생긴 것일 경우, 실업은 실업자 개인뿐만 아니라, 직장에서 해고되지 않은 동료 근로자에게도 크게 부정적으로 영향을 미치게 된다. 무엇보다도, 해고되지 않고 계속 근무하는 근로자는 불안감과 죄의식을 느끼게 된다. 특히 사업장에서 동료 근로자가 해고를 당하여 실업 상태에 놓이는 것을 보게 되면, 해고되지 않은 근로자도 마찬가지로 불안해질 가능성이 크다(노병일 · 오영선, 1999).

결국, 실업 상태에 놓이지 않고 살아남은 동료 근로자도, 사업장에서 업무를 하고 가정에서 생활하는 데 있어 어려움을 겪을 가능성이 크다.

2) 비정규직 근로자의 상황

비정규직으로 고용되는 것은 실업 상태의 측면을 일부 포함한다고 볼 수 있다. 따라서 비정규직 근로자는 정신건강에서 불리할 가능성이 크다. 그러므로 비정규직으로 고용될 경우, 근로자가 정신건강 문제를 겪을 가능성은 더 커지게 된다(노병일 · 손정환, 2011; Bilsker, 2006). 이런 탓에, 정규직 근로자에 비해서 비정규직 근로자는 정신건강과 관련된 질병을 더 많이 겪는 경향이 있다.

비정규직을 정규직으로 바꾸기를 요구하는 현수막 : 정규직 근로자에 비해서 비정규직 근로자는 정신건강 문제를 겪을 가능성이 더 크다.
[출처 : 저자 촬영]

Point

• 실업자는 여러 가지 상실을 경험하고, 이에 따라 신체적·정서적으로 어려움을 겪는다.
• 근로자의 실업 때문에, 모든 가족 구성원도 여러 영역에서 어려움을 겪는다.
• 비정규직 근로자는 정신건강 문제를 겪을 가능성이 크다.

3. 사회복지사의 역할[1)]

1) 일반적 역할

(1) 재정 및 고용과 관련된 역할

가장이 실업 상태에 놓일 경우, 가족은 경제적으로 어려움을 겪게 된다. 따라서 산업복지 영역에서 활동하는 사회복지사의 경우, 일자리를 잃은 근로자가 실업 급여를[2)] 받도록 도와줄 수 있다(노병일, 2020b).

그리고 경쟁이 심하고 일자리 시장의 상황이 자주 변함에 따라서, 실업 상태에 놓인 근로자는 새로운 일자리를 찾는 데 불리한 위치에 있는 경우가 많다. 따라서 사회복지사는 이런 어려움을 해결하기 위한 방안을 찾아볼 수 있다. 이때에는 사업장의 외부에 있는 자원을 이용할 수도 있다. 예를 들어 미국의 경우, 민간 단체와 지역 대학에서 근로자를 위해 일자리를 찾는 기법, 면접하는 방법, 이력서를 작성하는 방법, 구직신청서를 작성하는 방법 등과 관련된 서비스를 제공한 바 있다. 또한 외부의 일부 프로그램의 경우, 근로자에게 교통편, 보육 서비스, 맞춤형 사회 서비스 등을 제공한 바 있다(Foster & Schore, 1990). 사회복지사는 이런 분야에서 큰 역할을 할 수 있다.

1) 여기에서는 실업자를 중심으로 설명한다.

2) 실업 급여는 실업보험(우리나라의 경우에는 고용보험)에서 제공하는 급여의 하나이다(노병일, 2020b). 실업 급여에 대해서는 사회보험과 산업복지를 다루는 장(제13장)에서 설명한다.

(2) 정서와 관련된 역할

근로자가 실업 상태에 놓일 경우, 근로자가 적응하는 능력은 크게 줄어들게 된다.[3] 따라서 산업복지 영역에서 활동하는 사회복지사의 경우, 실업자가 적응하는 힘을 키우도록 지속적으로 도와줄 수 있다. 이때에 더불어 중요한 것은, 실업자가 자신을 긍정적으로 계속 인식하게 해주는 것이다. 왜냐하면 실업자가 사업장으로 다시 돌아온다 해도, 자신을 가치 있는 존재로 인식하는 정도가 줄어들 가능성이 크기 때문이다(노병일 · 오영선, 1999).

실업자가 더 잘 적응하도록 해주기 위해서, 사회복지사는 실업자에게 심리상담 서비스를 더 제공하고 실업자 개인에게 더 개입할 수 있다. 이와 관련해 사회복지사가 할 수 있는 역할을 구체적으로 제시하면 다음과 같다(Foster & Schore, 1990).

① 집단 토론과 같은 프로그램을 통해서, 실업자가 여러 가지 대안을 잘 알 수 있는 기회를 만들어 준다.

② 실업자가 집단으로 모여서 부인, 분노, 두려움, 불안 등을 직접적으로 드러낼 수 있게 하는 정서적 지지망을 형성하도록 도와준다.

또한 앞에서 설명한 바와 같이, 근로자 개인이 실업 상태에 놓이는 것은 해당 근로자의 가족 전체가 실업 상태에 놓이는 것과 같다. 그런데 이런 상황에서 실업자는 상담과 같은 서비스를 이용할 수 있는 경우가 많을 수 있지만, 가장이 실업 상태에 놓인 가족의 구성원은 실제로 이런 종류의 서비스를 이용하기 어려운 경우가 많다. 그러므로 사회복지사는 실업자뿐만 아니라 모든 가족 구성원에게도 관련 서비스를 제공할 수 있다.

그리고 앞에서 설명한 것처럼, 가장이 실업 상태에 놓이면 가정폭력이 늘어날 가능성이 크다. 예를 들어, 근로자가 실업 상태에 놓이면, 알코올에 호소

3) 홈스와 래어(Holmes & Rahr)가 개발한 사회 재적응 척도(social readjustment rating scale)는 43개 항목으로 구성되어 있는데, 이 척도에서는 해고를 여덟 번째로 생활에 부정적으로 영향을 주는 사건으로 보고 있다[순위는 배우자 사망(100), 이혼(73), 별거(65), 교도소 수감(63), 가까운 가족 구성원의 사망(63), 질병(63), 결혼(50), 해고(47)의 순이다](Masi, 1982). 그러나 우리나라의 정서로 볼 때, 이런 순위는 맞지 않은 측면이 있는 것으로 보인다(노병일 · 오영선, 1999). 홈스와 래어가 개발한 척도의 경우, 생활에서 겪는 사건의 '양'에만 초점을 둔 탓에, 그 '질'을 무시하는 경향이 있다는 비판을 받고 있다. 따라서 이 척도가 미국의 상황에는 잘 맞을지 모르나, 문화적으로 다른 나라나 집단에게는 잘 들어맞지 않을 가능성이 있다(Cockerham, 1992). 실제로 우리나라 정부 연구소의 한 연구원은 "실업자가 되는 충격은 부모나 자식의 죽음이 주는 충격만큼이나 심각하다"고 지적한 바 있다(Lee, 1998).

하거나 배우자나 자녀를 학대할 수 있다. 따라서 근로자가 실업 상태에서 이런 어려움을 겪을 경우, 사회복지사는 상담 서비스를 제공하거나 근로자를 외부 기관에 의뢰할 수 있다(Zastrow, 2008).

취업 상담을 신청하는 사람들 : 근로자가 실업 상태에서 어려움을 겪을 때, 사회복지사는 도움을 줄 수 있다.
[출처 : 저자 촬영]

이와 더불어, 사회복지사는 실업자에게뿐만 아니라 실업자의 배우자에게도 심리적 안정을 꾀하는 개별 상담이나 집단 상담과 같은 서비스를 제공할 수 있다. 특히 사회복지사는 집단 상담을 통해서 실업자와 가족이 현재 겪는 문제가 자기만 겪는 문제가 아님을 느끼도록 하면서, 실업자와 가족이 새로운 현실에 맞게 의식을 바꾸어서 긍정적으로 생각하도록 도와줄 수 있다.

(3) 대규모 실업 상황과 관련된 역할

(가) 근로자와 관련된 역할

실업은 대규모로 이루어질 수도 있다. 이 경우, 산업복지 영역에서 활동하는 사회복지사는 실업자 개인을 상대로 할 때보다 더 많은 역할을 할 수 있다. 실업 상태에 놓이는 근로자의 수가 많을 경우, 사회복지사가 할 수 있는 역할을 몇 가지 제시하면 다음과 같다(Foster & Schore, 1990).

① 근로자에게 전문가의 의견을 제시해 주고, 또한 근로자를 공적으로 지지한다. 예를 들어, 이와 관련해 사회복지사는 다음과 같이 할 수 있다.

㉠ 사업장의 구조 조정과 관련된 위원회에 참석해서 자문하고 조언한다.

㉡ 근로자를 최종적으로 해고하기 전에, 근로자에게 사전에 충분한 시간을 두고 해고 사실을 알려주도록 한다. 그리고 근로자와 고용주 사이에 솔직한 대화가 진행되도록 한다.

㉢ 경영자, 인사관리 담당자, 노동조합 간부가 새로운 변화에 대비하도록 한다.

② 근로자에게 교육과 훈련을 제공한다. 예를 들어, 이와 관련해 사회복지사는 다음과 같이 할 수 있다.

㉠ 근로자가 스트레스를 관리하는 방법에 대한 자료를 만들어 배포한다.

㉡ 근로자가 인생을 설계하는 것에 대한 자료를 만들어 배포한다.

㉢ 재정을 관리하는 것에 대한 자료를 만들어 배포한다.

③ 근로자 개인과 가족에게 상담 서비스를 제공한다.

④ 근로자를 대상으로 지지 집단을 구성하고, 이런 집단이 활발하게 움직이도록 도와준다. 예를 들어, 사회복지사는 근로자에게 자조 집단을 구성해 줄 수 있다.

⑤ 근로자를 위한 지역사회 관계망에 관여한다. 예를 들어, 이와 관련해 사회복지사는 다음과 같이 할 수 있다.

㉠ 고용주, 지역사회의 기관, 노동조합, 기타 집단이 힘을 합쳐서 고용을 유지하도록 도와준다.

㉡ 실업이 지역사회에 미치는 영향을 줄이도록 도와준다.

⑥ 근로자를 위해 법적 행동과 사회적 행동에 관여한다. 예를 들어, 사회복지사는 지역사회와 정부 기관이 실업자에게 일할 기회를 제공하고 지속적으로 서비스를 제공하도록 권고할 수 있다.

(나) 기업과 관련된 역할

많은 근로자가 실업 상태에 놓일 것으로 예상될 경우, 산업복지 영역에서 활동하는 사회복지사는 근로자를 대규모로 해고하는 기업을 사회복지사의 대상자로 인식할 필요가 있다. 이에 따라 사회복지사는 대규모 해고와 관련해 기업이 장기적으로 계획을 세우는 것을 도와줄 수 있다. 이와 관련해 사회복지사가 할 수 있는 역할을 구체적으로 제시하면 다음과 같다(Foster & Schore, 1990).

① 사업장의 규모를 줄이는 회사에게 가능하면 초기부터 전문가로서의 의견을 제시한다.
② 근로자가 사업장에서 해고되기 이전부터 해고된 이후까지 근로자를 도와준다.

이상적으로 볼 경우, 경영자가 사업장에서 근로자를 해고하려고 할 때, 사회복지사는 경영자나 관리자에게 가능하면 다음과 같이 해달라고 요구할 수 있다(Foster & Schore, 1990).

① 대상 근로자에게 사전에 충분한 시간을 두고 해고 사실을 통보한다. 즉, 근로자가 실업 상태에 놓이는 것에 대해 대비할 시간을 충분히 준다.
② 근로자가 자신이 해고당하는 것이 공정하다고 느끼게 한다.
③ 경영자가 모든 근로자에게 분명히, 정직하게, 자주, 충분히 설명한다.
④ 근로자를 해고하는 과정에 모든 근로자가 충분히 관여하게 한다.
⑤ 관리자와 인사 담당자가 취할 행동과 전략에 대해 준비한다.
⑥ 해고되어 실업 상태에 놓이는 근로자와 해고되지 않고 그대로 남아있는 근로자 모두에게 관련 서비스를 제공한다.

그러나 위에서 제시한 이상적인 조치가 실제로는 취해지지 않는 경우가 많다. 대개의 경우, 관리자는 마지막까지도 위에 제시한 대로 행동하지 않는 경향이 있다. 무엇보다도, 관리자도 마음이 편하지 못하니까 해고될 근로자를 잘 다루지 못하는 경우가 많다. 또한 관리자는 해당 근로자에게 해고된다는 사실을 미리 통보할 경우에 근로자가 집단 행동에 들어갈 것을 염려하기 때문에, 근로자에게 해고 사실을 사전에 충분한 시간적 여유를 두고 통보하지 않을 수도 있다. 이에 따라서, 해고되어 실업 상태에 놓이는 근로자가 해고를 결정하는 과정에 관여하는 경우는 드물다. 그 결과, 해고되어 실업 상태에 놓이는 근로자는 감정이 더 좋지 않게 될 수 있다. 이런 상황에서 사회복지사는 근로자와 기업(또는 관리자) 사이를 연결하는 역할을 할 수 있다.

(4) 해고되지 않은 근로자와 관련된 역할

대부분의 경우, 실업 상태에 놓인 근로자에게 우선 급하게 개입하여야 하기 때문에, 산업복지 영역에서 활동하는 사회복지사는 실업 상태에 놓이지 않고 사업장에 계속해서 남아 있는 근로자에 대해서는 소홀히 취급할 가능성이 크다. 그러나 사회복지사는 사업장에서 계속해서 일하는 근로자를 위해서도 나름의 역할을 할 수 있다. 왜냐하면 실업은 사업장을 떠난 근로자에게 아픔을 줄 뿐만 아니라, 사업장에서 살아남은 근로자에게도 아픔을 주기 때문이다(Foster & Schore, 1990).

그러므로 사업장에서 계속 근무하게 된 근로자와 관련해, 사회복지사는 다음과 같은 역할을 할 수 있다(노병일 · 오영선, 1999).

① 동료 근로자가 어쩔 수 없이 실업 상태에 놓이는 것을 본 근로자를 위한 프로그램을 실시하거나 서비스를 제공할 수 있다. 특히 사회복지사는 사업장에서 살아남은 근로자들끼리 모여 자기들의 속마음을 터놓고 얘기하게 하여, 이들을 정서적으로 안정시키는 서비스를 제공할 수 있다. 이 경우, 사회복지사는 사업장이 위치한 지역사회에 있는 민간 기관의 도움을 받아 이런 서비스를 제공할 수도 있다.

② 지역사회의 복지 기관이나 민간 기관과 협력하여, 사업장에 계속 근무하는 근로자들이 실업 상태에 놓인 동료 근로자를 위한 지지망을 형성하게 해줄 수 있다. 왜냐하면 살아남은 근로자는 실업 상태에 놓일 때에 겪을 어려움이 어떠한지를 누구보다도 잘 알고 있는 탓에, 실업자의 심리적 어려움과 관련해 더 현실적으로 도움을 줄 수 있기 때문이다. 따라

서 도움을 청하고 싶으나 체면 등 때문에 꺼리고 있는 실업자를 위해, 동료 근로자들이 장기적이고 안정된 지지망을 형성하는 것과 관련해 사회복지사는 도움을 줄 수 있다.

2) 고려할 점

(1) 실업 상황 관련

산업복지 영역에서 활동하는 사회복지사가 실업과 관련해 근로자를 도와줄 경우, 사회복지사는 다음과 같이 할 필요가 있다(Foster & Schore, 1990).

① 실업을 심각한 문제로 취급하여야 한다. 이에 따라서 사회복지사는 다음과 같은 두 가지 측면 모두에 관심을 기울일 필요가 있다.

㉠ 해당 근로자에게 구체적인 서비스를 제공한다.

㉡ 근로자 개인과 근로자 집단을 현명하게 단계적으로 돕고, 또한 근로자가 실업에 따른 슬픔을 이겨내도록 현명하게 도와준다. 이 경우, 사회복지사는 근로자가 자신이 나아갈 길을 파악하고, 근로자 자신이 문제를 분석하고, 근로자 자신이 체계적으로 결정을 내릴 수 있도록 도와주는 데 관심을 가질 필요가 있다.

② 실업 상태에 놓인 근로자가 겪는 위기는 해당 근로자에게 영향을 미치는 문제일 뿐만 아니라, 해당 근로자의 가족, 해당 근로자가 소속된 직장, 해당 근로자가 살고 있는 지역사회 등에도 폭넓고 장기적으로 영향을 미칠 수 있는 문제라는 사실을 인식하여야 한다.

③ 사업장 내에 존재하는 고유한 문화를 잘 파악해서 알고 있어야 한다.

한편 사회복지사가 실업 상태에 놓인 사람들을 효과적으로 도와주기 위해서는 근로자의 문화, 성, 계급, 연령, 인종의 측면을 고려할 필요가 있다. 이런 측면을 고려하지 않을 경우, 사회복지사는 무의식적으로 다음과 같이 할 수 있다(Foster & Schore, 1990).

① 사회복지사 자신의 가치를 근로자에게 강요한다.

② 실업 상태에 놓인 근로자에게 바람직한 것이 무엇인지에 대해 현명한 결정을 내리지 못한다.

(2) 근로자의 정서 관련

근로자가 실업 상태에 놓일 경우, 해당 근로자가 겪는 감정을 다루는 것은 근로자의 실업과 관련해 가장 중요한 문제에 속하고 있다. 따라서 산업복지 영역에서 활동하는 사회복지사의 경우, 실업 상태에 놓이는 근로자의 감정과 관련해 다음과 같이 할 필요가 있다(Foster & Shore, 1990).

① 근로자의 분노에 관심을 가져야 한다. 일반적으로 사람들은 분노를 좋지 않은 것으로 보는 경향이 있고, 이에 따라 분노를 통제하여야 한다고 보는 경향이 있다. 그러나 실업 상태에 놓인 근로자가 분노를 제대로 밖으로 표현하지 못할 경우, 근로자가 가진 분노는 해당 근로자에게 심각하게 부정적으로 영향을 미칠 수 있고, 또한 이런 분노는 해당 근로자가 효과적으로 행동하는 데 걸림돌이 될 수 있다. 그러므로 사회복지사는 실업 상태에 놓인 근로자에게 적절한 정도의 분노를 허용하는 것이, 근로자가 정서적으로 안정을 얻는 데 도움이 될 수 있다는 점을 알아야 한다.

② 근로자의 두려움과 불안에 관심을 가져야 한다. 실업자의 미래는 불투명하므로, 실업자는 두려움과 불안을 느낄 수밖에 없다. 앞의 분노에서와 마찬가지로, 사회복지사는 실업자가 가지는 이런 두려움과 불안을 인정해서, 실업자가 두려움과 불안에 직접 대처하도록 도와주어야 한다. 이와 관련해, 사회복지사는 "일자리는 원하기만 하면 있는 거야"라는 식으로 생각하면서, 실업자 개인에게 비난의 화살을 돌리지 말아야 한다. 왜냐하면 아무리 경제가 발전하여도 일자리를 구하지 못하거나 해고되는 사람은 항상 존재하기 때문이다.

③ 근로자의 부인(denial)에[4] 관심을 가져야 한다. 사회복지사는 근로자가 부인하는 것에 대해서는 정면으로 다루어야 한다. 예를 들어, 사업장이 완

4) 부인은 "어떤 내용이나 사실을 인정하지" 않는 것을 말한다(한컴사전, 2021).

전히 문을 닫기 전에, 근로자들은 공장을 계속 운영하기 위해 무엇인가 조치가 있을 것이라고 생각하기 쉽다. 사업장에서 대규모 실업이 발생할 것 같으면, 여러 소문이 떠돌고 근로자는 이런 소문을 비판 없이 받아들인다. 또한 근로자는 자신이 이용할 수 있는 서비스와 제도를 이용하려고 하지 않는다. 사실, 근로자가 부인을 하는 것은 근로자가 보이지 않는 스트레스를 겪고 있다는 의미이다. 그러므로 사회복지사는 이런 경향을 파악해서 근로자가 스트레스를 극복하도록 도와주어야 한다.

정서적 측면의 중요성

실업자가 많아질 경우, 정부는 실업자의 물질적 측면에 크게 관심을 가진다. 실업자에게 물질적 측면에서 개입하는 예로 생계를 보장하는 것, 일자리를 제공하는 것, 직업훈련을 제공하는 것이 있다. 그러나 이런 물질적 측면은 정서적 측면과도 크게 관련되고 있다. 예를 들어, 실업자에게 생계에 필요한 자금을 제공하는 것은 매우 중요하지만, 실업자의 정서적 측면을 고려하여 자금을 '품위 있게' 제공하는 것도 이에 못지않게 중요하다(노병일 · 오영선, 1999). 그러므로 산업복지 영역에서 활동하는 사회복지사의 경우, 실업자의 물질적 측면과 정서적 측면 모두에 대해 관심을 가질 필요가 있다.

Point

- 사회복지사는 재정, 고용, 정서 등의 영역에서 실업자와 가족을 도와줄 수 있다.
- 실업이 대규모로 이루어질 경우, 사회복지사는 실업자 개인을 상대할 때보다 더 많은 역할을 하고, 대규모 해고와 관련해 기업이 장기적 계획을 세우는 것을 도와줄 수 있다.

PART 04

산업복지의 폭넓은 측면

CHAPTER

12 기업의 사회적 책임

차례

1. 기업의 사회적 책임의 등장과 정의

과거에는 기업은 전적으로 이윤을 추구하거나 주주에게 배당을 주기 위한 목적으로만 운영되어야 한다고 생각한 경영자가 많았다. 하지만 오늘날의 기업은 이윤을 가장 많이 얻는다는 좁은 목적에서 벗어나, 더 넓은 목적이나 과거와는 다른 목적에도 주목하는 방향으로 나아가고 있다. 이와 관련해, 오늘날에는 기업이 사회에 대해 가지는 책임에 주목하고 있다. 그 결과, 오늘날에는 '기업의 사회적 책임(corporate social responsibility, CSR)'이라는 용어를 자주 사용하고 있다. 일반적으로 기업의 사회적 책임에는 기업은 사회의 문제를 해결할 의무도 지닌다는 점이 포함되어 있다(Kolstad, 2007; Malloch, 2013; Masi, 1982; Rangan, Chase & Karim, 2015).

그동안 기업의 사회적 책임에 대해 정의한 것을 몇 가지 제시하면 다음과 같다(United Nations Industrial Development Organization, 2021; Business Dictionary, 2021a; Malloch, 2013).

① 유엔의 산업발전기구(Industrial Development Organization)에 따르면, 기업의 사회적 책임은 기업이 자신과 관련된 사람이나 조직과 사업을 하고 교류하는 데 있어, 사회와 환경 영역에서 관심을 가지는 부분을 고려하는 것을 말한다.

② 비즈니스 사전(Business Dictionary)에 따르면, 기업의 사회적 책임은 기업이 활동하는 지역사회와 환경에 대해 기업이 가지는 책임감을 말한다. 이 경우, 환경은 생태학적 환경과 사회적 환경을 모두 포함하고 있다.

③ 일부 관점에 따르면, 기업의 사회적 책임은 기업이 하는 행위가 경제적·사회적·환경적으로 미치는 영향을 기업이 관리하는 것을 말한다.

정리하건대, 기업의 사회적 책임은 기업이 사회와 환경에 관심을 가지고 책임을 지는 것이라고 볼 수 있다.

한편 기업의 사회적 책임과 관련해, '기업의 사회복지 활동(corporate social welfare activity)'이나 '기업의 자선 활동(corporate philanthropic activity)'이라는 용어도 자주 사용하고 있다. 그러나 기업의 사회적 책임을 기업이 하는 사회복지 활동이나 자선(후원) 활동과 구분할 필요가 있다. 왜냐하면 기업의 사회적 책임은 전략적으로 기업을 경영하는 것과 관련된다고 볼 수 있기 때문이다(United Nations Industrial Development Organization, 2021).

일반적으로 기업의 사회복지 활동은 기업이 복지 영역에서 대외적으로 할 수 있는 활동을 가리킨다(Garvin & Tropman, 1992). 그리고 기업의 자선 활동은 기업이 사회의 취약층 등을 위해 관여하는 활동을 의미하고 있다. 따라서 '기업의 사회복지 활동'이나 '기업의 자선 활동'은 기업이 주로 사회복지와 관련된 영역에 이바지하는 활동을 일컫는다. 이에 비해서 기업의 사회적 책임은 이보다 더 넓게 기업이 사회의 복리 수준을 높이는 데 이바지하는 활동을 일컫는다. 그러므로 '기업의 사회복지 활동'이나 '기업의 자선 활동'과 같은 것은 '기업의 사회적 책임'의 한 부분이라고 볼 수 있다.

Point

- 오늘날에는 기업이 사회에 대해 가지는 책임에 주목한다.
- 기업의 사회적 책임은 기업이 사회·환경에 관심을 가지고 책임을 지는 것이다. 기업의 사회복지 활동이나 자선 활동은 기업의 사회적 책임의 한 부분이다.

2. 기업의 사회적 책임의 목적과 의의

1) 기업의 사회적 책임의 목적

기업이 사회적 책임을 추구하는 목적은, 기업과 관련된 지역사회와 사회에 이바지하는 데 있다. 따라서 기업의 사회적 책임에서는 기업이 사회 구성원이나 경제나 환경에 긍정적으로 이바지하고자 하는 경우가 많다(Rangan, Chase & Karim, 2015; Schooley, 2020).

2) 기업의 사회적 책임의 의의

기업의 사회적 책임은 기업이 사회적·경제적·환경적 책임을 지는 방법이라는 데 의의가 있다. 그러나 이 외에도 기업의 사회적 책임은 여러 가지 의의를 지닐 수 있다. 기업의 사회적 책임이 지니는 의의를 몇 가지 제시하면 다음과 같다(United Nations Industrial Development Organization, 2021; Masi, 1982; Akabas, 1995).

① 기업의 사회적 책임은 기업과 지역사회 또는 더 넓은 사회 사이를 연결시켜 준다는 데 의의가 있다. 물론 기업은 제품을 생산하거나 서비스를 고안하고 소비자는 기업의 제품이나 서비스를 구입하는 방식을 통해서, 기업은 사회와 관계를 맺고 있다. 이것은 기업이 일차적으로 하는 활동이다. 그러나 기업은 산업복지와 같은 활동을 통해서도, 지역사회 및 전체 사회와 관계를 맺고 있다. 기업의 사회적 책임은 이런 관련성을 직접적으로 보여주고 있다.

공기업이 제공한 주민 휴식 공간 : 기업의 사회적 책임은 기업과 지역사회 사이를 연결시킨다.
[출처 : 저자 촬영]

② 기업의 사회적 책임은 일반적인 사회복지 현장이 아닌 장소에서 사회복지사가 활동할 수 있는 기회를 제공한다는 데 의의가 있다. 왜냐하면 기업의 사회적 책임은 사회복지를 전공한 전문가가 기업의 세계에서 일할 수 있는 또 하나의 영역이기 때문이다. 그리고 더 나아가, 기업의 사회적 책임은 사회복지사가 사회에서 역할을 할 수 있는 영역을 넓혀줄 수 있기 때문이다.

③ 기업의 사회적 책임은 사업장에서 실시하는 산업복지 정책이나 산업복지 프로그램이 성공할 가능성을 높여준다는 데 의의가 있다. 왜냐하면 기업의 사회적 책임에 관심이 있는 기업은, 사업장에서 근로자의 복지 수준을 높이기 위해 실시하는 산업복지 정책이나 프로그램을 적극적으로 후원하면서 관여할 가능성이 크기 때문이다.

Point

- 기업의 사회적 책임의 목적은 기업과 관련된 지역사회 · 사회에 이바지하는 것이다.
- 기업의 사회적 책임은 기업과 사회를 연결시키고, 일반 사회복지 현장이 아닌 장소에서 사회복지사의 활동 기회를 제공하고, 산업복지 정책 · 프로그램의 성공 가능성을 높여준다는 데 의의가 있다.

3. 기업의 사회적 책임의 배경

1) 일반적 배경

기업의 사회적 책임이 등장한 배경에는 여러 가지가 있을 수 있다. 그리고 어느 경우에는 국가마다 독특한 배경이 있을 수 있다. 현대 사회에서 기업의 사회적 책임이 등장하게 된 일반적 배경을 몇 가지 제시하면 다음과 같다(노병일, 2018b; 박병현, 2007; Zippay, 1992; Malloch, 2013).

① 기업에 대한 사회적 압력이 커짐에 따라서, 기업의 사회적 책임이 등장하였다. 자본주의 사회에서 기업은 제품을 생산하고 근로자를 고용하는 것과 관련해 매우 중요한 역할을 해왔다. 하지만 최근 들어서 소비자의 권한이 커지고 있고, 기업을 경영하는 방식이 변하고 있고, 제품을 생산하는 상황 등이 변하고 있다. 이에 따라 기업은 자신이 속한 사회에 책임을 지라는 압력을 더 많이 받는 방향으로 나아가고 있다. 기업이 사회적으로 받는 압력에 대응하는 전략들 가운데 하나는, 기업이 공적 성격을 띠는 사업에 도움을 주는 것이다. 따라서 기업의 사회적 책임은 이런 전략의 하나로 등장하였다.

② 현대에 들어 복지 다원주의의 경향이 나타나고 있고 또한 기업은 복지 영역에서의 역할에 관심을 가짐에 따라서, 기업의 사회적 책임이 등장하였다. 특히 복지 재정과 관련해 압박을 받고 있는 국가에서는 기업이 복지 영역에 관여하기를 바라고 있는데, 이런 상황 때문에 기업은 사회적 책임에 더 관심을 가지게 되었다. 예를 들어, 사업장에서 일하는 근로자들이 지역사회에서 자원봉사 활동이나 후원 활동에 참여함으로써, 기업은 지역사회나 일반 사회에서 필요한 복지 자원을 제공하는 역할을 해 왔다.

③ 기업의 제품을 판매하는 데 있어 소비자가 기업에 대해 가지는 이미지가 중요해짐에 따라서, 기업의 사회적 책임이 더 등장하였다. 기업이 사회 구성원에게 이득이 되는 영역에 관심을 가지는 것은 기업의 사회적

이미지를 개선하는 효과가 있다.[1] 그리고 이렇게 사회적으로 개선된 이미지는 소비자가 기업의 제품을 선택하는 것과 직접적으로 연결되기 때문에, 기업으로서는 사회적 책임에 관심을 가지지 않을 수 없다. 특히, 기업이 하는 주요한 활동 때문에 평판이 나빠질 수 있는 기업은, 기업의 사회적 책임에 크게 관여할 가능성이 크다.

④ 이 외에 여러 가지 이유 때문에 기업의 사회적 책임이 등장하였다. 이런 예를 몇 가지 살펴보면 다음과 같다.

㉠ 사회복지와 관련된 법을 새로 만들거나 고침에 따라, 기업은 복지 영역과 관련되게 되었다. 그 결과, 기업은 사회적 책임에 대해 관심을 가지게 되었다.

㉡ 일반적으로 국가는 기업이 사회 구성원에게 이득이 되는 사업에 지출한 비용에 대해서는 세금에서 혜택을 주는 경향이 있다. 이에 따라, 기업은 세금 혜택을 받기 위해서 사회적 책임에 대해 관심을 가지게 되었다.

㉢ 기업을 만든 사람이나 기업의 소유주가 자신의 부를 제도적으로 안전하게 세습하기 위해서, 기업은 사회적 책임에 대해 관심을 가지게 되었다.

한편 기업의 사회적 책임이 나타나게 된 배경은 국가마다 다를 수 있다. 미국은 앞에서 제시한 배경을 거의 다 가지고 있는 국가이다. 미국의 경우, 20세기에 이르러 기업은 사회복지 활동과 자선 활동에 더 관심을 가지게 되었다. 미국의 경우, 기업의 사회적 책임은 19세기 말에 기업이 등장한 이후에 기업과 사회 사이의 관계에 대해서 오랫동안 논쟁한 후에 나타났다. 미국의 기업이 사회적 책임에 관심을 가지게 된 배경을 몇 가지 제시하면 다음과 같다(Garvin & Tropman, 1992; Malloch, 2013).

① 20세기 초에 벼락부자(robber baron)의 활동이 폭로되고 비판을 받았는데, 이런 폭로와 비난은 기업이 사회적 책임과 관련된 활동에 관여하는 데

1) 이런 측면은 산업복지의 기능을 다루는 장(제2장)에서 이미 설명한 바 있다. 그리고 여기에 대해서는 뒤에서 다시 설명한다.

영향을 미쳤다. 유명한 사회공헌 재단이 이때 만들어졌다.

② 1935년에 사회보장법을 만듦에 따라서, 기업은 근로자에게 할당된 연금 보험료의 50%를 의무적으로 납부하게 되었다. 이에 따라서 기업은 사회복지 활동에 관여하기 시작하였다.

③ 기업은 다소 이기적 이유로 자선 활동에 관여하였다. 이것을 구체적으로 살펴보면 다음과 같다.

㉠ 기업의 소유주가 자신의 부(wealth)를 다른 가족 구성원에게 안전하게 이전하기 위해, 기업이 자선 활동에 관여한 측면이 있었다. 이 경우, 자신의 부를 가족 구성원에게 주는 대신에 가족 재단에게 줌으로써, 기업의 소유주는 부를 안전하게 물려줄 수 있었다. 그리고 이런 방식은 기업에게 세금 측면에서도 유리하게 작용하였다.

㉡ 사회가 기업에 대해 유리한 분위기를 만들기 위해, 기업이 자선 활동에 관여한 측면이 있었다.

그리고 현대 사회에서 자본주의에 대한 인식이 바뀜에 따라서, 기업의 사회적 책임을 더 강조하는 방향으로 나아가고 있다. 이런 측면에서 마이크로소프트(Microsoft)를 처음에 만든 게이츠(Gates)는 '창조적 자본주의(creative capitalism)'라는 새로운 자본주의 형태를 제시한 바 있다. 창조적 자본주의는 기업에게 이윤도 가져다주고 세계의 불공평한 문제도 해결하는 데 한몫을 하고 있다. 세계의 불공평한 문제에는 당연히 빈곤층과 같은 취약층의 삶을 개선하는 것도 포함되고 있다. 게이츠의 경우, 부유층에게 유리한 자본주의가 빈곤층에게도 유리하게 되는 방법을 찾을 것을 기업에게 요구하고 있다(Giles, 2008). 이런 방법들 가운데 하나가 기업의 사회적 책임이라고 볼 수 있다.

2) 기업이 복지 기관에 기부하는 실질적 배경

기업의 사회적 책임을 실행하는 방법들 중의 하나로, 기업이 복지 기관에 기부하는 것을 꼽을 수 있다. 그러나 기업이 사회적 책임을 실행하기 위해 복지 기관에 기부할 때, 기업은 나름의 단기적 목적이나 장기적 목적을 추구하는 경우가 많다. 예를 들어, 기업은 순전히 이윤을 추구하려는 목적을 위해 복지 기관에 기부할 수도 있고, 순전히 이타적 목적을 위해 복지 기관에 기부할 수도 있다.

공공 · 민간 기업이 기부한 차량 : 기업이 사회적 책임을 위해 복지 기관에 기부할 때, 기업은 나름의 목적을 추구한다.
[출처 : 우리나라와 캄보디아에서 각각 저자 촬영]

기업이 단기적 목적과 장기적 목적을 위해 기부하는 배경에 대해 구체적으로 살펴보면 다음과 같다.

(1) 단기적 목적으로 기부하는 배경

기업은 단기적 목적을 이루기 위해서 복지 기관에 기부할 수 있다. 예를 들어, 미국의 유명한 잡지인 『포춘(Fortune)』이 선정한 1300대 기업을 조사한 결과, 기업이 복지 기관에 기부한 주요한 이유는 이윤 추구에 있는 것으로 나타난 바 있다. 이 경우, 기업이 복지 기관에 기부하는 것은 상품을 판매하는 것과 관련해 중요한 역할을 하고 있다. 즉, 기업이 복지 기관에 기부하면, 기업에 대한 이미지가 좋아지고 있고 또한 기업이 더 드러나기 때문에 제품이 더 잘 팔린다는 것이다(Zippay, 1992).

(2) 장기적 목적으로 기부하는 배경

기업은 장기적 목적을 이루기 위해서 복지 기관에 기부할 수 있다. 물론, 기업이 복지 기관에 기부하는 것에 대한 연구의 경우, 시장에서 이윤을 추구하는 것을 기업이 기부하는 동기로 자주 제시하고 있다(Zippay, 1992). 하지만 일부 학자의 경우, 복지 기관에 기부하는 목적이 이윤을 추구하는 데 있는 것이 아닌 기업도 많다고 주장하고 있다. 즉, 일부 기업의 경우에는 복지 기관에 기부하는 주요한 동기가 지혜로운 이기주의(enlightened self-interest) 철학을 실행하는 데 있을 수 있다는 것이다. 지혜로운 이기주의 철학은 기업의 기부는 지역사회를 더 좋게 만들고 기업 환경을 더 좋게 하기 때문에, 기업의 기부가 장기적으로는 기업에게 이득을 가져온다는 견해를 말한다.

그리고 일부 학자의 경우, 기업이 사회적으로 책임을 져야 한다고 인식하기 때문에 기업은 복지 기관에 기부한다고 주장하고 있다. 이 경우, 기업은 다음과 같은 방향으로 나아가려고 하고 있다.

① 기업이 추진하는 바를 사회적 가치와 맞춘다.

② 사업을 하는 지역사회에서 '좋은 이웃(good neighbor)'으로서의 역할을 한다.

기업 기부의 이론적 배경

기업이 복지 기관에 기부하는 여러 가지 동기를 설명하는 데 도움이 될 수 있는 이론들 가운데 하나가 사회 교환(social exchange) 이론이다. 사회 교환 이론의 중요한 요소는 '호혜성(reciprocity)'이다. 여기서 호혜성은 개인과 조직들 사이에 물질적 물품이나 비물질적 물품을 교환하는 것을 말한다(Zippay, 1992).

만약 물질적·비물질적 물품을 교환하는 관계에 관여하는 사람이 자기에게 돌아올 보상이 들어가는 비용보다 더 크다고 판단할 경우, 이런 교환관계는 계속된다. 그러나 들어가는 비용이 돌아올 보상보다 더 크다고 판단될 경우, 이런 교환관계는 끝나게 된다.

사회 교환의 개념은 조직들 사이의 행동을 기술하고 설명하는 데 자주 적용되어 왔다. 이것을 구체적으로 예를 들면 다음과 같다(Zippay, 1992).

① 복지 기관은 기업으로부터 기부를 받는다.

② 기업이 복지 기관에 현금이나 현물을 기부하는 대가로, 기업은 다음과 같은 것을 얻는다.

㉠ 기업에서 생산하는 제품이 더 많이 판매된다.

㉡ 기업은 권위를 더 가진다.

㉢ 기업의 분위기가 더 좋아진다.

㉣ 기업이 사회적으로 인정을 받는다.

Point

- 기업의 사회적 책임이 등장한 주요한 일반적 배경으로 기업에 대한 사회적 압력이 커진 점, 복지 다원주의에 따라 기업이 복지 영역에서의 역할에 관심을 가진 점, 제품 판매에서 기업 이미지가 중요해진 점을 들 수 있다.
- 기업은 이윤 추구를 위해 복지 기관에 기부할 수도 있고, 이타적 목적을 위해 복지 기관에 기부할 수도 있다.

4. 기업의 사회적 책임의 형태와 효과

1) 기업의 사회적 책임의 형태

기업의 사회적 책임에는 여러 가지 형태가 있다. 기업의 사회적 책임의 형태를 몇 가지 제시하면 다음과 같다(Schooley, 2020).

① 환경 영역에서의 사회적 책임이 있다. 기업의 경우, 환경에 주목함으로써 사회적 책임을 실행할 수 있다.

② 복지 영역에서의 사회적 책임이 있다. 기업의 경우, 현금이나 제품이나 서비스를 사회에서 좋은 일을 하는 곳에 기부함으로써 사회적 책임을 실행할 수 있다.

③ 윤리 영역에서의 사회적 책임이 있다. 기업의 경우, 근로자를 공정하고 윤리적으로 옳게 대우함으로써 사회적 책임을 실행할 수 있다.

④ 자원봉사 영역에서의 사회적 책임이 있다. 기업의 경우, 지역사회의 행사에서 자원봉사 활동을 함으로써 사회적 책임을 실행할 수 있다.

어느 기업이 산에 황톳길을 만들고 물을 뿌리기 위해 준비한 차량 : 기업은 환경에 주목함으로써 사회적 책임을 실행할 수 있다.
[출처 : 저자 촬영]

그리고 기업의 사회적 책임의 형태와 관련해서, 기업은 여러 영역에 관심을 가지고 있다. 기업의 사회적 책임에서 크게 관심을 가지는 영역을 몇 가지 제시하면 다음과 같다(United Nations Industrial Development Organization, 2021).

① 환경과 생태를 보존하는 것과 관련된 영역이 있다.

② 노동과 관련된 규정을 지키는 것과 관련된 영역이 있다.

③ 근로 환경을 개선하는 것과 관련된 영역이 있다.

④ 근로자와 관계를 잘 맺는 것과 관련된 영역이 있다.

⑤ 지역사회와 관계를 잘 맺는 것과 관련된 영역이 있다.

⑥ 사회적으로 공평하게 하는 것과 관련된 영역이 있다.

⑦ 남성과 여성 사이에 평등을 유지하는 것과 관련된 영역이 있다.

⑧ 인권을 존중하는 것과 관련된 영역이 있다.

⑨ 부패를 방지하는 조치를 취하는 것과 관련된 영역이 있다.

2) 기업의 사회적 책임의 효과

기업이 사회적 책임을 제대로 실행하는 것은 기업에게 여러 가지 측면에서 유리하게 작용하고 있다. 이런 예를 몇 가지 제시하면 다음과 같다(Schooley,

2020; United Nations Industrial Development Organization, 2021; Rangan, Chase & Karim, 2015).

① 제품의 판매가 늘어나고, 이에 따라 이윤이 늘어난다.
② 생산성이 더 높아지고, 또한 제품의 질이 더 좋아진다.
③ 브랜드의 이미지가 더 좋아지고, 또한 회사에 대한 평이 더 좋아진다.

그리고 오늘날에는 기업이 사회적으로 의식이 있다는 이미지를 가지는 것이 점점 더 중요해지고 있다. 특히 소비자와 근로자와 기타 관련된 사람들은 기업은 사회를 변화시키는 데 관여하여야 한다고 보는 경우가 많다. 따라서 소비자와 근로자와 기타 관련된 사람들의 경우, 상품의 브랜드를 선택하거나 기업을 선택할 때에 기업의 사회적 책임에 크게 주목하는 경향이 있다 (Schooley, 2020). 결국, 기업의 사회적 책임은 기업이 성공하는 데 긍정적으로 영향을 미치고 있다.

Point

- 기업의 사회적 책임의 형태와 관심 영역에는 여러 가지가 있다.
- 기업의 사회적 책임은 기업이 성공하는 데 긍정적 영향을 미친다.

5. 기업의 사회적 책임의 실행

1) 절 차

대부분의 기업은 어떤 형태로든 기업의 사회적 책임을 오랫동안 실행해 왔다. 그리고 오늘날, 많은 기업은 사회적 책임과 관련된 여러 가지 방안을 실행하는 방향으로 나아가고 있다. 이 경우, 기업이 사회적 책임을 올바로 실행할 수 있는 방법에는 여러 가지가 있다.

그러나 기업은 사회적 책임을 실행하는 방법을 정하기 전에 우선순위를 정하는 경우가 많다. 구체적으로 기업의 사회적 책임을 실행하는 작업은, 기업이 사회에서 어떤 역할을 할 것인가를 결정하고, 그런 다음에 이와 관련해 우선순위를 정하는 작업을 포함하고 있다. 물론 이런 우선순위를 정할 경우, 기업이 소속된 지역사회를 고려하고 있다(Schooley, 2020; Masi, 1982; Malloch, 2013; Rangan, Chase & Karim, 2015).

2) 방 법

기업이 사회적 책임을 실행하는 방법에는 여러 가지가 있을 수 있다. 우선, 일반적 영역에서 기업은 사회적 책임을 실행할 수 있다. 예를 들어, 기업은 다음과 같이 함으로써 일반적인 사회적 책임을 실행할 수 있다(Business Dictionary, 2021a).

① 공해 물질을 없애거나 크게 줄인다.
② 교육 프로그램이나 사회 프로그램을 제공한다.

하지만 사회복지 영역에서 기업이 하는 사회적 책임은 사회복지 활동인 경우가 많다. 일반적으로 기업의 사회적 책임과 관련된 사회복지 활동은 다음과 같은 것을 포함하고 있다(Garvin & Tropman, 1992).

① 자선 활동에 관여한다.
② 복지와 관련된 재단을 만들어 활동한다.
③ 물품을 기부한다.

그러나 넓게 볼 경우, 기업이 복지와 관련된 재단을 만들어 활동하는 것과 기업이 물품을 기부하는 것은 기업이 자선 활동에 관여하는 것에 포함되고 있다. 기업의 사회적 책임을 위해서 기업이 자선 활동에 관여하는 방법을 몇 가지 제시하면 다음과 같다(노병일, 2018b; Garvin & Tropman, 1992; Gordon, 1990; Netting, Kettner & McMurtry, 1993).

① 재단을 통해 관여하는 방법이 있다. 이 경우, 재단은 공적 목적을 위해 사용할 수 있는 상당한 자금을 가지고 있다. 우리나라의 경우에도 재벌급 재단이 많이 만들어져 있다. 그리고 우리나라의 이런 재단들 중에는

'복지'라는 명칭이 들어가 있는 재단이 많다.

② 기부하는 방법(corporate donation)이 있다. 이것은 기업이 직접 기부하는 것을 말한다. 이 경우, 현금으로 기부할 수도 있고 또는 공공 프로그램에 후원하는 형태로 기부할 수도 있다. 예를 들어, 미국의 어느 기업은 오페라 공연을 계속 후원한 바 있고, 우리나라의 어느 기업은 교육방송의 프로그램을 제작하는 데 후원한 바 있다. 경제협력개발기구(OECD)가 사회부조(social assistance)에[2] 대해 내린 정의에서는, 기업이 개인과 가구에게 제공하는 보조금도 사회부조에 포함시키고 있다. 이것은 기업이 기부를 통해 사회복지 활동을 하는 것이라고 볼 수 있다.

③ 물품을 기부하는 방법(equipment donation)이 있다. 이것은 기업이 물품을 자선 목적으로 기부하는 것을 말한다. 기업이 복지 기관에 물품을 기부하는 것은 복지 기관을 운영하는 데 크게 도움을 주고 있다. 예를 들어, 컴퓨터를 제조하는 회사는 하드웨어를 지역사회의 복지 기관에 기부해서, 복지 기관의 정보 체계를 전산화하는 데 도움을 줄 수 있다.

④ 임원이 복지 기관에서 봉사하는 방법(loaned executive)이 있다. 이것은 기업의 임원이 평상시에 받는 것과 똑같은 급여를 기업에서 받으면서, 일정 시간 동안 복지 기관이나 기타 비영리 기관에서 일하는 것을 말한다.

⑤ 자원봉사 활동에 참여해서 간접적으로 지원하는 방법(indirect support for volunteer contribution)이 있다. 이것은 기업의 직원이나 임원이 여러 가지 시민 활동에서 자원봉사자 역할을 하는 것을 말한다. 이런 예로 기업의 근무 시간에 복지 기관의 위기상담 전화에서 상담하는 역할을 하는 것, 복지 기관의 후원금을 모집하는 책임자의 역할을 하는 것이 있다.

2) 사회부조는 우리나라의 공공부조에 해당되고 있다. 일반적으로 사회부조(공공부조)는 경제적으로 어려운 사람들을 국가가 도와주는 공적 제도를 말한다(노병일, 2020b).

자원봉사 우수 기업으로 지정된 어느 은행 : 기업이 자선 활동에 관여하는 방법의 하나는 자원봉사 활동에 참여해 간접적으로 지원하는 것이다.
[출처 : 저자 촬영]

⑥ 일자리 은행(job bank)을 통한 방법이 있다. 이것은 노동조합과 고용주가 협력하여 실시하는 경우가 많다. 이런 예로 미국에서 어느 자동차 기업과 자동차 근로자 노동조합(Union of Auto Workers)이 실시한 일자리 은행이 있다. 이 경우, 노동조합과 경영자는 일자리 은행에 기금을 제공하고 있다. 일자리 은행의 경우, 해고된 근로자를 등록하고 공공 사업에 이들을 배정하는 식으로 일자리를 제공하고 있다. 이런 방법이 지니고 있는 장점을 몇 가지 제시하면 다음과 같다.

㉠ 해고된 근로자는 계속해서 소득을 확보하게 된다.

㉡ 중요한 공공 사업을 계속 실시하게 된다.

㉢ 이와 관련된 모든 사람은 좋은 감정을 가지게 되어, 나중에 근로자와 고용주 사이의 관계가 좋아질 가능성이 커지게 된다.

3) 기업의 사회봉사

기업의 사회봉사(corporate volunteerism)는[3] 기업이 사회적 책임을 실행하는 한 가지 방법이다. 일반적으로 기업의 사회봉사는 기업이 사회에 봉사하는 활동에 참여하는 것을 말한다. 기업에 소속된 근로자와 경영자는 기업의 사회봉사를 통해서 사회복지 현장에 가서 자원봉사 활동을 할 수 있다. 따라서 기업의 사회봉사는 기업과 사회복지가 직접적으로 만나는 것이라고 볼 수 있다. 이런 탓에, 기업의 사회봉사는 오늘날에 주위의 복지 기관에서 자주 볼 수 있는 모습이 되고 있다. 결국, 기업의 사회봉사는 지역사회에서 영리 영역과 비영리 영역이 서로 협동하는 관계라고 볼 수 있다.

기업이 근로자가 사회봉사에 참여하게 해 주는 방법에는 여러 가지가 있을 수 있다. 기업이 근로자가 사회봉사에 참여하게 해 주는 방법을 몇 가지 제시하면 다음과 같다(Netting, Kettner & McMurtry, 1993).

① 근로자가 지역사회의 사회복지 활동에 자원봉사자로 참여할 수 있도록 근무 시간을 조정해 준다.

② 근로자가 일정 기간 동안 복지 기관으로 출근하도록 해준다. 이 경우, 기업은 사회복지 사업에 필요한 전문적 기술을 복지 기관에 무료로 제공할 수 있다.

③ 퇴직할 예정인 근로자가 퇴직한 후에 자원봉사를 할 수 있는 기회를 제공하는 퇴직 전 교육을 실시한다. 이 경우, 기업은 복지 기관을 위해 자원봉사자를 모집해 주는 역할을 할 수 있다.

3) 영어 표현인 'corporate volunteerism'은 기업의 자원봉사라는 의미를 지니고 있다. 그러나 내용을 고려할 경우에는 기업의 사회봉사라는 표현이 더 어울릴 것으로 보여, 여기에서는 기업의 사회봉사로 표현한다.

차(tea) 회사가 자신의 사회복지 활동을 전시해 놓은 모습 : 기업은 여러 가지 방법으로 사회적 책임을 실행할 수 있다.
[출처 : 중국에서 저자 촬영]

4) 고려할 점

기업의 사회적 책임을 계획하고 실행할 경우, 결정을 내리는 과정에 근로자가 참여하도록 해줄 필요가 있다. 근로자가 기업의 사회적 책임과 관련해 결정을 내리는 과정에 참여할 경우, 근로자는 기업의 사회적 책임과 관련된 활동에 참여할 가능성이 커지게 된다. 그리고 이에 따라서 기업의 사회적 책임이 성공할 가능성이 커지게 된다(Schooley, 2020).

그리고 기업의 사회적 책임을 오로지 자기 제품을 판매할 목적으로만 실행하지 말아야 한다. 자기 제품을 빨리 판매하기 위해 기업이 사회적 책임을 하는 것은, 나중에 기업에게 불리하게 작용할 수 있다(Schooley, 2020).

Point

- 기업의 사회적 책임을 위해 기업이 자선 활동에 관여하는 주요한 방법으로 재단을 통해 관여하는 방법, 기부하는 방법, 물품을 기부하는 방법, 임원이 복지 기관에서 봉사하는 방법, 자원봉사 활동에 참여하는 방법, 일자리 은행을 통한 방법이 있다.
- 기업의 사회봉사는 기업이 사회에 봉사하는 활동에 참여하는 것이다.

6. 사회복지사의 역할

1) 사회복지사의 역할

기업은 기업의 사회적 책임과 관련된 사회복지 활동에서 사회복지사를 활용할 수 있다. 기업의 사회적 책임을 담당하는 사회복지사가 갖는 직위와 임무는 매우 다양하다(Straussner, 1990; DiNitto & McNeece, 1997). 기업의 사회적 책임을 담당하는 사회복지사가 갖는 직위의 예로 기부금 배정 분석가(charitable allocations analyst), 기업의 사회적 책임 담당자, 지역사회관계 자문가, 지역사회 서비스 조정자를 들 수 있다.

기업에서 기업의 사회적 책임을 담당하는 사회복지사는 여러 가지 역할을 할 수 있다. 기업의 사회적 책임을 담당하는 사회복지사가 하는 구체적인 역할의 예로 지역사회 분석가, 예산 조정자, 프로그램 개발자, 중개자, 옹호자, 협상가가 있다. 기업의 사회적 책임을 담당하는 사회복지사가 할 수 있는 역할을 구체적으로 제시하면 다음과 같다

① 지역사회의 지도자를 파악해서, 기업과 지역사회의 지도자를 연결시킨다.
② 지역의 일반 단체나 자선 단체가 회사에 기부를 요청할 경우에 이를 평가한다.
③ 회사가 위치한 지역사회가 가진 욕구를 조사한다.
④ 새로운 서비스와 프로그램에 대해 자문하거나, 이와 관련된 프로그램을 개발한다.

2) 고려할 점

모든 기업이 동일한 형태의 사회적 책임을 실행할 필요는 없다. 이렇게 하는 것은 현실적이지도 않고 또한 논리적이지도 않다. 왜냐하면 여러 가지 요인이 기업의 사회적 책임과 관련된 프로그램에 영향을 미치기 때문이다(Rangan, Chase & Karim, 2015). 그러므로 기업에서 기업의 사회적 책임을 담당하는 사회복지사의 경우, 이런 점을 고려할 필요가 있다.

그리고 사회복지사가 기업의 사회적 책임과 관련된 역할을 제대로 하기 위해서는 경영학에 대한 지식도 가지고 있는 것이 좋다. 실제로 미국의 경우, 기업 내에서 기업의 사회적 책임을 담당하고 있는 직원은 경영학 석사학위를 가지고 있는 사람이 많은 것으로 알려져 있다(Masi, 1982).

근로자가 복지기관장을 만나 근로자들의 자원봉사에 대해 상의하는 모습 : 사회복지사가 기업의 사회적 책임과 관련된 역할을 잘 하기 위해서는 경영학 지식도 갖추는 것이 좋다.
[출처 : 유호석 님 제공, 동의를 얻고 사진을 촬영하였음]

Point

• 기업의 사회적 책임을 담당하는 사회복지사는 여러 역할을 할 수 있다.

CHAPTER 13 사회보험과 산업복지[1)]

차례

1. 근로자와 사회보험

인간은 살아가면서 사회적으로 여러 가지 어려움을 겪게 된다. 인간이 살아가면서 사회적으로 겪는 어려움의 예로 나이가 드는 것, 퇴직하는 것, 건강이 좋지 않게 되는 것, 산업재해를 겪는 것, 실업 상태에 놓이는 것, 나이가 들어 보호가 필요한 것, 자녀를 양육하는 데 필요한 비용이 부족한 것이 있다. 일반적으로 이런 상황을 '사회적 위험(social risk)'이라고 부르고 있다(노병일, 2020b).

사회적 위험은 개인과 가족의 삶에 매우 부정적으로 영향을 미치고 있다. 그러나 오늘날의 사회에서는, 사회적 위험과 관련된 문제를 개인적으로 해결하기 어려운 경우가 많다. 따라서 사회적 위험과 관련된 문제에 대해서는, 국가가 제도적으로 관여할 필요가 있다.

1) 본 장에서는 노병일(2020b)을 많이 참고하였다.

이런 탓에, 대부분의 국가는 사회 구성원을 사회적 위험으로부터 보호해 주는 제도를 갖추고 있다. 이런 제도를 '사회보장(social security)'이라고 부르고 있다(노병일, 2020b).[2] 오늘날의 경우, 대부분의 사회 구성원은 사회보장의 대상이 되고 있다.

사회보장에는 여러 가지 형태가 있는데, 이 중에서 가장 규모가 크고 가장 일반적인 사회보장 형태는 '사회보험(social insurance)'이다(노병일, 2020b). 오늘날의 경우, 대부분의 국가에서는 사회보험을 통해서 사회 구성원을 사회적 위험에 대해 보호해 주고 있다.

근로자는 사회의 구성원에 속하고 있다. 따라서 근로자도 사회보험을 통해서 사회적 위험으로부터 보호를 받고 있다. 사실, 사회보험은 근로자와 크게 관련되고 있다. 그리고 사회보험의 일부 프로그램은 근로자와 특히 더 관련되고 있다.

사회보험의 여러 프로그램은 근로자와 가족의 소득, 건강, 재활, 고용 등에 직접적 · 간접적으로 영향을 미치고 있다. 이런 탓에, 사회보험은 근로자가 사업장에서 일하는 동안과 근로자가 유급 일자리에서 일하는 것을 그만둔 후에 근로자와 가족의 삶의 질에 크게 영향을 미치고 있다. 결국, 사회보험은 근로자의 복리 수준을 높이는 데 크게 이바지하고 있다. 따라서 근로자와 관련된 사회보험 프로그램은 산업복지와 밀접하게 관련되고 있다.

2) 사회보장이라는 용어는 전 세계적으로 널리 사용되고 있다. 하지만 사회보장을 정의하는 것에 대해서는 의견이 분명하게 일치하고 있지 않다(노병일, 2020b). 우리나라의 사회보장기본법의 경우, 사회보장은 "출산, 양육, 실업, 노령, 장애, 질병, 빈곤 및 사망 등의 사회적 위험으로부터 모든 국민을 보호하고 국민 삶의 질을 향상시키는 데 필요한 소득 · 서비스를 보장하는" 제도라고 정의하고 있다(국가법령정보센터, 2021).

어느 사업장의 창문에 있는 사회보험 관련 안내문 : 근로자와 관련된 사회보험 프로그램은 산업복지와 밀접하게 관련된다.
[출처 : 저자 촬영]

그러므로 산업복지 영역에서 활동하는 사회복지사의 경우, 근로자가 겪을 수 있는 사회적 위험을 예방하고 해결하는 데 도움을 주기 위해서, 사회보험에 대한 기본적인 지식을 갖추고 있을 필요가 있다.

Point

- 사회보험의 여러 프로그램은 근로자 · 가족의 소득 · 건강 · 재활 · 고용 등에 직접 · 간접적으로 영향을 미친다. 따라서 사회보험은 근로자의 복리 수준을 높이는 데 크게 이바지한다.
- 산업복지 영역에서 활동하는 사회복지사의 경우, 근로자가 겪을 수 있는 사회적 위험을 예방 · 해결하는 데 도움을 주기 위해 사회보험에 대한 기본적인 지식을 갖출 필요가 있다.

2. 사회보험의 정의와 목적과 특징 및 장점

1) 사회보험의 정의

그동안 여러 기관과 법에서 사회보험에 대해 정의해 왔다(노병일, 2020b). 예를 들어 우리나라의 사회보장기본법의 경우, 사회보험은 "국민에게 발생하는 사회적 위험을 보험 방식에 의해 대처함으로써 국민건강과 소득을 보장하는 제도"라고 정의하고 있다(국가법령정보센터, 2021). 일반적으로 사회보험은 의무적인 보험 방식을 사용해서 사회 구성원이 겪는 사회적 위험에 대해 공동으로 대비하는 제도라고 볼 수 있다(노병일, 2020b).

2) 사회보험의 목적

사회보험의 목적은 사회보험의 정의 속에 이미 포함되어 있다(노병일, 2020b). 즉, 사회보험에서 추구하는 목적은 사회 구성원을 사회적 위험에 대해 보호하는 데 있다. 그러므로 근로자에게 적용할 경우, 사회보험에서 추구하는 목적은 근로자나 가족을 사회적 위험에 대해 보호하는 데 있다고 볼 수 있다.

그러나 사회보험의 가장 큰 목적은 사회 구성원이 소득을 안정되게 유지하는 데 있다(노병일, 2020b). 그러므로 근로자에게 적용할 경우, 사회보험의 가장 큰 목적은 근로자나 가족의 소득을 안정되게 유지하는 데 있다고 볼 수 있다.

3) 사회보험의 특징

사회보험은 여러 가지 특징을 지니고 있다. 이런 특징 때문에, 사회보험은 민간보험과 차이가 나고 있다. 사회보험의 일반적 특징을 구체적으로 제시하면 다음과 같다(노병일, 2020b).

① 사실상 모든 경우에, 법에 의해서 사회보험에 의무적으로 가입하도록 되어 있다.

② 사회보험을 처음으로 도입하는 시기를 제외하고는, 사회보험 급여를[3] 받을 수 있는 자격은 해당되는 사람이나 관련자가 사회보험 프로그램에 납부한 기여금에[4] 근거하고 있다. 따라서 근로자가 퇴직하거나 장애 상태에 있거나 실업 상태에 있을 경우, 사회보험 프로그램에 기여금을 납부한 사람은 자신의 부(wealth)가 어느 정도인지에 상관없이 사회보험 급여를 받을 수 있는 자격을 가지게 된다.

③ 사회보험의 급여를 결정하는 방법은 법에 정해져 있다.

④ 사회보험에서는 사회보험 급여를 기여금에 근거해 제공할 뿐만 아니라, 욕구에 근거해서도 제공하고 있다. 따라서 사회보험 급여의 양은 해당되는 사람이나 관련자가 납부한 기여금의 양과 직접적으로 비례하지 않는 경우가 많다.

⑤ 사회보험 급여에 필요한 재정을 확보하기 위한 명확한 계획이 세워져 있다.

⑥ 사회보험에 필요한 비용은 기여금을 통해서 주로 확보하고 있다. 따라서 근로자와 고용주는 사회보험 프로그램에 기여금을 납부하고 있다. 기여금은 사회보험 급여를 받거나 받을 예정인 근로자가 납부하거나, 고용주가 납부하거나, 근로자·고용주 모두가 납부하는 경우가 많다.

⑦ 정부는 사회보험 제도를 운영하거나 또는 적어도 감독하고 있다.

⑧ 사회보험에서는 사적 이윤을 추구하지 않고 있다.

3) 앞으로 사회보험과 관련해 설명할 경우, '급여'는 사업장에서 근로자에게 제공하는 봉급이나 임금을 의미하는 것이 아니라, 사회보험 제도에서 제공하는 복지 혜택(예컨대, 현금, 물품, 서비스)을 말한다.

4) '기여금'은 사회보험에 납부하는 보험료를 말한다(노병일, 2020b).

한국사회보장학회가 주관한 학술대회의 포스터(일부) : 사회보험의 여러 특징 때문에, 사회보험은 민간보험과 차이가 난다.
[출처 : 저자 촬영]

4) 사회보험의 장점

다른 형태의 사회보장 프로그램에 비해서, 사회보험은 장점을 많이 가지고 있다. 사회보험의 장점을 몇 가지 제시하면 다음과 같다(노병일, 2020b).

① 사회보험 급여는 법적 권리로서 제공하고 있다. 따라서 사회보험 급여를 받는 사람은 남에게 의존한다는 인식을 갖지 않게 되고, 또한 사회보험 급여를 받는 사람이 이전에 지니던 지위는 줄어들지 않게 된다. 즉, 사회보험 급여는 기여금에서 나오기 때문에, 사회보험 급여를 받는 사람은 오명을[5] 피할 수 있고 또한 자신의 권위를 지킬 수 있다. 개인의 위엄을 크게 유지할 수 있다는 점은, 사회보험이 가지는 큰 장점에 속하고 있다.

5) 오명에 대해서는 산업복지의 장점을 다루는 장(제1장)에서 이미 설명한 바 있다.

② 사회보험은 재정과 관련해 다음과 같은 장점을 지니고 있다.
　㉠ 일반인에게 세금 부담을 주지 않는다.
　㉡ 재정을 확보하기가 비교적 쉽다.

③ 사회보험에서는 적절한 근로 동기를 장려하고 있다. 왜냐하면 사회보험을 통해 도움을 받을 자격을 갖추기 위해서는, 정해진 양의 기여금을 정기적으로 납부하여야 하기 때문이다.

④ 빈곤을 줄이는 데 효과적이다. 즉, 사회보험 프로그램은 다른 형태의 사회보장 프로그램보다 빈곤을 줄이는 데 있어 더 효과가 있다.

Point

- 사회보험은 의무적 보험 방식을 사용해 사회 구성원이 겪는 사회적 위험에 대해 공동으로 대비하는 제도이다.
- 사회보험의 목적은 근로자나 가족을 사회적 위험에 대해 보호하는 데 있다.
- 사회보험은 여러 특징을 지니는데, 이런 특징 때문에 사회보험은 민간보험과 차이가 난다.
- 다른 형태의 사회보장 프로그램에 비해서, 사회보험은 장점을 많이 가진다.

3. 사회보험의 대상과 급여와 운영과 재정 및 주요한 프로그램

1) 사회보험의 대상과 급여와 운영 및 재정[6)]

(1) 사회보험의 대상

대부분의 경우, 일정한 범주의 근로자와 고용주는 사회보험 제도에 의무적으로 가입하도록 되어 있다. 일반적으로 사회보험에서는 공식적으로 임금을 받는 근로자를 대상으로 하고 있다(노병일, 2020b).

6) 사회보험의 대상 · 급여 · 운영 · 재정에 대한 내용의 많은 부분은 사회보험의 특징과 장점에 이미 나타나 있다.

(2) 사회보험의 급여

일반적으로 사회보험 제도에서는 일정한 기간 동안에 얻은 평균 임금이나 평균 소득의 일정 비율을 현금 급여로 제공하는 경우가 많다(노병일, 2020b).

그리고 사회보험 급여의 양은 조정될 수 있다. 사회보험 급여의 양을 조정하는 것은 사회보험 급여의 가치가 낮아지는 것에 대해 보호하는 역할을 하고 있다(노병일, 2020b). 사회보험 급여의 양을 조정하는 방식을 몇 가지 제시하면 다음과 같다(Pieters, 2006).

① 일반 물가 수준을 따져서 조정한다.

② 평균 임금 수준을 따져서 조정한다.

③ 기타 기준을 따져서 조정한다.

(3) 사회보험의 운영

정부가 사회보험 제도를 관리하거나 감독하지만, 정부가 사회보험 업무를 반드시 담당하는 것은 아니다. 그러나 민간 영역이 사회보험 제도를 운영할 때에도 정부가 감독하는 경우가 많다(노병일, 2020b).

(4) 사회보험의 재정

사회보험 제도에서는 고용주가 납부하는 기여금이나, 근로자가 납부하는 기여금이나, 고용주·근로자 모두가 납부하는 기여금으로 재정을 전부 확보하거나 또는 많은 부분을 확보하고 있다. 일반적으로 기여금의 양은 소득의 일정 비율로 정하고 있다(노병일, 2020b).

2) 주요한 사회보험 프로그램

사회적 위험에는 여러 가지가 있다. 따라서 사회보험의 프로그램에는 여러 가지가 있다. 오늘날의 경우, 주요한 사회보험 프로그램으로 연금과 관련된 프로그램(연금 프로그램), 의료와 관련된 프로그램(의료보험 프로그램), 산업재해와 관련된 프로그램(산업재해보상보험 프로그램), 실업과 관련된 프로그램[실업보험(고용보험) 프로그램], 장기요양과 관련된 프로그램(장기요양보험 프로그램)을 꼽을 수 있다(노병일, 2020b).

이 중에서, 산업재해와 관련된 프로그램과 실업(고용)과 관련된 프로그램은 근로자와 특히 관련되고 있다. 그러나 장기요양과 관련된 프로그램은 근로자와는 크게 관련되지 않고 있다.[7)]

Point

- 대부분의 경우, 일정 범주의 근로자와 고용주는 사회보험에 의무적으로 가입하여야 한다.
- 일반적으로 사회보험에서는 일정 기간 동안 얻은 평균 임금이나 평균 소득의 일정 비율을 현금 급여로 제공하는 경우가 많다. 사회보험 급여의 양은 조정될 수 있다.
- 정부가 사회보험을 관리하거나 감독하지만, 정부가 사회보험 업무를 반드시 담당하지는 않는다.
- 사회보험에서는 고용주가 납부하는 기여금이나, 근로자가 납부하는 기여금이나, 고용주·근로자 모두가 납부하는 기여금으로 재정을 전부 또는 많은 부분을 확보한다.
- 주요한 사회보험 프로그램으로 연금 프로그램, 의료보험 프로그램, 산업재해보상보험 프로그램, 실업보험(고용보험) 프로그램, 장기요양보험 프로그램이 있다.

4. 연금 프로그램

1) 연금의 정의

일반적으로 연금은 노령이나 장애로 퇴직할 경우나 사망할 경우에 개인이나 유족에게 정기적으로 제공하는 현금 급여라고 볼 수 있다(노병일, 2020b). 그러므로 근로자에게 적용할 경우, 연금은 근로자가 노령이나 장애로 퇴직할 때나 사망할 때에 근로자 개인이나 남은 가족 구성원에게 정기적으로 제공하는 현금 급여라고 볼 수 있다.

7) 따라서 여기에서는 장기요양과 관련된 프로그램에 대해서는 설명하지 않는다.

2) 연금 프로그램의 목적

연금 프로그램의 목적은 개인이 노령이나 장애 등의 이유로 퇴직할 때나 개인이 사망하였을 때, 개인과 가족 구성원이 이전의 생활 수준을 유지하게 하거나 빈곤을 예방하게 해주는 데 있다(노병일, 2020b). 그러므로 근로자에게 적용할 경우, 연금 프로그램의 목적은 근로자가 노령이나 장애 등의 이유로 퇴직할 때나 근로자가 사망하였을 때, 근로자와 가족이 이전의 생활 수준을 유지하게 하거나 빈곤을 예방하게 해주는 데 있다고 볼 수 있다.

3) 연금 프로그램의 특징

연금 프로그램에서는 연금을 평생 동안 제공하거나 또는 상당히 오랜 기간 동안 제공하는 경우가 많다. 이런 점에서, 연금 프로그램은 단기적인 사회적 위험을 다루는 다른 사회보험 프로그램과 차이가 나고 있다(노병일, 2020b; Social Security Administration, 2020).

4) 연금 프로그램의 의의

연금 프로그램은 세계에서 가장 널리 실시되고 있는 사회보험 프로그램이다. 근로자와 관련시켜 볼 경우, 연금 프로그램은 다음과 같은 측면에서 의의가 있다(노병일, 2020b).

① 근로자나 가족에게 소득을 확보해 주고 있다. 구체적으로, 연금 프로그램에서는 근로자가 유급 일자리에서 퇴직하는 경우나 또는 근로자가 장애 때문에 일할 수 없을 경우에 소득을 제공하고 있다. 또한 연금 프로그램에서는 근로자가 사망하는 경우에, 근로자에게 법적으로 의지하는 사람에게 현금 급여를 제공하고 있다. 이런 탓에, 연금 프로그램은 근로자가 노령에 대해 대비하는 핵심적인 프로그램이다.

② 근로자에게 소득을 재분배하고 있다. 연금 프로그램의 경우, 소득이 적은 근로자에게는 소득을 대체하는 비율이 더 높은 방식으로 연금 급여

를 제공하고 있다.

③ 근로자의 가족을 보호해 주고 있다. 따라서 미국에서는 연금 프로그램을 '가족 보호' 프로그램이라고 부른 바 있다.

국민연금공단 지사 : 연금은 여러 가지 의의를 지닌다.
[출처 : 저자 촬영]

그리고 산업복지의 측면에서 볼 때, 연금 프로그램은 노년기에 대한 경제적 불안감에서 벗어나게 해줌으로써, 근로자가 심리적으로 안정된 상태에서 사업장에서 일하게 해준다는 데 의의가 있다.

5) 연금 프로그램의 대상과 급여와 운영 및 재정

(1) 연금 프로그램의 대상

역사적으로 볼 때, 사회보험 방식의 연금 프로그램의 대상은 다음과 같은 방향으로 나아갔다(Social Security Administration, 2020).

① 처음에는 공무원과 군인을 대상으로 하였다.

② 그리고 나서 산업 분야와 상업 분야에서 일하는 근로자를 대상으로 하였다.

③ 그리고 나서 대부분의 근로자를 대상으로 하였다.

한편 많은 국가에는 특정한 직업과 관련된 별도의 연금 프로그램이 있다. 예를 들어, 많은 국가에는 공무원, 교사, 군인을 대상으로 하는 연금 프로그램이 있다(노병일, 2020b).

(2) 연금 프로그램의 급여

(가) 연금의 형태

연금 프로그램에서 제공하는 연금의 형태를 노령연금, 장애연금, 유족연금으로 구분할 수 있다. 각 연금의 형태를 구체적으로 살펴보면 다음과 같다(Social Security Administration, 2020).

① 노령연금은 근로자가 노년기에 이르거나 영구히 퇴직하기 때문에 소득을 얻지 못하는 것을 보상하기 위해 제공하는 급여를 말한다.

② 장애연금은 근로자가 장애 상태에 놓일 때에 제공하는 급여를 말한다. 구체적으로 장애연금은 근로자의 일할 수 있는 능력이 산업재해나 직업병이 아닌 이유 때문에 장기적으로 그리고 다소 전체적으로 없어진 상태에 있을 때에 제공하는 급여를 말한다.[8)]

③ 유족연금은 보험에 가입한 근로자나 연금을 받고 있는 사람이 사망한 때에 남은 가족 구성원에게 제공하는 급여를 말한다.

국민연금공단의 민원실 : 기본적으로 연금의 형태에는 노령연금, 장애연금, 유족연금이 있다.
[출처 : 저자 촬영]

8) 산업재해나 직업병 때문에 생긴 장애는 별도의 프로그램인 산업재해 프로그램에서 보상하는 경우가 많다(노병일, 2020b).

(나) 노령연금의 급여

대부분의 근로자와 가장 크게 관련되는 연금 형태는 노령연금이다. 대부분의 국가에서 노령연금의 양은 임금 수준과 관련되고 있다. 그리고 대부분의 국가에서는 노령연금을 정기적으로 제공하고 있다(노병일, 2020b).

(3) 연금 프로그램의 운영

연금 프로그램은 어느 정도 자율성을 지니는 기관이 운영하는 경우가 많다. 그리고 이런 기관은 정부의 감독을 받는 경우가 많다(노병일, 2020b).

(4) 연금 프로그램의 재정

사회보험 방식으로 운영하는 거의 모든 연금 프로그램에서는, 고용주와 근로자가 납부하는 기여금으로 연금 프로그램에 필요한 재정의 적어도 일부를 확보하고 있다. 대개의 경우, 기여금의 양은 임금의 일정 비율로 정하고 있다(노병일, 2020b).

Point

- 연금은 근로자가 노령이나 장애로 퇴직하거나 사망할 때에 근로자 개인이나 남은 가족 구성원에게 정기적으로 제공하는 현금 급여이다.
- 연금 프로그램의 목적은 근로자가 노령·장애 등의 이유로 퇴직하거나 사망하였을 때, 근로자와 가족이 이전의 생활 수준을 유지하게 해주는 데 있다.
- 연금 프로그램에서는 연금을 평생 동안 또는 상당히 오랜 기간 제공하는 경우가 많다.
- 연금 프로그램은 근로자나 가족에게 소득을 확보해 주고, 근로자에게 소득을 재분배하고, 가족을 보호해 준다는 데 의의가 있다.
- 연금 프로그램에서 대부분의 근로자는 대상이 된다. 연금 프로그램에서 제공하는 연금의 형태에는 노령연금, 장애연금, 유족연금이 있다. 노령연금의 양은 임금 수준과 관련된다. 연금 프로그램은 어느 정도 자율성을 지니는 기관이 운영하는 경우가 많다. 연금 프로그램에서는 고용주와 근로자가 납부하는 기여금으로 재정의 적어도 일부를 확보한다.

5. 의료보험(건강보험) 프로그램

1) 의료보험(건강보험) 프로그램의 정의

의료 영역에서의 사회보험 프로그램은 의료보험 프로그램이다(노병일, 2020b). 우리나라에서는 의료보험이라는 용어 대신에 '건강보험'이라는 용어를 사용하고 있다. 우리나라의 국민건강보험공단의 경우, 건강보험은 "국민의 질병·부상에 대한 예방, 진단, 치료, 재활과 출산·사망 및 건강증진에 대하여 보험서비스를 제공하여 국민건강을 증진시키기 위한 사회보장제도"라고 보고 있다(국민건강보험공단, 2005).

일반적으로 의료보험은 사회 구성원에게 의료 영역에서 건강과 관련된 급여나 서비스를 제공하는 프로그램을 말한다(노병일, 2020b).

사회 구성원에게 의료를 제공하는 형태

사회 구성원에게 의료를 제공하는 형태를 크게 다음과 같이 구분할 수 있다(노병일, 2020b).

① 의료보험(medical insurance)이 있다. 우리나라에서는 의료보험(건강보험) 형태로 의료 서비스를 제공하고 있다.

② 국민보건서비스(National Health Service, NHS)가 있다. 국민보건서비스는 국민이 의료 서비스를 받게 하기 위해 정부가 의료 인력과 의료 시설을 직접 제공하는 형태를 말한다.

2) 의료보험(건강보험) 프로그램의 의의

의료보험 프로그램은 근로자가 건강 문제를 예방하고 치료하는 데 도움을 준다는 데 의의가 있다. 그리고 의료보험 프로그램은 근로자의 가족이 건강 문제를 예방하고 치료하는 데에도 도움을 준다는 데 의의가 있다.

그러므로 산업복지의 측면에서 볼 때, 의료보험 프로그램은 건강을 유지하게 해줌으로써, 근로자가 건강한 상태에서 사업장에서 일하게 해준다는 데 의의가 있다.

의료 서비스를 제공하는 병원 : 의료보험 프로그램은 근로자가 건강한 상태에서 사업장에서 일하는 데 도움을 준다.
[출처 : 베트남에서 저자 촬영]

3) 의료보험(건강보험) 프로그램의 대상과 급여와 운영 및 재정

(1) 의료보험(건강보험) 프로그램의 대상

사회보험 방식의 프로그램에서는 의료보험에 가입한 사람이 대상이 되고 있다. 의료보험 프로그램의 경우, 대부분의 근로자는 의무적으로 가입하도록 되어 있다(노병일, 2020b).

(2) 의료보험(건강보험) 프로그램의 급여

의료보험 프로그램에서는 의료 서비스와 관련된 급여를 제공하고 있다. 의료 서비스와 관련된 급여는 일반적인 의료 서비스, 병원 서비스, 약품 서비스의 형태로 제공하고 있다(노병일, 2020b).

(3) 의료보험(건강보험) 프로그램의 운영

의료보험 프로그램은 어느 정도 자율성을 가지는 기관이 운영하고 있다(노병일, 2020b).

(4) 의료보험(건강보험) 프로그램의 재정

의료보험 프로그램에서는 급여에 대한 재정을 기여금으로 확보하고 있다. 따라서 의료 프로그램에서는 근로자와 고용주가 기여금을 납부하는 경우가 많다(노병일, 2020b).

Point

- 우리나라에서는 의료보험이라는 용어 대신에 '건강보험'이라는 용어를 사용한다. 의료보험은 사회 구성원에게 건강과 관련된 급여나 서비스를 제공하는 프로그램이다.
- 의료보험 프로그램은 근로자와 가족이 건강 문제를 예방·치료하는 데 도움을 준다는 데 의의가 있다.
- 의료보험 프로그램에서는 가입한 사람이 대상이다. 의료보험 프로그램에서는 의료 서비스와 관련된 급여를 제공한다. 의료보험 프로그램은 어느 정도 자율성을 가지는 기관이 운영한다. 의료보험 프로그램에서는 급여에 대한 재정을 기여금으로 확보한다.

6. 산업재해보상보험 프로그램[9)]

1) 산업재해보상보험 프로그램과 관련된 용어의 정의

(1) 산업재해보상보험

산업재해에 대해 보상해 주는 사회보험 프로그램은 산업재해보상보험 프로그램이다. 그러나 산업재해에 대해 보상해 주는 것과 관련된 프로그램에 대해서는 용어가 다양하다. 산업재해에 대해 보상해 주는 것과 관련된 용어를 몇 가지 제시하면 다음과 같다(노병일, 2020b).

① 미국과 영국에서는 산업재해 프로그램을 '근로자 보상 프로그램(workers' compensation program)'이라고 부르는 경우가 많다.

② 유럽에서는 산업재해와 관련된 프로그램을 '산업재해 프로그램' 또는 '고용재해 프로그램(employment injuries program)'이라고 부르는 경우가 많다.

③ 우리나라의 법에서는 '산업재해보상보험'이라는 용어를 사용하고 있다.

9) 산업재해는 근로자와 직접적으로 관련되고 있다. 따라서 산업재해보상보험 프로그램에 대해서는 다른 사회보험 프로그램보다 더 자세히 설명한다.

그리고 그동안 산업재해보상보험 프로그램에 대해 정의한 것을 몇 가지 제시하면 다음과 같다(노동부 · 근로복지공단, 2008; Barker, 2003; Social Security Administration, 2020).

① 미국의 전국사회복지사협회에서 발간한 사전에 따르면, 근로자 보상(산업재해보상보험)은 직업병 및 산업재해와 관련된 비용의 일부를 근로자에게 지급하는 프로그램을 말한다.
② 미국의 사회보장청에 따르면, 산업재해보상보험은 일과 관련된 재해와 직업병에 대해 보상하는 프로그램을 말한다.
③ 우리나라의 정부 기관에 따르면, 산업재해보상보험은 "산업재해를 겪은 근로자와 그 가족의 생활을 보장하기 위하여 국가가 책임지는 의무 보험"을 말한다.

일반적으로 산업재해보상보험 프로그램은 근로자가 겪는 산업재해에 대해 보상함으로써, 근로자와 가족을 보호하는 프로그램을 말한다(노병일, 2020b).

(2) 산업재해

문자 그대로 산업재해는 산업 영역에서 발생하는 사고를 가리킨다. 우리나라의 산업재해보상보험법에서 산업재해에 해당하는 용어는 '업무상의 재해'이다. 이 법의 경우, 업무상의 재해는 "업무상의 사유에 따른 근로자의 부상 · 질병 · 장해 또는 사망"이라고 보고 있다(국가법령정보센터, 2021).

일반적으로 산업재해는 근로자가 사업장에서 일하는 것과 관련해 겪는 사고, 질병, 장애, 사망을 말한다(노병일, 2020b).

(3) 직업병

산업재해처럼 갑자기 발생하는 사고 때문에 근로자의 건강이 좋지 않게 될 수 있지만, 그 외의 이유 때문에 근로자의 건강이 좋지 않게 될 수도 있다. 예를 들어, 근로자가 해로운 작업 환경에서 장기적으로 일할 때에도 근로자의 건강은 좋지 않게 될 수 있다. 해로운 작업 환경의 예로 해로운 물질에 노출되거나 해로운 전파에 노출되는 것이 있다. 이런 상황에서 나타나는 것이 직업병이다. 따라서 산업재해보상보험 프로그램에서는 직업병도 다루고 있다(노병일, 2020b).

그동안 직업병에 대해 정의한 것을 구체적으로 제시하면 다음과 같다(Barker, 2003; Pieters, 2006).

① 미국의 전국사회복지사협회에서 발간한 사전에 따르면, 직업병은 사업장에 있는 상황에 노출되었기 때문에 겪는 심각한 질병이나 지속적인 질병을 가리킨다.

② 피터스(Pieters)에 따르면, 직업병은 개인의 건강에 피해를 주는 작업 환경에 노출되었기 때문에 생기는 장애나 질병을 가리킨다.

일반적으로 직업병은 좋지 않은 작업 환경에 노출되어 나타나는 질병이나 장애라고 볼 수 있다(노병일, 2020b).

한편 산업재해에서는 그 피해가 바로 나타나지만, 해로운 작업 환경에서 장기적으로 일할 때에는 그 피해가 곧바로 나타나지 않을 수 있다. 예를 들어, 해로운 작업 환경에서 장기적으로 일할 때의 피해는, 매우 오랜 시간이 지난 후에 나타날 수도 있다. 그리고 어느 때에는 이런 피해가 근로자가 해당 사업장을 그만두고 난 후에 나타날 수도 있다. 이런 탓에, 직업병은 특별하게 대응할 필요가 있는 문제가 되고 있다. 산업재해와 관련해서는, 직업병 때문에 어려움을 겪고 있다는 것을 보여주기 위한 증거와 관련해 문제가 생길 수 있다(노병일, 2020b; Pieters, 2006).

2) 산업재해보상보험 프로그램의 목적

산업재해보상보험 프로그램의 목적은 근로자가 일시적으로 근로 능력을 상실하거나 장애 상태에 놓이거나 사망한 경우에 근로자를 도와주는 데 있다(노병일, 2020b). 산업재해보상보험 프로그램에서 기본적으로 추구하는 목적을 몇 가지 제시하면 다음과 같다(Rejda, 1999).

① 산업재해와 직업병에 대해서 여러 범주의 근로자를 대상으로 보상한다.
② 산업재해나 직업병 때문에 장애 상태에 놓인 근로자가 얻지 못하게 된 소득의 많은 부분을 대신하는 급여를 제공한다.
③ 산업재해를 겪은 근로자에게 충분한 의료 서비스와 재활 서비스를 제공한다.
④ 제대로 된 안전 프로그램을 사업장이 잘 갖추게 한다.
⑤ 산업재해와 관련된 급여와 서비스를 효과적으로 전달하는 체계를 갖추게 한다.

3) 산업재해보상보험 프로그램의 의의와 특징

(1) 산업재해보상보험 프로그램의 의의

산업재해보상보험 프로그램은 여러 가지 의의를 지니고 있다(노병일, 2020b). 무엇보다도 산업재해보상보험 프로그램은 다음과 같은 역할을 한다는 데 중요한 의의가 있다(International Labor Organization, 2014).

① 사업장에서 발생한 사고 때문에 겪는 재정적 어려움으로부터 근로자와 가족을 보호한다.
② 산업재해를 겪은 근로자가 더 빨리 재활하도록 도와준다.

그러므로 산업복지의 측면에서 볼 때, 산업재해보상보험 프로그램은 근로자가 안전한 상태에서 일하게 해주고 또한 근로자가 산업재해나 직업병을 겪을 때에 치료·재활해 줌으로써, 근로자가 사업장에서 다시 일할 수 있게 해준다는 데 의의가 있다.

(2) 산업재해보상보험 프로그램의 특징

산업재해보상보험 프로그램은 다른 사회보험 프로그램과는 차이가 나는 특징을 지니고 있다. 이런 점을 구체적으로 살펴보면 다음과 같다(노병일, 2020b).

① 대부분의 국가에서는, 산업재해 때문에 소득을 얻지 못하는 사회적 위험에 대처하기 위해 별도의 사회보험 프로그램을 갖추고 있다. 즉, 산업재해라는 사회적 위험에 대비하는 프로그램은 '별도의' 프로그램으로 되어 있는 경우가 많다. 이것은 폭넓은 사회보장 제도를 도입하기 이전에, 이미 민법에 근거해 산업재해에 대해 보상하고 있었기 때문이다.

② 다른 사고의 피해자에 비해서, 산업재해의 피해자는 산업재해보상보험 프로그램에서 급여를 더 받는 경우가 많다. 구체적으로 다음과 같은 점에서, 산업재해보상보험 프로그램은 근로 능력을 잃는 것과 관련된 일반 프로그램과 크게 차이가 나고 있다.

㉠ 산업재해보상보험 프로그램에서는 급여를 더 많이 제공하거나 또는 급여를 더 유리하게 제공하고자 하는 공식을 사용하고 있다.

㉡ 산업재해보상보험 프로그램에서는 단순하게 건강이 좋지 않게 된 것에 대해서도 보상해 주는 경우가 많다. 즉, 산업재해보상보험 프로그램에서는 소득을 얻지 못하게 되는 측면뿐만 아니라, 단순하게 건강이 좋지 않게 되는 측면도 고려하는 경우가 많다.

㉢ 산업재해보상보험 프로그램에서는 퇴직하고 나서도 급여를 계속 제공하는 경우가 많다.

㉣ 산업재해보상보험 프로그램에서는 유급 일자리에서 얻은 소득이 있어도 급여를 제공할 수 있다.

석탄을 캐다 사망한 광산 근로자(광부)들을 추모하는 공간(삼탄아트마인의 '기억의 정원') : 다른 사고의 피해자에 비해서, 산업재해의 피해자는 산업재해보상보험 프로그램에서 급여를 더 받는 경우가 많다.
[출처 : 저자 촬영]

4) 산업재해보상보험 프로그램의 대상과 급여와 운영 및 재정

(1) 산업재해보상보험 프로그램의 대상

모든 국가의 경우, 산업재해보상보험 프로그램의 대상에 정규적으로 유급 일자리에서 일하고 있는 근로자를 포함시키고 있다. 하지만 산업재해 프로그램의 대상이 되는 근로자의 범위는 국가에 따라 차이가 있다. 그리고 대부분의 산업재해보상보험 프로그램에서는 근로자의 유족도 대상이 되고 있다(노병일, 2020b).

(2) 산업재해보상보험 프로그램의 급여

산업재해 급여는 산업재해를 겪는 상황에서 제공하는 급여를 말한다. 일반적으로 산업재해보상보험 프로그램에서는 단기적 급여와 장기적 급여를 제공하고 있다(노병일, 2020b). 대개의 경우, 다음과 같은 요인은 단기적·장기적 급여 중에서 어느 급여를 제공하는지에 영향을 미치고 있다(Social Security Administration, 2020).

① 일할 수 있는 능력을 상실한 기간이 있다.
② 유족의 나이가 있다.

그리고 거의 대부분의 경우, 산업재해 급여는 현금 급여와 의료 서비스를 포함하고 있다. 따라서 산업재해보상보험 프로그램에서는, 현금 급여도 제공하고 있고 또한 의료와 관련된 서비스도 제공하고 있다(노병일, 2020b).

산업재해보상보험 프로그램에서 제공하는 현금 급여의 형태를 다음과 같이 구분할 수 있다(Social Security Administration, 2020).

① 일시 장애 급여가 있다. 이것은 일시적으로 장애를 겪는 근로자에게 제공하는 급여를 말한다.
② 영구 완전장애 급여가 있다. 이것은 완전한 장애 상태에 영구적으로 있는 근로자에게 제공하는 급여를 말한다.
③ 영구 부분장애 급여가 있다. 이것은 부분적인 장애 상태에 영구적으로 있는 근로자에게 제공하는 급여를 말한다.

그리고 산업재해를 겪은 근로자에게는 현금 급여 이외에 의료 서비스, 병원 서비스, 재활 서비스를 제공하고 있다. 이런 서비스는 거의 무료이고, 이런 서비스에서는 일반적인 의료 프로그램에서 제공하는 서비스보다 더 폭넓은 서비스를 제공할 수 있다. 그리고 이런 서비스는 근로자가 회복하거나 또는 근로자의 상태가 안정될 때까지 제공하고 있다(노병일, 2020b).

한편 산업재해보상보험 프로그램에서 근로자가 산업재해 때문에 사망하였을 때에 제공하는 유족 급여는, 다른 일반적인 유족 급여보다 더 관대한 조건으로 제공하는 경우가 많다(노병일, 2020b).

(3) 산업재해보상보험 프로그램의 운영

산업재해보상보험 프로그램을 운영하는 방식은 국가에 따라 크게 차이가 있다. 많은 국가에서는 산업재해와 관련된 프로그램을 사회보험 방식으로 운영하고 있다(노병일, 2020b).

(4) 산업재해보상보험 프로그램의 재정

산업재해 급여에 대한 재정은 고용주가 납부하는 기여금으로 주로 확보하고 있다. 따라서 일반적으로 산업재해보상보험 프로그램에서는 고용주가 재정을 모두 책임지는 경향이 있다. 이것은 근로자가 산업재해를 겪을 때에 고용주가 이에 대해 책임을 져야 한다고 전통적으로 인식하는 바를 보여주는 것이다.

사실, 산업재해와 관련된 프로그램은 고용주가 근로자의 사고나 질병에 대해 책임지게 되어 있던 보험에 그 뿌리가 있는 경우가 많다. 따라서 산업재해와 관련된 프로그램에서는 근로자가 기여금을 납부할 필요가 없다. 그러므로 산업재해와 관련된 프로그램에서는 고용주만이 기여금을 납부하고 있다. 이런 측면에서, 산업재해와 관련된 프로그램은 다른 사회보험 프로그램과 차이가 있다(노병일, 2020b).

Point

- 산업재해보상보험 프로그램은 근로자가 겪는 산업재해에 대해 보상함으로써 근로자·가족을 보호하는 프로그램이다. 산업재해는 근로자가 사업장에서 일하는 것과 관련해 겪는 사고, 질병, 장애, 사망이다. 직업병은 좋지 않은 작업 환경에 노출되어 나타나는 질병이나 장애이다.
- 산업재해보상보험 프로그램의 목적은 근로자가 일시적으로 근로 능력을 상실하거나 장애 상태에 놓이거나 사망한 경우에 근로자를 도와주는 것이다.
- 산업재해보상보험 프로그램은 사업장에서의 사고 때문에 겪는 재정적 어려움으로부터 근로자·가족을 보호하고, 산업재해를 겪은 근로자가 더 빨리 재활하도록 도와준다는 데 의의가 있다.
- 산업재해에 대비하는 프로그램은 별도 프로그램으로 되어 있는 경우가 많고, 다른 사고의 피해자에 비해서 산업재해의 피해자는 산업재해보상보험 프로그램에서 급여를 더 받는 경우가 많다.
- 정규적으로 유급 일자리에서 일하고 있는 근로자는 산업재해보상보험 프로그램의 대상이 된다. 산업재해보상보험 프로그램에서는 현금 급여와 의료 서비스를 제공한다. 많은 국가에서는 산업재해와 관련된 프로그램을 사회보험 방식으로 운영한다. 산업재해보상보험 프로그램에서는 고용주가 재정을 모두 책임지는 경향이 있다.

7. 실업보험(고용보험) 프로그램

1) 실업보험(고용보험) 프로그램의 정의

실업보험 프로그램은 실업 상태에 놓이는 경우를 대비해 주는 프로그램이다. 그동안 실업보험 프로그램에 대해 정의한 것을 구체적으로 제시하면 다음과 같다(노동부·근로복지공단, 2008; Barker, 2003).

① 미국의 전국사회복지사협회에서 발간한 사전에 따르면, 실업보험 프로그램은 근로자가 비자발적으로 일자리를 잃어서 겪는 경제적 어려움으로부터 근로자를 일시적으로 보호하기 위한 프로그램을 말한다.

② 일반적으로 선진국에서는 '실업보험'이라는 용어를 사용하고 있으나, 우리나라에서는 '고용보험'이라는 용어를 사용하고 있다. 우리나라의 정부기관에 따르면, 고용보험은 "실직 근로자에게 실업급여를 지급하는 전통적 의미의 실업보험사업 외에 산업구조조정의 촉진,[10] 실업 예방, 고용촉진, 근로자의 생애 직업능력개발 등을 위한 고용안정·직업능력개

10) 촉진은 "재촉하여 빨리 나아가게" 하는 것을 말한다(한컴사전, 2021).

발 사업을 상호 연계하여 실시하는 사회보장제도임과 동시에 국가가 고용정책을 수행하기 위하여 보험의 원리와 방식을 도입하여 법률에 의하여 보험의 가입과 보험료의 납부가 강제되고 실업이라는 보험 사고에 대하여 근로자와 사업주를 지원하는 공적인 사회보험제도"를 말한다.

일반적으로 실업보험(고용보험) 프로그램은 근로자를 실업에 대해 일시적으로 보호하고 또한 근로자의 고용 향상과 고용 안정을 추구하는 프로그램을 말한다(노병일, 2020b).

2) 실업보험(고용보험) 프로그램의 목적

실업보험 프로그램의 목적은 실업보험 프로그램에 대해 정의한 내용에 포함되어 있다. 실업보험 프로그램은 실업 상태에 놓인 근로자를 경제적으로 돕는 데 일차적인 목적이 있다. 즉, 실업보험 프로그램의 주요한 목적은, 비자발적으로 실업 상태에 놓인 탓에 얻지 못하게 된 소득을 보상하는 것이다(노병일, 2020b).

그러나 위와 같은 목적이 실업보험 프로그램이 추구하는 소극적인 목적이라면, 실업보험 프로그램에서는 적극적인 목적도 추구하고 있다. 예를 들어, 실업보험 프로그램에서는 실업을 예방하거나 고용이 더 잘 되게 하기 위한 목적도 추구하고 있다(노병일, 2020b).

3) 실업보험(고용보험) 프로그램의 의의

실업보험 프로그램은 근로자가 일시적으로 실업 상태에 놓일 때에 근로자의 소득을 보장한다는 점에서 큰 의의를 지니고 있다. 그러나 실업보험 프로그램은 이것 이외에도 여러 가지 의의를 지니고 있다(노병일, 2020b).

그러므로 산업복지의 측면에서 볼 때, 실업보험 프로그램은 경제적으로 다소 안정한 상태를 유지하게 해줌으로써, 근로자가 심리적으로 다소 안정된 상태에서 새로운 일자리를 찾게 해준다는 데 의의가 있다.

4) 실업보험 프로그램의 대상과 급여와 운영 및 재정

(1) 실업보험 프로그램의 대상

(가) 일반적 자격

실업 급여를 받기 위해서는 일할 능력이 있어야 한다. 따라서 거의 모든 실업보험 프로그램에 따르면, 실업 급여를 신청하는 사람은 일할 수 있는 능력이 있어야 하고, 또한 일할 준비를 하고 있어야 한다. 이런 탓에, 실업자가 일할 수 있는 능력이 없거나 또는 제시된 일자리를 받아들일 수 없을 때에는, 실업자는 실업 급여를 받을 수 없는 경우가 많다(노병일, 2020b).

그리고 실업 급여를 받기 위해서는 실업 상태에 있어야 한다. 이 경우, 실업은 근로자가 다음과 같은 세 가지 상황에 있는 것을 의미하고 있다(노병일, 2020b).

① 일을 할 수 있다.
② 적절한 일을 하려고 한다.[11)]
③ 일자리를 찾을 수 없다.

원칙적으로 실업은 사회적 위험이라고 볼 수 있다. 따라서 실업자가 자유롭게 선택해서 일자리를 잃은 것이 아닌 경우에만 실업자에게 실업 급여를 제공하고 있다. 그러므로 어떤 사람이 실업 급여를 받기 위한 첫 번째 조건은, 실업이 자발적 성격을 지니지 않거나 또는 실업을 스스로 선택한 것이 아니어야 한다는 점이다(노병일, 2020b).

이런 탓에, 거의 모든 실업보험 프로그램에서는 다음과 같은 경우에는 근로자에게 실업 급여를 받을 수 있는 자격을 주지 않고 있다. 즉, 일반적으로 다음과 같은 경우에는 실업을 비자발적인 것으로 인정하지 않고 있다(노병일, 2020b).

① 근로자가 자발적으로 일자리를 그만두었기 때문에, 실업 상태에 놓인 경우가 있다.

11) 이 경우, 실업자가 일할 의사가 있는지 여부를 조사하게 된다. 이때에는 실업자에게 여러 가지 일자리를 제시할 고용 사무소가 이런 조사를 주로 담당하고 있다.

② 근로자가 법에 어긋나는 행위에 가담해서 고용주가 근로자를 해고하였기 때문에, 실업 상태에 놓인 경우가 있다.

③ 근로자가 노동 분규에 가입하였기 때문에, 실업 상태에 놓인 경우가 있다.

④ 근로자가 근로 계약을 일방적으로 종료하였기 때문에, 실업 상태에 놓인 경우가 있다.

함께 걸어가는 근로자들 : 실업 급여를 받기 위해서는 비자발적으로 실업 상태에 있어야 한다.
[출처 : 프랑스에서 저자 촬영]

(나) 일자리와 관련된 자격

일자리와 관련해, 실업 급여를 받는 근로자는 다음과 같이 하여야 하는 경우가 많다(노병일, 2020b).

① 일자리를 찾기 위해 고용 사무소에 등록한다.

② 일자리를 찾고 있다는 것을 증명한다.

③ 자신에게 제공되는 적절한 일자리에서 일할 준비를 한다. 구체적으로 이것은 실업자는 자신에게 제공되는 적절한 일자리를 받아들여야 하는 것을 의미하고 있다.

(2) 실업보험 프로그램의 급여

실업 급여의 양을 결정하는 방식에는 여러 가지가 있을 수 있다. 일반적으로 실업 급여의 양을 결정하는 방식에는 다음과 같은 것이 있다(노병일, 2020b).

① 정액 방식이 있다. 정액 방식에서는 일정한 양을 실업 급여로 제공하고 있다.

② 소득에 비례하는 방식이 있다. 소득에 비례하는 방식에서는 실업 급여의 양을 근로자가 최근에 얻은 평균 임금의 일정 비율로 정하는 경우가 많다.

그리고 실업 급여의 양은 시간이 지남에 따라 줄어드는 경우가 많다. 왜냐하면 실업 급여의 양이 시간이 지남에 따라 줄어들면, 실업자는 일하려는 의지를 더 가질 것이라고 보기 때문이다. 또한 대부분의 국가에서는 실업 급여를 계속해서 받을 수 있는 기간을 제한하고 있다(노병일, 2020b).

(3) 실업보험 프로그램의 운영

실업보험 프로그램은 다음과 같이 운영할 수 있다(Social Security Administration, 2020).

① 정부 부서가 운영한다.

② 자율적인 기관이 운영한다. 이런 기관은 근로자의 대표, 고용주의 대표, 정부가 관리하는 경우가 많다.

(4) 실업보험 프로그램의 재정

실업보험 프로그램에서 재정을 확보하기 위해 사용하는 방식은 기여금을 납부하는 방식인 경우가 많다. 실업보험 프로그램의 재정을 고용주와 근로자의 기여금으로 확보할 때에는, 고용주와 근로자가 납부하는 기여금의 양은 동일한 경우가 많다(노병일, 2020b).

자동화되어 있는 사업장 : 생산이 자동화될수록 근로자가 실업을 겪을 가능성이 커지는데, 이에 대비해 주는 실업보험 프로그램에서는 기여금으로 재정을 확보하는 경우가 많다.
[출처 : 저자 촬영]

Point

- 실업보험(고용보험) 프로그램은 근로자를 실업에 대해 일시적으로 보호하고 또한 근로자의 고용 향상과 고용 안정을 추구하는 프로그램이다.
- 실업보험 프로그램의 주요한 목적은, 비자발적으로 실업 상태에 놓인 탓에 얻지 못하게 된 소득을 보상하는 것이다. 실업보험 프로그램에서는 적극적인 목적도 추구한다.
- 실업보험 프로그램은 근로자가 일시적으로 실업 상태에 놓일 때에 근로자의 소득을 보장한다는 데 의의가 있다.
- 실업 급여를 신청하는 사람은 일할 수 있는 능력이 있고 또한 일할 준비를 하여야 한다. 실업 급여를 받기 위해서는, 실업이 비자발적 성격을 지니거나 또는 실업을 스스로 선택한 것이 아니어야 한다. 실업 급여를 받는 근로자는 고용 사무소에 등록하고, 일자리를 찾고 있다는 것을 증명하고, 제공되는 적절한 일자리에서 일할 준비를 하여야 하는 경우가 많다.
- 실업 급여의 양을 결정하는 방식에는 정액 방식과 소득 비례 방식이 있다. 실업 급여의 양은 시간이 지남에 따라 줄어드는 경우가 많고, 실업보험 프로그램은 정부 부서나 자율적인 기관이 운영할 수 있다. 실업보험 프로그램의 재정을 확보하기 위해 사용하는 방식은 기여금을 납부하는 방식인 경우가 많다.

참·고·문·헌

고용노동부・한국고용정보원(2021). 고용보험이란? https://www.ei.go.kr/ei/eih/eg/ei/eiEminsr/retrieveEi0101Info.do.

국가법령정보센터(2021). http://www.law.go.kr.

국민건강보험공단(2005). 사회보장과 의료보장. 서울 : 국민건강보험공단.

김대모(1991). 산업복지제도의 실태와 과제. 서울 : 한국노동연구원.

김소희(2001). 기업의 고령자 고용유도방안에 관한 한일비교연구. 사회복지정책, 12, 37-57.

김정혜・소라미・윤지영(2011). 여성노동자 직장 내 성희롱 실태조사 및 대안 연구. 서울 : 전국민주노동조합총연맹.

김태성・성경륭(2000). 복지국가론. 서울 : 나남출판.

노동부・근로복지공단(2008). 산재・고용보험 실무편람. 서울 : 근로복지공단.

노병일(1996). 연구단지 과학자의 삶의 질. 충남대학교 사회과학연구소 심포지엄 자료집.

노병일(2000). 미국 근로자원조 프로그램(EAP)의 진전과 향후 방향. 사회과학논문집, 19(1), 563-587.

노병일(2011). 불안정한 고용과 직무 스트레스의 여파 : 아더 밀러의 『세일즈맨의 죽음』을 중심으로. 사회과학논문집, 30(1), 45-69.

노병일(2013). 빈곤론. 경기도 파주 : 양서원.

노병일(2016). 사회보장론(제3판). 경기도 일산 : 공동체.

노병일(2018a). 사회문제론. 경기도 파주 : 양서원.

노병일(2018b). 사회복지정책론(제2판). 경기도 일산 : 공동체.

노병일(2020a). 노인복지론. 서울 : 동문사.

노병일(2020b). 사회보장론(제4판). 경기도 일산 : 공동체.

노병일(2020c). 아동복지론(제4판). 경기도 일산 : 공동체.

노병일・노대겸(2017). 가족정책론. 경기도 파주 : 정민사.

노병일・모선희(2007). 사회적 지지의 수준과 차원이 노인 우울에 미치는 영향. 한국노년학, 27(1), 53-69.

노병일・손정환(2011). 비정규직 근로자의 사회적 배제가 정신건강에 미치는 영향 – 건설직 일용근로자의 우울을 중심으로. 한국사회복지학, 63(1), 113-135.

노병일・오영선(1999). 실업자 원조의 정신보건적 측면. 사회과학논문집, 18(1), 109-132.

노병일・윤석연(2019). 생태체계 요인이 장애인복지관 근로자의 소진에 미치는 영향. 예술인문사회 융합 멀티미디어 논문지, 9(8), 589-601.

대구대학교 사회복지연구소([1985] 1993). 사회복지사전. 서울 : 경문사.

류혜옥 · 이현철(2012). 인도네시아 외국인 근로자들에 대한 내러티브(Narrative) 탐구. 다문화와 평화, 6(2), 146-167.

문명숙 · 노병일(2020). 자아존중감과 우울이 일자리사업 참여 노인의 생활만족도에 미치는 영향. 사회과학논문집, 38(2), 83-101.

문지연(2007). 아내와 남편, 은퇴 남편을 말하다 : 은퇴남편 증후군 VS 은퇴 증후군. BI 세상사람들, 6월, 10-13.

박병현(2007). 사회복지정책론 : 이론과 분석(개정2판). 경기도 파주 : 현학사.

박시종(2000). 정보사회의 전개와 고령자 고용정책에 대한 비판적 연구. 사회복지정책, 11, 143-160.

박혜림 · 이선애 · 김순신 · 김동건 · 홍가연 · 양원호 · 이석용(2012). 외국인 근로자의 산업재해 현황과 그 특성. 대구가톨릭대학교 자연과학논문집, 10(1), 103-110.

안병도(2002). 한국노년유권자 운동의 현황과 과제. 밝은 노후, 3, 8-24.

원석조(2006). 사회복지정책론. 경기도 일산 : 공동체.

이훈구(1998). '정신적 공황'은 막아야 한다. 동아일보, 3월 15일.

장미혜 · 이영진(2011). 장애인 고용, 공공부문이 선도하다. 고용노동부 보도자료(4월 19일).

조흥식 · 김진수 · 홍경준(2001). 산업복지론. 서울 : 나남출판.

주진우(2018). 서울시 이주노동자 실태와 노동권 보호 방안. 서울연구원 정책리포트 248, 서울 : 서울연구원.

한국사회복지협의회(1993). 사회복지사전(최신판). 서울 : 한국사회복지협의회.

Ahmadi, K. S.(2018). What is a self-help group? https://psychcentral.com/lib/what-is-a-self-help-group/.

Akabas, S. H.(2011). Employee assistance programs. In Volume 2 of Encyclopedia of Social Work(20th ed.). Washington D.C. and New York : NASW Press and Oxford University Press.

Akabas, S. H.(1995). Occupational social work. In Encyclopedia of Social Work(19th ed.). Washington. D.C. : NASW Press.

Alcock, P.(1997). Understanding Poverty(2nd ed.). London : MacMillan.

Alonso, F., Esteban, C., Gonzalez-Marin, A., Alfaro, E. and Useche, S. A.(2020). Job stress and emotional exhaustion at work in Spanish workers : does unhealthy work affect the decision to drive? PLoS ONE, 15(1).

American Institute of Stress(2020). Workplace stress. https://www.stress.org/workplace-stress.

American Psychiatric Association(2020). What is depression? https://www.psychiatry.org/patients-families/depression/what-is-depression.

Andersen, M. L.(2000). Thinking about Women : Sociological Perspectives on Sex and Gender(5th ed.). Needham Heights, MA : Allyn and Bacon.

Anderson, C. and Stark, C.(1988). Psychosocial problems of job relocation : preventive role in industry. Social Work, 33(1), 38-41.

Anderson, G. O.(2020). Underemployment in Midlife and Older Workers. Washington, DC : AARP Research.

Arnold, J., Cooper, C. L. and Robertson, I. T.(1995). Work Psychology : Understanding Human Behavior in the Workplace(2nd ed.). London : Pitman.

Atchley, R. C.(2000). Social Forces and Aging : An Introduction to Social Gerontology(9th ed.). Belmont, CA : Wadsworth.

Auer, P. and Fortuny, M.(2000). Ageing of the Labor Force in OECD Countries : Economic and Social Consequences. Geneva : ILO.

Auster, C. J.(1996). The Sociology of Work : Concepts and Cases. Thousand Oaks, CA : Pine Forge.

Barker, R. L.(2003). The Social Work Dictionary(5th ed.). Washington D.C. : NASW Press.

Baker Library of Harvard Business School(2012). The human relations movement : Harvard Business School and the Hawthorne Experiments(1924-1933). http://www.library.hbs.edu/hc/hawthorne/09.html.

Barnes, C.(1996). Institutional discrimination against disabled people and the campaign for anti-discrimination legislation. In Critical Social Policy, A Reader : Social Policy and Social Relations, edited by D. Taylor. London : Sage.

Barnes, H. and Baldwin, S.(1999). Social security, poverty, and disability. In Introduction to Social Security, edited by J. Ditch. London : Routledge.

Bersin, J. and Chamorro-Premuzic, T.(2019). The case for hiring older workers. Harvard Business Review, September 26.

Bilsker, D.(2006). Mental health care and the workplace. The Canadian Journal of Psychiatry, 51(2), 61-62.

Bjorklund, O., Soderlund, M., Nystrom, L. and Haggstrom, E.(2015). Unemployment and health : experiences narrated by young Finnish men. American Journal of Men's Health, 9(1), 76–85.

Bloomenthal, A.(2020). Bonus. https://www.investopedia.com/terms/b/bonus.asp.

Brandwein, R. A.(2011). Women : overview. In Volume 4 of Encyclopedia of Social Work(20th ed.). Washington D.C. and New York : NASW Press and Oxford University Press.

Brown, G. D.(2002). The global threats to workers' health and safety on the job. Social Justice, 29(3), 12-25.

Brown, P.(1982). The Other Side of Growing Older. London : MacMillan.

Bryson, L.(1992). Welfare and the State : Who Benefits? London : MacMillan.

Burmeister, L.(2005). Balancing perspectives of labor and management. Currents, January.

Business Dictionary(2021a). Corporate social responsibility.
http://www.businessdictionary.com/definition/corporate-social-responsibility.html.

Business Dictionary(2021b). Employee assistance program.
http://www.businessdictionary.com/definition/employee-assistance-program.html.

Business Dictionary(2021c). Fringe benefit. http://www.businessdictionary.com/definition/fringe-benefit.html.

Business Dictionary(2021d). Stress. http://www.businessdictionary.com/definition/stress.html.

Canadian Centre for Occupational Health and Safety(2021a). Employee assistance programs(EAP).
https://www.ccohs.ca/oshanswers/hsprograms/eap.html.

Canadian Centre for Occupational Health and Safety(2021b). Workplace stress – general. http://www.ccohs.ca/oshanswers/psychosocial/stress.html.

Carter, I.(1982). Social services in business and industry. In The Social Services : An Introduction, edited by H. W. Johnson. Itasca, IL : Peacock.

Catalyst(2020). Women in the workforce - global : quick take. https://www.catalyst.org/research/.

Cho, M.(2012). Discrimination against multicultural families, bi-ethnic children and foreign immigrant workers. Human Rights Monitor - Korea, July 19.

Choi, C. and Bum, C-H.(2019). Physical leisure activity and work for quality of life in the elderly. Journal of Physical Education and Sport, 19(2), 1230-1235.

Chu, P.(1996). The modern approach to industrial welfare. International Labour Review, 134(3-4), 371-381.

Clark, A. D.(2015). Quality EAPs carry their weight. Benefits Magazine, 52(12), 42-47.

Cockerham, W. C.(1992). Medical Sociology(5th ed.). Englewood Cliffs, NJ : Prentice Hall.

Cohen, M. and Hanagan, M.(1994). Welfare capitalism and heavy industry : Birmingham, Pittsburgh and Saint-Etienne, 1900~1930. Research in Social Policy, Volume 3, 33-56.

Cooney, E.(1996). Job scene tougher for older workers. Telegram and Gazette, December 16.

Cooper, C. L., Dewe, P. and O'Driscoll, M.(2003). Employee assistance programs. In Handbook of Occupational Health Psychology, edited by J. C. Quick and L. E. Tetrick. Washington D.C. : American Psychological Association.

Costlow, T.(2001). Feds look to boost tech usage among disabled. Electronic Engineering Times, October 15.

Da Silva, M.(2013). Le stress au travail. Le Monde Diplomatique, Août 1, 25.

Department of Health and Human Services(2008). HHS employee assistance program. http://www.hhs.gov/ohr/eap/aboutus.html.

Department of Social Development(2010). Government notice. Staatskoerant, January 22, 3-6.

Dex, S. and Phillipson, C.(1986). Social policy and the older worker. In Ageing and Social Policy : A Critical Assessment, edited by C. Phillipson and A. Walker. London : Gower.

DiNitto, D. M. and McNeece, C. A.(1997). Social Work : Issues and Opportunities in a Challenging Profession (2nd ed.). Boston, MA : Allyn and Bacon.

Education and Employment Committee of House of Commons(1999). Ninth Report : Opportunities for Disabled People.

Eikhof, D. R.(2012). A double-edged sword : twenty-first century workplace trends and gender equality. Gender in Management, 27(1), 7-22.

Eitzen, D. S., Zinn, M. B. and Smith, K. E.(2011). Social Problems(12th ed.). Boston, MA : Allyn and Bacon.

Elwan, A.(1999). Poverty and Disability : A Survey of the Literature. World Bank.

Encyclopaedia Britannica(2021a). Industrial Revolution. https://www.britannica.com/event/Industrial-Revolution.

Encyclopaedia Britannica(2021b). Unemployment. https://www.britannica.com/topic/unemployment.

Encyclopedia of Small Business(2007). Multicultural work force. Encyclopedia of Small Business.

Ervin, S. L.(2000). Fourteen forecasts for an aging society. The Futurist, November/December, 24-28.

Ethical Trading Initiative(2021). Migrant workers. https://www.ethicaltrade.org/issues/migrant-workers.

Far Eastern Economic Review(2000). Asian executives poll. Far Eastern Economic Review, February 7, 30.

Flynn, M. S.(1996). Employee assistance programs in the United States : overview of issues and trends. 사회복지논총, 2, 3-23.

Foster, B. and Schore, L.(1990). Job loss and the occupational social worker. In Occupational Social Work Today, edited by S. L. A. Straussner. New York : Haworth.

Future Foundation(2006). Mental Health, The Last Workplace Taboo : Key Findings from Independent Research into What British Business Thinks. London : Shaw Trust.

Garvin, C. D. and Tropman, J. E.(1992). Social Work in Contemporary Society. Englewood Cliffs, NJ : Prentice-Hall.

Gianakos, I.(2002). Predictors of coping with work stress : the influence of sex, gender role, social desirability, and locus of control. Sex Roles, 46(5/6), 149-158.

Giles, C.(2008). Gates pushes 'creative capitalism'. Financial Times, January 25.

Ginsburg, M.(1993). Sweden : the social-democratic case. In Comparing the Welfare States : Britain in International Context, edited by A. Cochrane and J. Clarke. London : Sage.

Glass Ceiling Commission(n.d.). Good for Business : Making Full Use of the Nation's Human Capital. Washington, D.C. : Federal Glass Ceiling Commission.

Googins, B. and Godfrey, J.(1987). Occupational Social Work. Englewood Cliffs, NJ : Prentice-Hall.

Gordon, M.([1988] 1994). Social Security Policies in Industrial Countries. New York : Cambridge Univ. Press.

Harris, B.(2017). What the pay gap between men and women really looks like. World Economic Forum, November 6.

Hartwell, T. D., Steele, P., French, M. T, Potter, F. J., Rodman, N. F. and Zarkin, G. A.(1996). Aiding troubled employees : the prevalence, cost, and characteristics of employee assistance programs in the United States. American Journal of Public Health, 86(6), 804-808.

Health at Work(2011). Mental health and well-being. http://www.healthatwork.org.uk/workplace/topic.asp?p=21.

International Labor Organization(2007). International Day of Disabled Persons 2007 : stresses decent work for persons with disabilities. World of Work, 61, 43-44.

International Labor Organization(2014). World Social Protection Report 2014/15 : Building Economic Recovery, Inclusive Development and Social Justice. Geneva, Switzerland : ILO.

International Labor Organization(2020a). Disability and work. https://www.ilo.org/global/topics/ disability-and-work/ WCMS_475650/lang--en/index.htm.

International Labor Organization(2020b). Questions on disability and work : key issues on promoting employment of persons with disabilities. Switzerland : ILO.

Jacobs, K., Hellman, M., Markowitz, J. and Wuest, E.(2013). Employee assistance programs(EAP). In Encyclopedia of Behavioral Medicine, edited by M. Gellman and J. Turner. New York, NY : Springer.

Jaffe, R. S.(2005). The world of work in the public sector. Currents, January.

Jaumotte, F.(2005). Women and work : resolving the riddle. The OECD Observer, Issue 248, 12-14.

Job Stress Help(1999). Frequently asked questions. http://www.jobstresshelp.com/FAQ.htm.

Johnson, L. C. and Schwarz, C. L.(1994). Social Welfare : A Response to Human Need(3rd ed.). Needham Heights, MA : Allyn and Bacon.

Jorgensen, L. A. B.(1981). Social services in business and industry. In Handbook of Social Services, edited by N. Gilbert and H. Specht. Englewood Cliffs, NJ : Prentice-Hall.

Joseph, B., Walker, A. and Fuller-Tyszkiewicz, M.(2018). Evaluating the effectiveness of employee assistance programmes : a systematic review. European Journal of Work and Organizational Psychology, 27(1), 1-15.

Kagan, J.(2020). Fringe benefits. https://www.investopedia.com/terms/f/fringe-benefits.asp.

Kalleberg, A. L.(2009). Precarious work, insecure workers : employment relations in transition. American Sociological Review, 74(1), 1-22.

Katz, M.(2003). The business mother in today's workplace. Women in Business, May/June, 55(3), 12.

Kim, J. and Kwon, Y.(2012). Economic development, the evolution of foreign labor and immigration policy, and the shift to multiculturalism in South Korea. Philippine Political Science Journal, 33(2), 178-201.

Kim, T., Kwon, H., Lee, J. and Yi, I.(2011). "Mixed governance" and welfare in South Korea. Journal of Democracy, 22(3), 120-134.

Kirk, A. K. and Brown, D. F.(2003). Employee assistance programs : a review of the management of stress and wellbeing through workplace counselling and consulting. Australian Psychologist, 38(2), 138-143.

Kolstad, I.(2007). Why firms should not always maximize profits. Journal of Business Ethics, 76, 137-145.

Kopp, G.(2018). Causes of workplace depression, and steps to prevent. https://www.ishn.com/articles/108571-causes-of-workplace-depression-and-steps-to-prevent.

Kurzman, P. A.(2011). Occupational social work. In Volume of 3 of Encyclopedia of Social Work(20th ed.). Washington D.C. and New York : NASW Press and Oxford University Press.

Kurzman, P. and Akabas, S.(2005). Social workers in the world of work. Currents, January.

Lee, C.(1998) Down and out. Far Eastern Economic Review, June 4, 58-62.

Levithal, C. F.(1999). Drugs, Behavior, and Modern Society(2nd ed.). Needham Heights, MA : Allyn and Bacon.

Malloch, T. R.(2013). Corporate social responsibility : key issues and debate. In Encyclopedia of Corporate Social Responsibility, edited by S. O. Idowu. Berlin, Germany : Springer-Verlag.

Masi, D. A.(1982). Human Services in Industry. Lexington, MA : Lexington Books.

Mayhew, C. and Chappell, D.(2002). An overview of occupational violence. Australian Nursing Journal, 9(7), 34-35.

McGuire, P. A.(1999). Worker stress, health reaching critical point. Monitor on Psychology, 30(5).

Microsoft(2008). Be well, be safe, and enjoy life. http://members.microsoft.com/careers/msli/benefits.mspx.

Murphy, L.(2006). New EAPs help ease the transition to retirement. Life & Health, 110(16), 35-38.

Natali, D. and Pavolini, E.(2018). Occupational welfare in Europe : An analytical and methodological introduction. In Occupational Welfare in Europe : Risks, Opportunities and Social Partner Involvement, edited by D. Natali, E. Pavolini and B. Vanhercke. Brussels, Belgium : European Trade Union Institute.

National Health Service(2018). Work and disability. https://www.nhs.uk/conditions/social-care-and-support-guide/money-work-and-benefits/ work-and-disability/.

National Institute of Mental Health(1999a). The effects of depression in the workplace. www.nimh.nih.gov/publicat/workplace.cfm.

National Institute of Mental Health(1999b). What to do when an employee is depressed. www.nimh.nih.gov/publicat/depemployee.cfm.

National Institute of Mental Health(2016). Depression Basics. Bethesda, MD : NIMH.

National Institute of Mental Health(2020). 5 things you should know about stress. http://ipsi.uprrp.edu/opp/pdf/materiales/Stress%20Fachsheet.pdf.

Netting, F. E., Kettner, P. M. and McMurtry, S. L.(1993). Social Work Macro Practice. White Plains, Longman.

Norstrom, F., Waenerlund, A., Lindholm, L., Nygren, R., Sahlen, K. and Brydsten, A.(2019). Does unemployment contribute to poorer health-related quality of life among Swedish adults? BMC Public Health, 19(457), 1-12.

Office of Disability Employment Policy(2008). Personal assistance services in the workplace. http://www.dol.gov/odep/pubs/ek97/personal.htm.

Office of Personnel Management(2020). What is an employee assistance program(EAP)? https://www.opm.gov/faqs/QA.aspx?

Office of the United Nations High Commissioner for Human Rights(2014). International Convention on the Protection of the Rights of All Migrant Workers and Members of Their Families. http://www2.ohchr.org/english/bodies/cmw/cmw.htm.

Oliver, M.(1996). Understanding Disability : From Theory and Practice. London : MacMillan.

Perkins, K.(1992). Psychosocial implications of women and retirement. Social Work, 37(6), 526-532.

Pharr, J. R., Moonie, S. and Bungum, T. J.(2011). The Impact of unemployment on mental and physical health, access to health care and health risk behaviors. ISRN Public Health, 2012, 1-7.

Pieters, D.(2006). Social Security : An Introduction to the Basic Principles(2nd ed). Hague, The Netherlands : Kluwer Law International.

Proctor, P.(2020). What is an employee assistance program(EAP) & how does it work? https://fitsmallbusiness.com/what-is-an-eap-employee-assistance-program/.

Rangan, V. K., Chase, L. and Karim, S.(2015). The truth about CSR. Harvard Business Review, January - February.

Rejda, G. E.(1999). Social Insurance and Economic Security(6th ed). Uppler Saddle River, NJ : Prentice-Hall.

Rice. P. L.(1999). Stress and Health(3rd ed.). Pacific Grove, CA : Brooks/Cole.

Roscigno, V. J.(2010). Ageism in the American workplace. Contexts, 9(1), 16-21.

Ross, C. E.(2000). Neighborhood disadvantage and adult depression. Journal of Health and Social Behavior, 41(2), 177-187.

Schaufeli, W. B., Michael, P. L. and Maslach, C.(2009). Burnout : 35 years of research and practice. Career Development International, 14(3), 204-220.

Schmidt, D. E. and Duenas, G.(2002). Incentives to encourage worker-friendly organizations. Public Personnel Management, 31(3), 293-308.

Schooley, S.(2020). What is corporate social responsibility? Business News Daily, June 26. https://www.businessnewsdaily.com/4679-corporate-social-responsibility.html.

Seo, E.(2013). South Korea's hottest import : foreign workers. Bloomberg Businessweek, February, 21.

Sicker, M.(1997). Age discrimination in employment. Modern Maturity, 40(2), 77-78.

Simon, J., Kiss, N., Laszewska, A. and Mayer, S.(2015). Public Health Aspects of Migrant Health : A Review of the Evidence on Health Status for Labour Migrants in the European Region. Copenhagen, Denmark : World Health Organization Regional Office for Europe.

Skelt, A.(1993). Caring for People with Disabilities. London : Putman.

Skidmore, R. A., Thackeray, M. G. and Farley, O. W.(1991). Introduction to Social Work. Englewood Cliffs, NJ : Prentice Hall.

Slauson, L.(2020). 31 good jobs for older people : how to make money, stay active, and thrive at work as a senior. https://www.greatseniorliving.com/articles/jobs-for-older-people.

Sleek, S.(1999). Concern for job stresses goes global. Monitor on Psychology, 30(2).

Smith, D. Jr.(2011). Unemployment can destroy family. http://ezinearticles.com/?Unemployment-Can-Destroy-Family&id=4965390.

Social Security Administration(2020). Social Security Programs Throughout the World : The Americas, 2019. Washington, DC : SSA.

Sousa, C. C., Araujo, T. M., Lua, I. and Gomes, M. R.(2019). Occupational stress and job dissatisfaction with health work. Psicologia : Reflexao e Critica, 32(18), 1-9.

Straussner, S. L. A.(1988). Comparison of in-house and contracted-out employee assistance programs. Social Work, 33(1), 53-55.

Straussner, S. L. A.(1990). Occupational social work today : an overview. In Occupational Social Work Today, edited by S. L. A. Straussner. New York : Haworth.

Substance Abuse and Mental Health Services Administration(n.d.). Employee assistance programs. http://www.health.org/pubs/PRIMER/eployee.htm.

Suneson, G.(2019). 25 lowest paying jobs in America. USA Today, June 7.

Timms, N. and Timms, R.(1982). Dictionary of Social Welfare. London : Routledge and Kegan Paul.

UK Government(2021). Reasonable adjustments for workers with disabilities or health conditions. https://www.gov.uk/reasonable-adjustments-for-disabled-workers.

United Nations(n.d.). What is sexual harassment. https://www.un.org/womenwatch/osagi/pdf/whatissh.pdf.

United Nations Industrial Development Organization(2021). What is CSR? https://www.unido.org/our-focus/advancing-economic-competitiveness/competitive-trade-capacities.

University of Maryland(n.d.). School of Social Work. http://www.intr.net/masi/univ.html.

UN Women(2017). Women in the changing world of work : facts you should know. https://interactive.unwomen.org/multimedia/infographic/changingworldofwork/en/index.html.

USA Today(1999). Shootings renew focus on violence in the workplace. November 9. http://usatoday.elibrary.com/s/usatoday.

Vaghy, A.(2005). Influencing the lives of low-income workers. Currents, January.

Van Den Berge, N.(1995). Employee assistance programs. In Encyclopedia of Social Work(19th ed.). Washington. D.C. : NASW Press.

Watson, T. J.(2008). Sociology, Work and Industry(5th ed.). London : Routledge.

Wille, D. E.(1996). Maternal role conflict. In Women and Work : A Handbook, edited by P. J. Dubeck and K. Borman. New York : Garland Publishing Co.

Wikipedia(2021a). Adrenaline. https://en.wikipedia.org/wiki/Adrenaline.

Wikipedia(2021b). Benefit society. https://en.wikipedia.org/wiki/Benefit_society.

Wikipedia(2021c). Corporate child care. https://en.wikipedia.org/wiki/Corporate_child_care.

Wikipedia(2021d). Syndics of the Drapers' Guild. https://en.wikipedia.org/wiki/Syndics_of_the_Drapers%27_Guild.

Wikipedia(2021e). The Jungle. http://en.wikipedia.org/wiki/The_Jungle.

Wolfe, K.(2006). Measuring the value of an EAP can be tough. Canadian HR Reporter, April 24, 16.

Wolfe, R. and Dodge, K.(2011). Migrant workers. In Volume 3 of Encyclopedia of Social Work(20th ed.). Washington D.C. and New York : NASW Press and Oxford University Press.

Wong, D. K., He, X., Leung, G., Lau, Y. and Chang, Y.(2008). Mental health of migrant workers in China : prevalence and correlates. Social Psychiatry and Psychiatric Epidemiology, 43, 483-489.

Worksafe Western Australia(1996). A Guide to Work-Related Stress. Australia : WWA.

World Health Organization(2020a). Mental health in the workplace. https://www.who.int/teams/mental-health-and-substance-use/mental-health-in-the-workplace.

World Health Organization(2020b). Occupational health : Stress at the workplace. https://www.who.int/news-room/q-a-detail/ccupational-health-stress-at-the-workplace.

Young, P.(1989). Mastering Social Welfare(2nd ed.). London : MacMillan.

Zastrow, C.(2008). Introduction to Social Work and Social Welfare : Empowering People(9th ed.). Belmont, CA : Thomson Brooks/Cole.

Zimmerman, E.(2006). Financial education courses can be a valuable asset in employers' EAP portfolios. Workforce Management, 85(9), 52-54.

Zippay, A.(1992). Corporate funding of human services agencies. Social Work, 37(3), 210-213.

찾아보기

인 명

내 용

저/자/약/력

■ **노병일(盧炳一)**

대전 출생
서울대학교 졸업(학사)
공주대학교 대학원 졸업(사회복지학 석사)
미국 뉴욕주립대학교 대학원 졸업(사회학 석사, 사회학 박사)
대전대학교 지역협력연구원장 역임
중앙공무원 사회복지학 시험문제 출제위원, 시험문제 선정위원 역임
전국 종합사회복지관, 지역아동센터 평가위원 역임
사회복지공동모금회 대전광역시 지부 배분위원 역임
대전광역시 사회복지위원, 건강가정위원 역임
현재 대전대학교 사회복지학과 교수

〈주요 저서〉
『사회보장론』(1999, 2002, 2009, 2010, 2016, 2020)
『노인복지론』(2020)
『아동복지론』(2000, 2002, 2007, 2012, 2016, 2020)
『청소년복지론』(2인 공저, 2019)
『아동권리와 복지』(2018)
『사회복지정책론』(2011, 2016, 2018)
『사회문제론』(2013, 2018)
『가족정책론』(2인 공저, 2017) [대한민국학술원 우수학술도서 선정]
『현대 사회복지의 이해』(2017)
『학교사회복지론』(2015)
『사회복지조사론』(5인 공저, 2010, 2014)
『빈곤론』(2013)
『사회복지관련 지역·예술자원의 활용과 취약집단』(편저, 2011)
『지역사회정신보건정책 및 서비스』(3인 공저, 2007)
『취약지역의 사회적 배제』(2006)
『East Asian Cooperation in the Glocal Era』(영문 공저, 2006)
『주거빈곤층의 삶과 터전』(2인 공저, 2004)

〈주요 논문(산업복지 관련)〉
"비정규직 근로자의 사회적 배제가 정신건강에 미치는 영향"
"지역 복지시설에 근무하는 사회복지사의 업무환경이 소진에 미치는 영향"
"요양보호사의 직무만족 결정 요인"
"생태체계 요인이 장애인복지관 근로자의 소진에 미치는 영향"
"사회복지사의 심리적 안녕감에 영향을 미치는 생태체계적 요인"
"불안정한 고용과 직무 스트레스의 여파 : 아더 밀러의 『세일즈맨의 죽음』을 중심으로"

현대산업복지론[제3판]

|저자| 노병일

|1판 1쇄 발행| 2008년 3월 10일
|1판 3쇄 발행| 2011년 7월 25일
|2판 1쇄 발행| 2014년 8월 25일
|2판 2쇄 발행| 2017년 1월 20일
|3판 1쇄 발행| 2021년 2월 25일

|발행인| 김 동 훈
|발행처| 공 동 체

|주소| 경기도 고양시 일산동구 호수로 358-39
동문타워 I 905호(백석동)
|전화| 031) 920-8305(대표)
|팩스| 031) 920-8308
|홈페이지| http://www.compub.co.kr
|전자우편| compub@naver.com
|출판등록| 2005년 10월 6일
|등록번호| 제396-2005-36호

|ISBN| 979-11-6105-932-7
정가 20,000원